いのちとかたち
—日本美の源を探る—
山本健吉

何時《いつ》みても稜威《いつ》みてもなほ魂《たま》きはる

玄月

edit gallery

撮影　熊谷聖司

千夜千冊エディション

面影日本

松岡正剛

角川文庫
21310

千夜千冊
EDITION

面影日本

松岡正剛

一ノ面

前口上

いつのことからか、日本人による日本イメージをめぐる表現力が、
とても退屈になってきた。面影が動かなくなっているからだ。
枕草子の数々がない。和泉式部の「はかなさ」がない。
定家の有心《うしん》がない。連歌のつらなりがない。心敬《しんけい》の「冷え」がない。
面影日本に埋っていた数々のアンカーが見えていないのだ。
だったらせめて、常世《とこよ》を遠望して余情《よせい》に遊び、ときに稜威《いつ》に震えなさい。

目次

第三章　連鎖する面影

第四章 ニッポンを感じる

第一章　面影の原像へ

谷川健一『常世論』
萩原秀三郎『稲と鳥と太陽の道』
大林太良『正月の来た道』
山折哲雄『神と翁の民俗学』
山本健吉『いのちとかたち』
丸山眞男『忠誠と反逆』

マザーカントリーの奥で
神と魔と不思議が動く

谷川健一

常世論

平凡社　一九八三　講談社学術文庫　一九八九

魔の系譜。無告の民。出雲の神々。流浪の皇子《みこ》たち。埋もれた日本地図。
民俗の神。柳田学と折口学。山人と平地人。祭場と葬所。神・人間・動物。
日本神話の風土性。地名と風土。海山のあいだ。海の群星。琉球弧の世界。
火の国の譜。北国の旅人。豊玉姫考。女の風土記。
青銅の神の足跡。鍛冶屋の母。そして、常世論《とこよ》。日本人の宇宙観。

日本人が古くから抱いてきた理想の世の面影がある。「常世《とこよ》」というものだ。祖国としてのクニの観念で、祖霊が住む場所のことをいう。しばしば「妣《はは》の国」とも「根《ね》の国」ともいわれた。日本人の根底に何かのカントリーがあるとすれば、まさに常世こそがマザーカントリーだった。

最近の日本の政治家たちが想定している常世とは何なのかと、ふと思う。伊勢や靖国に詣っているが、かれらのマザーカントリーとは何なのかと思う。かれらの「母国」や「祖国」のイメージとはどういうものなのか。問い質《ただ》してみたい。たとえば憲法九条をどのようにするかで、そのマザーカントリーの資質が異なってくるというなら、そこを徹頭徹尾議論するべきである。格差社会をなくして官僚政治を脱したいというのなら、その変化のぐあいを徹頭し、徹尾するべきだろう。徹頭徹尾とは、頭と尾とを終始一貫させることをいう。

しかし、そういうものだけでマザーカントリーのヴィジョンが確立するものなのか、見えてくるのかというと、それだけではとうてい摑《つか》めない。

日本はいつしか「無宗教の国」と言われるようになった。阿満利麿《あまとしまろ》の『日本人はなぜ無宗教なのか』(ちくま新書)は、そのへんを巧みに炙《あぶ》り出していた。山折哲雄の『さまよえる日本宗教』(中公叢書)も同断だ。日本人はいつしか「浄土」や「弥勒《みろく》の世」に対する憧憬をもたなくなった。

他方、縄文土器に日本の原エネルギーのようなものを感じない者はほとんどいない。お米が日本に不要だとか、和風旅館がいらないだとか思う者もまずいない。各地の祭りには心が弾み、神社には手を合わせ、寂びた仏像には何かの心情を託したくもなる。そうなると今度は、日本人が無宗教になっているとしても、日本にはいまなお続くそういう習慣があるじゃないかと、そのへんにすがってマザーカントリーを議論したくなるだろうけれど、これもどうか。各地で祭りがおこなわれているのは日本のアニミズムやシャーマニズムの伝統が今日に生きているからだと思いたくなるかもしれないが、これはあまりに虫がいい。そんなふうな繋《つな》ぎとめ方では、結び目はすぐゆるむ。

かつて日本のシンボルとして折口信夫がタブを持ち出したのに対して、柳田国男がクロモジを持ち出したことがあった。タブもクロモジもクスノキ科の木のことだから、そんなに変わりはないのだが、二人は論争こそしなかったものの、タブとクロモジをそれぞれの原郷イメージの代替根拠にしようとした。

折口は『古代研究』の冒頭の口絵にタブの写真を掲げ、これが常世神《とこよがみ》の漂着地である目印だと主張した。常世神というのは海流を渡って原日本にやってきた祖先たちの祖神のことをいう。その到着点を示すのに依代《よりしろ》としてタブが選ばれ、そのタブがやがて結界を示すサカキ（境木＝榊）になったのだろうと推理した。

柳田のほうは晩年の七十歳近くになって、クロモジに注目した。依代ではないが、日本人が楊枝《ようじ》にクロモジを選んだのは、そこに永遠の香りがひそんでいるためで、原日本の大過去に去来する記憶を思い出すためではなかったかと『神樹篇』に書いた。

折口のタブも柳田のクロモジも、クスノキの常緑性と香りを祖先に結びつけている。なぜ二人の民俗学の巨人がクスノキにこだわったかといえば、そこに日本人のマザーカントリーの「しるし」があると感じたからである。巨魁《きょかい》・南方熊楠も、南の海からやってきた日本人の源流たちは、みんな楠神《くすしん》を崇《あが》めたはずだと想像した。

三人の民俗学者はそれぞれに、古代日本人がクスノキにマザーカントリーの力を託しただろうと考えた。そこには植物国家のようなイメージがあったのだろうか。


スサノオが自分の国を治めるために最初にしたことは、浮宝《うきたから》をつくること、つまり船を建造することだったと『日本書紀』神代紀には書いてある。スサノオはこれをスギやクスノキでつくろうとした。天磐樟船《あめのいわくすぶね》とよばれる。

スサノオは常世を知っていたのだ。いや、スサノオがいたところ、そこが「根の国」とよばれていて、そこがきっと常世であろうと、のちの日本人が憧れたのである。その憧れが代々にわたって伝承されてきた。

古代日本人がクスノキを通して常世を伝承したことや、スサノオが「根の国」をつくったことを、現在のわれわれはどのように感じたり、考えていったりすればいいのか。沖縄のウタキ(御嶽)にまで行くべきか。近くの鎮守の杜《もり》に佇《たたず》むべきか。日本の祭りを応援するべきか。伊勢や靖国を大事にするべきか。そういう疑問に応えようとして立ち上がったのが谷川健一だった。

谷川健一は常世を日本人の深層意識の原点であるととらえた。浦島太郎が行こうとしたらしい竜宮とは常世なのである。雛《ひな》流しがどこへ行くかといえば、そこが常世なのである。雛は川に流され海に出て、そしていつしか海辺に戻ってくる。ということは、波打ち際には常世から寄せる波がとどいているということだ。古代人はそういうふうに夢想した。

そういう波打ち際から、中世の日本人は熊野をあとに補陀落《ふだらく》を求めて船出した。死出の旅路ではあるけれど、行く先の「むこう」に観音浄土ともくされる常世があって、そこはいつしか生まれ育った「ここ」につながってくると信じていたからだ。近世、そうした感覚は浄瑠璃《じょうるり》や歌舞伎の「道行《みちゆき》」につながっていく。

明治になって神風連《しんぷうれん》をおこした林櫻園《はやしおうえん》に、「常世べにかよふと見しは立花のかをる枕の夢にぞ有ける」という歌がある。常世に行ったと思ったのは枕元に橘《たちばな》が香ったせいで見た夢だったという意味だ。無念におわった櫻園のヴィジョンが行きたかったところ、それもまた橘香る常世だった。

神風連の乱は明治九年に熊本の敬神党がおこした士族反乱である。加屋《かや》霽堅《はるかた》・太田黒《おおたぐろ》伴雄《ともお》らの旧肥後藩士が廃刀令に反対して立ち上がった。かれらは刀を失えばマザーカントリーの何が失われると思ったのか。

このようなことを行きつ戻りつしながら、谷川は常世を考えるようになったという。常世を実感するようになったという。本書はその航跡を辿《たど》った。辿ってはいるが、その民俗語りはけっして直線的ではない。学者の立場にこだわらず、仮説力と実証力が綯《な》い交ぜになっていて興味尽きないものがある。

七〇年代前半に「流動」という雑誌があって（当時は「現代の眼」に対抗していただろうか）、そこに谷川の「海彼の原郷」「若狭の産屋《うぶや》」「ニライカナイと青の島」「美濃の青墓《あおはか》」などが連載されていた。いずれも常世をめぐっていて、いつも興奮させられたし、気がかりだった。そのうちのひとつ、「若狭の産屋」にはこんなことが書いてあった。

谷川はあるとき、敦賀《つるが》湾に面した常宮《じょうぐう》という海村で、ある老人から自分の子供三人を集落の産屋で生ませたという話を聞いた。

産屋は屋敷の片隅にあって、隣りには煮炊き用の竈《かまど》がしつらえてある。産気づいた妊婦がそこに入って出産することはよくある光景なのだが、この地の習慣では母子は赤児が生まれてからも、その部屋を出ない。それが一ヵ月も続く。そこまで母子が時をすごす産屋はどんな部屋なのかと聞いてみると、畳がなく、海から採ってきた砂を敷いてあるという。その上に藁《わら》を敷きつめ、筵《むしろ》を重ね、いちばん上に茣蓙《ござ》を置く。ただし妊婦が代わるたびに、砂はすっかり取り替えるらしい。

そこで谷川が、「砂まで替えるんですか」と尋ねると、「ウブスナだからね」と言ったというのだ。谷川は、そうか、それをこそ産土《うぶすな》と言うのだと粛然としたという。

そこから谷川の推理がいろいろ飛んでいったのである。芭蕉が『おくのほそ道』で気比《けひ》神宮に参拝したときの「遊行の砂持」とは産土であろうと思えたのは、まだしもたやすい推理のほうだ。斎部広成《いんべのひろなり》の『古語拾遺』にあった次の話の謎の解き方は、かなり谷川らしい飛びである。それを紹介しよう。

ヒコホホデミが海神の娘のトヨタマヒメを娶《めと》ってヒコナギサを生んだとき、海浜に室《むろ》をつくって、「掃守《かにもり》」の遠祖といわれるアメノオシヒト（天忍人命）が仕えた。そのとき掃守が箒《ほうき》をとって蟹を払ったという奇妙な故事が伝わっていて、その故事ゆえに舗設《しきもの》を司っている職掌を「蟹守《かにもり》」と名付けるようになった。

これが、『古語拾遺』のくだんの記述のあらましだが、谷川はかつてはその意味がわからなかった。そのころ流布していた神話学や民俗学の一般的な解釈では、蟹は脱皮して成長するので、それに肖《あやか》って新生児の誕生に立ち会う者が蟹守とよばれ、それが音韻転化して掃守になったというのだが、これではどうも説得力がないと感じていた。なぜ蟹が箒になったのか。

そこで谷川は、産土には海浜の砂にまじって蟹も動いていて、産屋に砂を入れるにあたってはそこにまじっていた蟹を実際に箒で掃き出したのではないか、と推理した。さらには、そもそも産屋での出産に海浜の砂が敷かれるのは、日本人の古い出産の観念のどこかで、海亀や蟹などの砂浜での産卵に何かを託したのではないか。それは結局は「海に去来する常世の観念」を抱くことではなかったか。そういう海民たちの観念がさまざまに姿を変えて今日にとどいているのではないかと、推理していった。

ぼくは、こういう谷川的推理が大好きなのである。当たっているか当たっていないかは後の世が決めればいいことで（柳田も折口もそうだったわけで）、それよりも言説や現象や習慣や地名の断片を、いまそこでどのように組み合わせていけるかが、谷川の真骨頂だったのだと思われる。

その真骨頂の例をあげていくとキリがないけれど、ぼくが本格的に谷川の著作を読むきっかけとなった『青銅の神の足跡』（集英社）の例でいえば、この一冊だけでもずいぶん多くのマザーカントリーの痕跡がちりばめられていて、ぼくがその後にあれこれ考えることになる「日本という方法」がひそんでいた。

あの本は銅鐸《どうたく》の謎を追い、その背景にひそむ青銅の神々の消息と、鉄の一族にかかわる鍛冶《かじ》神の消息を解明しようとしたものだった。そこには本来は青銅と鉄の記憶にもとづいていたはずの観念が、いつしか記紀神話のなかで稲魂《いなだま》の成長の精神史におきかえられていった秘密も暴かれていた。

のちに『フラジャイル』(ちくま学芸文庫)で議論することになるぼくの「欠けた王」の仮説のルーツは、さかのぼればこの『青銅の神の足跡』と、同じ年に出版された『鍛冶屋の母』(思索社→講談社学術文庫)とに発していた。

あのころぼくは、天目一箇神《アメノマヒトツノカミ》をルーツとする「片目の王」の伝説や、ヤマダノソホドなどをルーツとする「足が萎《な》えた王」の伝説に夢中になっていた。そのため福士幸次郎の『原日本考』(三宝書院→批評社)にまで手を出していて、そこにいつも鉄神や青銅神がちらちらするのが気になっていたのだが、そのうずうずとした靄々《もやもや》を快刀乱麻《かいとうらんま》を断つごとく切り刻んでくれたのが谷川健一だったのだ。

この人は「推理の歩行者の目」をもった民俗学者なのである。歩く学者はいくらもいるし、宮本常一のように歩いてはとどまり、そこにわれわれが忘れきった日本人を蘇らせる民俗学者もいるが、谷川は歩きながら推理して、推理の中でまた歩く。そのたびに厖大な読書遍歴が加わって、また歩く。そんなふうに読んだり歩いていくうちに、ふいに飛んでみせるのだ。

そうなると、そこには谷川的想像力による「日本的観念の王国」があらかたできあがっていて、いったんその王国観念の飛沫《ひまつ》に感染したら、そのウィルスはわれわれの想像力の中をここを先途《せんど》と駆けめぐるという結構なのである。

谷川的想像力にウィルスがまじっているかのような言いっぷりをしてしまったが、いやいや、それに感染することこそ日本的免疫力の発端である。谷川ワクチンの創製だ。だったら、そういう観念ウィルスに出会わないままにいて、何が日本がわかるものか。何がマザーカントリーであるものか。ぼくは早くに谷川の観念ウィルスに感染したことを、誇りとするようになっていた。

話を戻すことにするが、常世がクスノキやタチバナなどの常緑樹に関係するのだろうことはさっきも述べたけれど、それが転じるといろいろなものになるという話をしておきたい。そのひとつに、常世神というのは「常世の虫」だったという話がある。

この話は『日本書紀』の皇極紀に記載されている。富士川のほとりに住んでいた大生《おう》部《べ》の多《おう》が、村人に虫を祀ることをすすめた。多はこの虫は「常世の神」なのだから、これを祀れば金持ちになり、長生きもできると説き、これに同調する者たちがふえていった。効果はてきめん、やがて各地で常世神を橘《たちばな》や山椒《さんしょう》の枝に祀って騒ぐようになるのだが、なぜかこれを都の秦河勝《はたのかわかつ》が知って怒り、大生部の多を懲らしめた。

そういう話なのだが、ここには常世の虫が橘に寄生するもので、山椒の木にもついているという生態的な現象が語られているように見える。そうだとすればこの虫は蝶々や蛾《が》の幼虫であろうけれど、それを秦河勝が懲らしめたというのが、わからない。そこで、秦氏は生糸の管轄者だったから、この「常世の虫」というのは蔑称で、実は秦氏の系譜のカイコではない別のカイコによる養蚕が大井川あたりに始まったことに対する、秦氏の鉄槌《てっつい》だったのではないかというふうに解釈されるようになった。

ぼくもこの説でいっとき満足していたことがあった。けれども谷川はここからもっと別な推理の羽をのばして、またしても飛んだのである。その飛んだ先は常陸《ひたち》の鹿島だった。この話、ぼくの身近な者の出自ともちょっと関係がありそうなので、『常世論』のなかの「常陸――東方の聖地」にしたがって、以下、少々の順を追っておく。

茨城県大洗《おおあらい》には、こんな伝承がある。

斉衡《さいこう》三年（八五六）の十二月の朝廷に、鹿島郡の大洗磯前《いそさき》に神が新たに降りたという知らせが届いた。国使の報告では、塩焚きの男が夜半に沖を望んでいると、光り輝くものがあり、その翌日には高さ一尺ばかりの二つの石が波打ち際に立っていた。その翌日、今度はさらに二〇あまりの石が、その二つの石の左右にちょんちょんと並んでいた。まるでお供の恰好のようだったという。

そのうち村のある者が、この石神めいた者が「自分はオオモチスクナヒコナである。昔、この国を作り終えて東海に去ったが、いままた民を救うためにやってきた」と託宣していたと言ってきた。

スクナヒコナといえば、『古事記』では海の彼方からガガイモの舟に乗ってやってきた神で、誰もその正体がわからなかったのだが、カミムスビの母神がこれは自分の子だ、私の手の指から生まれたのだと言ったというふうになっている。『日本書紀』の一書では、出雲の相見郡にあるらしい淡島（粟島）から粟茎《あわがら》にのぼってはじかれ、そのまま常世に渡っていったとされている。

いずれにしても、それほどの「ちいさこべ」であったわけで、それゆえこの記述ではスクナヒコナは芋や粟に関係する神になっている。この伝承はその後は、海民たちが芋の酒や粟の酒をスクナヒコナに奉じて祀り、それにスクナヒコナが海辺の立石として応えたという呼応の物語になった。そう、後付けたくもなる。

そういうことからすると、大洗に立ったスクナヒコナもこの手のプロットがたんに変形したのだろうとも思われる。ところが、ここにはもうちょっとおもしろい推理が成り立ちうるということを、谷川ウィルスが放ったのである。

大洗は鹿島台地に続いている。ここには古墳群があって、そのひとつ、直径一〇〇メートル近い車塚は仲国造《なかのくにのみやつこ》の墳墓だとされている。仲国造は那賀国造でもあって、その名はタケカシマノミコト（建借間命）であると『常陸国風土記』は書いている。

タケカシマは崇神《すじん》天皇の時代に、東の一族を平定するために東方に遣わされた族長だった。反逆する者を追って潮来《いたこ》の近くにまで来たとき、賊たちが土窟《どくつ》に逃げこんだので、一計を案じて海に舟を浮かべ、音楽を奏して誘惑し、首尾よくこれを平定した。

このタケカシマからカムヤイミミ（神八井耳）の一族が出た。カムヤイミミには十九の子孫の系譜が連なった。その筆頭に立っているのは、実は多氏であった。系族にはそのほか、常道《ひたち》氏、石城《いわき》氏などがいる。

一方、鹿島信仰で最も有名なのは、なんといってもミロク踊りである。なぜ鹿島に弥《み》勒《ろく》が踊るのか。そこにはおそらくちょっとした変遷がある。

柳田国男は『海上の道』に、出現する弥勒を海から迎えるという信仰が八重山群島に見られるとして、それは琉球一帯のニライカナイ信仰のヴァージョンであって、つまりは常世信仰のひとつであると考えた。谷川はそのようなニライカナイを弥勒浄土とみなす信仰をもった一群が、その後は分派して琉球から本土の方へ向かったにちがいないと考えた。そしてこのことが、海人たちの東上につれて紀伊半島、渥美半島、房総半島をへて常陸にとどき、そして鹿島で弥勒下生《みろくげしょう》のミロク踊りになったのだろう。そう、推測した。

ようするに、常世の信仰はときにスクナヒコナの、ときに弥勒下生の姿をとりながら、海流とともに西から東へ運ばれてきたのである。そして、いくつかの地で、その根をはやしたのだ。鍵が海流に乗って動いてきて、どこかで鍵穴にはまったのだ。西から東に鍵が動けば、これを待ち構える鍵穴が東にもなければならない。それが、大洗や鹿島や潮来あたりだとしたら、そこに待っていた鍵穴とは、では何なのか。谷川は大場磐雄《おおばいわお》の仮説をもとにしながら、さらに羽を広げていった。

タケカシマの根拠地と推定される潮来に、大生原《おうはら》というところがある。その中心は旧大原村の大生《おう》である。その説明を『常陸国風土記』は、ヤマトタケルが食事を煮炊きする小屋を海辺にかまえて、そこから行宮《あんぐう》に通ったからだとした。そこで大炊《おおい》の意味をとって、大生の村と名付けたと書いている。いまも大生《おおう》神社がのこっていて、タケカシマとカムヤイミミが祀られている。

当時は海民がこのへんを頻繁に往来した。鹿島の国には、ほとんどが海路で行方《なめがた》台地の岬を通って大生から舟で入っていった。それなら、ここらあたりに鍵穴があったはずである。そうだとすると、大生神社から鹿島神宮へのコースにも、何かがひそんでいなければならない。

おそらくこの地方に来た先駆者たちは、大生から入海を下っていったん大海（太平洋）

に出て、常陸の明石の浜に上陸し、沼尾をめざして鹿島に入っていったのだろう。ということは沼尾がもうひとつの鍵穴だ。ここには沼尾神社があって、天の大神《おおかみ》の社、坂戸の社、沼尾の社の三処が合わされている。調べてみるとトップの天の大神とは、天《あま》のオホの神、あるいは海《あま》のオホの神のこと、すなわち多氏の一族の氏神なのである。

これでだいたいの推理が組み立ってくる。多氏こそが、きっとスクナヒコナの伝承を語ったか、語り伝えた一族だったにちがいない。鍵穴は多氏が持っていた。けれども大和朝廷が強大になってくると、多氏の一族にはなんらかのしわ寄せがきたのであろう。そこで一族の跳ねっ返りが、今度は東から西に向かい、大井川あたりにさしかかったのだろう。大井は大炊でもあった。大生部《おうべ》の多《おう》とはそのことだ。勢力ももった。そのせいで、ここで都からの秦氏の制止を食らった。秦氏は生糸の生産を握っていた。そこで「常世の神」の伝承が「常世の虫」の伝承に切り替えられたにちがいない。ざっとはそういうことではなかったか。

谷川はそんなふうに鍵と鍵穴の話を結んでいる。急いで合い鍵をつくった一派の話をたくみに組み込んで……。

こんな話をやや詳しく紹介したのは、さきほどもちょっと書いたように、この昔語りの経緯には、ぼくが多少の因縁を感じるからだ。

茨城県鹿嶋市の丘陵地にひっそりたたずむ沼尾神社（写真上）と、潮来市の古墳地帯に位置する大生神社（写真下）。いずれも西からスクナヒコナ伝承と常世信仰を運んできたと言われる、多氏ゆかりの神域である。多氏は日本古代史の謎を握る、最古の皇別氏族か。

実はいま、ぼくの最も近いところで活動してくれている太田香保と太田剛は姉と弟なのだが、その名のオオタはなんともオホ氏めいている。それぱかりでなく、いまはその実家は潮来(!)になっている。これは谷川ウィルスと谷川ワクチンを借りてでも、この因縁を常世に結びつけたくなるわけだった。

いやいや、谷川健一のすぐれた研究をこんな身近な因縁話でおわらせるのは申し訳ないかもしれないが、けれども、ときにはこういう本の読み方もあってもいいはずで、何も古代中世の一族を訪ねるだけが歴史語りとはいえないはずなのだ。今夜はそんな気分であったので、あえて「多氏」と常世と来訪神を結びつけた話の紹介に徹してみたわけだ。

とはいえやっぱり、谷川健一の壮大な業績も紹介しておきたい。せめて冒頭のイントロ・フレーズだけでも見ていただきたい。これは三一書房の『谷川健一著作集』全一〇巻のメインタイトルからの抜粋である。「魔の系譜」「無告の民」「流浪の皇子たち」……。「祭場と葬所」「海の群星」「火の国の譜」……。いずれも気になるものばかり。ともかくもこれだけのサブジェクトを書き続けた人だったのだ。ほんとうはこれらのいちいちを少しずつでも紹介したいのだが、今夜はそれは控えたい。

そのかわり第八巻『常世論・日本人の宇宙観』の、その「日本人の宇宙観」のサワリだけをちらつかせておくことにする。だいたいはこんなふうだ。谷川さんの声を想像して、耳で読まれたい。

あのね、日本に世界と共通の神話や伝説があったかどうか、そんなことを考えるのは愚の骨頂なんですよ。日本には日本勝手な世界山があり、日本勝手な洪水伝説があったというふうに見たほうがいい。

たとえば天香具山《あまのかぐやま》はね、天山《あめやま》が二つに分かれて降ったのですよ。記紀の冒頭の神世七代に、宇比地邇《ウヒジニ》神、妹須比智邇《イモスヒジニ》神のあと、角杙《ツノクヒ》神、妹活杙《イモイクグヒ》神が出てくるでしょう。あれは洪水のあとにその地を治水した王が杙（杭）を打ったからなんですよ。

これじゃ、まだ不満？　ムリにでもユダヤ・キリスト教に比較したいというなら、それなら楽園喪失の観念の違いを強調しておくとね、日本の神話では、楽園喪失や楽園追放は洪水以前の社会におこったのではなくて、スサノオが追放された「根の国」のほうにあるんです。しかもそこをこそ追憶すべき「妣《はは》の国」としたところに特色があるんだな。われわれのマザーカントリーは、墜落したり、喪失したりした者が高所を振り仰ぐものとして位置づけられたのではなかったんですよ。

だからね、人間がどこから生まれたのかという説明がないじゃないかなどと思ってもらっても困るんだ。東アジアや東南アジアには瓢箪《ひょうたん》からも卵からも人類創世がおこっているけれど、なるほど日本には卵生神話は宮古島くらいにしかないけれど、それって、何も見てないんですよ。実は各地に無数にのこる「むろ」や「うつほ」の伝承こそ、日本的世界卵の母型たりうるものであるはずなんだねえ。

　かくして日本の常世を思うにあたって重要なのは、つまりはタマとカミなんですよ。その姿や形ではなくて、そのプロフィールやフィギュアが日本人の面影の原型観念そのものなんだ。そういう面影の観念がプロフィールであり、その動向がフィギュアなんだ。しかも、そこにはね、「ある」がなくて、「ある」はたちまち「なる」に移っていくものなんですよ。


　サワリにしてもあまりにサワリにすぎなかったろうが、それにぼくが我田引水しすぎたかもしれないが、あとは『谷川健一著作集』に自身で遊ばれたい。たとえば、トヨタマヒメ伝説ひとつでも、じっくり渉猟をすることだ。ご本人は第八巻のあとがきで、こう書いていた。

「日本人とは何か」という問いは、具体的には日本人の意識や行動の根底によこたわっている世界観や宇宙観を問うことにほかならない。もとより、その世界観や宇宙観の素材は日本だけにあるのではなく、他の民族とも共通している。しかし日本人はその素材の組み立て方、また組み立てた観念の構築物を、長い時間をかけて成熟させ、細部を洗練させていくやり方について、やはり独自のすぐれたものをもっていたと考えざるをえない。その証拠としてトヨタマヒメの神話を挙げるだけで充分であろう。

第一三二二夜　二〇〇九年十月三日

参照千夜

一二七一夜：山折哲雄『神と翁の民俗学』一四三夜：折口信夫『死者の書』一一四四夜：柳田国男『海上の道』一六二四夜：南方熊楠『南方熊楠全集』九九一夜：芭蕉『おくのほそ道』五七一夜：斎部広成『古語拾遺』二三九夜：宮本常一『忘れられた日本人』

柱と鳥居と水田の苗族《ミヤオ》から
「苗代《なわしろ》の国」の日本へ

稲と鳥と太陽の道

萩原秀三郎

大修館書店　一九九六

萩原さんは写真家である。写真家だが、すぐれた観察力と推理力と洞察力をもって、民族学者や考古学者が気がつかなかった仮説をいくつも提出してきた。そのような写真家は民俗写真の巨匠とよばれた芳賀日出男を筆頭に、宮本常一に学んだ須藤功、芳賀ジュニアの芳賀日向《ひなた》など、たくさんいる。ミイラ信仰を研究した内藤正敏や、タイのアカ族を研究した十文字美信もそうした一人だ。

写真家がすばらしい仮説をもたらすことが少なくないのは、現地や現場をよく眺めているからで、ときおりどんなフィールドワーカーよりもすぐれた報告をもたらしてくれる。動物写真家や昆虫写真家が、ときに一〇〇人の学者よりも的確な観察による判断をしていることをおもえばいいだろう。

萩原さんはそうした写真家のなかでも、東アジアの民族風習と日本の民俗文化や信仰生活をつないできた実績に抜群のものがある。ぼくも親しくしてもらっているし、たいへんお世話にもなっている。ときどき頼みごとをしているだけでなく、その仮説も使わせてもらっている。ここでとりあげたいのはその仮説のひとつで、日本のコメは中国南部のミャオ族（苗族）によってもたらされたのではないかというものだ。

ミャオ族がコメ文化をもたらしたと考えると、いろいろの謎が解けてくる。東アジアの文化と日本の文化が深いところでつながっていることが見えてくる。そのことを理解するにはやや前段階の説明がいる。

日本の神社には鳥居が立っている。なぜ鳥居というのか。組んだ木のてっぺんに鳥が居るからだ。この鳥は他界から鳥の姿をして幸福や豊饒をもたらすためにやってきた祖霊のシンボルである。日本神話では「天《あめ》の鳥船《とりふね》」といって、そうした祖霊や幸福や豊饒を天空で運ぶ船を想定していた。

一方、竪穴《たてあな》式住居を脱した古代の家々は、吉野《よしの》ケ里《がり》遺跡や山内丸山《さんないまるやま》遺跡に見るごとく掘っ立て柱に屋根をかぶせたようなもので、つねに柱が目立っている。そうした家々のある集落では、その入口に一本あるいは二本の柱をゲート状に立てて、その上に木彫りの鳥を止まらせる風習をもっていた。最初から鳥を置いたのではなくて、そんな高い柱や組み柱にはたいていどこかから鳥がやってきて止まった。その鳥の来し方行く末は、古代集落にとっては祖先や未来の国である。そこで木に鳥を彫って、それを柱のてっぺんにつけた。

このような柱と鳥の関係を総称して「鳥竿《とりざお》」とよぶとして、この鳥竿をつかった祭りは日本にも韓国にもいっぱいある。韓国ではソッテとかチントベキといって、やはり鳥を止まらせている。ソッテは蘇塗とも綴るのだが、そのテはシンテ（神竿）やナッカリテ（禾積）のテのことをさした。その鳥竿のルーツをさらに追っていくと、中国に行きつく。

萩原さんはそこをもっと追いかけて、それがミャオ族の習俗に出所していたことをつきとめた。ここまでが第一段の前提になる。鳥と柱が最初のとっかかりなのだ。このとっかかりは、しかしまことに雄弁だった。

関西ではオコナイ、関東ではオビシャとよばれる行事が各地にある。オコナイとは祈年行事のことで、神社でやるときはミヤオコナイ、寺院でやるときはテラオコナイといった。リーダーとなるのはその年の頭屋《とうや》で、鏡餅《かがみもち》づくりをするか、茅輪《ちのわ》を編んでみんなでこれをくぐるか、丸い的《まと》をつくってこれに矢を射るかした。関東のオビシャは御奉射のことで、三本足の烏《からす》や三つ目の兎を描いた的を弓で射ることが多い。

これでわかるように、関西のオコナイと関東のオビシャのどちらにも弓神事なるものが絡んでいる。共通するのは、鏡餅にしても茅輪にしても丸い的にしても、円形の標的があることで、そこに矢を射る行事が加わっている。いったいこれらは何を示しているのか。オコナイやオビシャより古いかたちを見る必要がある。たとえば神楽《かぐら》だ。

日本の神楽はおおむね天地創世神話を背景としている。舞庭《まいにわ》あるいは神庭《こうにわ》を一つの異界として創出するのが演目になる。このとき野外なら柱や竿から、室内なら天井から綱や紐《ひも》や糸を垂らして、そこに三本足の烏を描いた日輪と三つ目の兎を描いた月輪を吊るした。のちにはそれが左右の幡《はた》(旗)になった。

この舞庭や神庭で新しくは「岩戸」「五行」が、古くは「将軍」という神楽曲が舞われた。鹿児島県薩摩郡の大宮神社の「将軍」を例にすると、将軍は弓に矢をつがえて五方を射る所作をする。なぜ、こんなことをするかといえば、この所作には物語がある。太古、太陽が七つ、月が七つあったのだが、スイという鬼が太陽を六つ、月を六つ呑《の》みこんだ。さらにもう一つ呑みこんだらこの国は真っ暗になるので、選ばれた将軍が五方に剣を投げ鬼を退治して、その片方の目を日輪、もう片方の目を月輪とあらわして、未来永劫《えいごう》の万象を祈願したというのだ。

これはイザナギの左の目からアマテラスが、右の目からツクヨミが生まれたことと対応する。何かが似ている。それとともにこの物語は、中国の天地創世神話にある弓の名人の羿《げい》が九つの太陽を射落とした話や、太陽に住んでいた烏を九羽射落とした話に似ている。

済州島《チェジュド》にも太陽を落とした神話がある。朱蒙《チュモン》という弓の名人もいる。これらの地域にはいわゆる招日神話・射日神話があったのだ。その分布を調べてみると、アムール川流域からインドネシアまで広まっている。ミャオ族にもまったく同じ伝説がある。

以上のことから類推できるのは、鳥と太陽の話はどこかでつながっているということである。そこに弓矢神事が出入りしていた。これが第二段の前提になる。ミャオ族はこれらの話のすべてをもっている。

ミャオ族は苗族と書く。一部はモン族とも自称する中国江南に居住する民族で、古くから三苗とよばれる三つの言語集団がいた。その後はタイ北部にまで広がった。移動した連中はまとめて「百越」とよばれた集団である。

民族上は少数山岳民族グループに分類されているが、いまでも一五〇〇万人か二〇〇〇万人くらいがいる。しかし古代中世のミャオ族は文字をもっていなかった。移動の記録や歴史の記録は古歌や伝説や習俗にしか残っていない。

そのミャオ族では、新年になるとジーユイニャオという鳳凰《ほうおう》に似た木彫の鳥を止まらせる柱あるいは竿を立てる。芦笙柱《ろしょうばしら》（トン・カー）という。楓香樹であることが多い。その上のほうに牛の角のような横木をつけた（写真を見るとすぐわかるが、鳥居の原型に近い）。新年、その芦笙柱の周りを左まわりで踊る。なぜそのようになったかという伝説が「跋山《ばっさん》渉水《しょうすい》」という古歌にあって、カササギあるいはツバメの先導でこの地にやってきたことをあらわしているのだという。鳥の到着地はのちのちまで神聖な場所になり、カー・ニンとよばれる。カーは芦笙のこと、ニンは場所である。村の〝へそ〟にあたる。

この神聖な場所は東西軸を重視する。中国では純血チャイニーズの漢民族は天空の中心の北極星（太極）を信仰して、そのため南北軸を重視する。風水も、天子や宮殿が北を背に南面することを基本とする。一方、江南のノン・チャイニーズの少数民族は繁茂する植物の象徴である太陽を信仰して、太陽の昇降する東西軸を重視する。

これでわかるように、ミャオ族の村の〝へそ〟に立つ芦笙柱《トン・カー》は、太陽が依《よ》り坐《ま》す柱なのである。太陽のトーテムポールなのだ。

太陽は季節や時間とともにコースを動くので、古代民族は季節や時間を感じることが大切になる。だから先史文化にも暦のようなものが生まれるのだが、文字をもたないミャオ族は、この季節と時間の〝しるし〟を鳥の去来で学習していった。それを教える者を鳥官といった。

さらに、このような太陽信仰を支える鳥の存在と去来を忘れないように、芦笙柱《トン・カー》を寿《ことほ》ぐ数々の祭りでは、男はニワトリの羽根や茅萱《ちがや》の輪を体に差し、女は鳥の羽根の衣裳で身を飾った。これは鳥装である。村のシャーマンたちは鳥装によって鳥霊になり、太陽の行方と合体するわけである。日本の鷺舞《さぎまい》や鶴の舞といった各地の祭りがおもいあわされよう。

ここまでが第三段で、話の前提があらかた出揃ってきた。太陽と鳥と弓はひとつのものなのだ。これらの前提の話がどうして日本のコメ文化と結びつくかということである。ここからが本題になる。その前にちょっとおさらいをしておく。

コメはムギにくらべて一本当たりの収穫量が格段に多い作物である。ヨーロッパの麦作が播種《はしゅ》量の五倍〜六倍であるのに対して、日本の米作はざっと三〇倍〜四〇倍になる。しかも何千年でも連作ができる。

コメは稲からとれる。稲の実は籾《もみ》に包まれていて、その籾殻《もみがら》をとったものが玄米、それを精米すると白米になる。ようするに稲の種実がコメなのである。その稲種を学名ではオリザ・サチバという。もともとは野生の稲種オリザ・ペレニス一種が起源だとされている。それがいろいろ分かれていった。

その稲種には大きく分けてジャポニカ種とインディカ種がある。アフリカ種も現在まで伝わっているが、ごく少量だ。中国南部を原産地とするジャポニカは短粒でやや粘り

Photo by Getty Images

ミャオ族の新年の祭りでは、木彫りの鳥や牛の角のような横木、柱巻きの竜などを施された「芦笙柱」のまわりで着飾った男女が踊る。「芦笙柱」は太陽信仰の象徴であり、ミャオ族は「太陽の道」を導くものとしての鳥を重視する。

気があり、インドを原産地とするインディカは長粒でぱさぱさしている。今日ではDNA分析によって、二つはまったく異なる遺伝子をもっていて、それぞれ独自の祖先型があることがわかっている。

日本人のコメ文化はほぼ一〇〇パーセントがジャポニカで成り立っている。タイ米やカリフォルニア米は炒《いた》めたチャーハンやピラフにするならともかく、それらはとうてい日本人の〝ごはん〟にはならない。

日本に到来した稲には最近流行の黒米《くろまい》・赤米《あかまい》で知られるようにいくつか種類があり、ジャポニカにも熱帯ジャポニカや温帯ジャポニカなどがあった。インディカも入ってきた。何がいつ入ってきたかはまだ正確に確定できないのだが、だいたい縄文後期から弥生前期にかけての時期、二五〇〇年くらい前には稲が渡来していた。これによって日本人の食生活が定位性を発見できた。

なかで熱帯ジャポニカはいわゆるモチ米に近く、中粒で粘り気が強い。そのためモチ性の弱い普通のコメをウルチ米とよぶようになった。このモチ米のモチは漢字で書くと「餅」ではなくて、本来は「糯」と書く。日本ではこれをモチと読むが、もともとはダである。ちなみに中国では、いまでも餅《ピン》といえば小麦粉食品のことをいう。だから月餅《げっぺい》などという菓子もある。

ともかくも総じていえば、日本はウルチ米とモチ米を含むジャポニカを何世代にもわたって品種改良しつづけて、日本の食文化の中心にすえてきた。米をこそカントリーフードにしてきた。

稲作にあたってはウルチ米でもモチ米でも、ともに陸稲と水稲があるのだが、日本はもっぱら水稲によって水田で育てた。このときいったん稲苗による苗代《なわしろ》をつくって、それを田植えで移植するという独特の方法をとった。おそらく紀元前五世紀から三世紀にはこの方法が確立しはじめた。第一一三〇夜の高谷好一『多文明共存時代の農業』（農山漁村文化協会）でのべた天水型の灌漑《かんがい》移植である。

この「苗代」と「田植え」が日本の社会や文化に大きな影響を与えた。どうして「苗代」と「田植え」の社会になったかといえば、湿度の高い日本では直播《じかま》きの陸稲では稲とともにすぐに雑草が繁茂して、どうにもならなかったからである。そこでいったん苗をつくり、それを移植する。そうすればすでに一尺ほどの貯金があるのだから、稲はなんとか雑草に対抗できる。つまり「株立ち」をしておくことが日本の稲作の基本となったのだ。それが春に種播《たねま》きをし、五～六月に田植えをし、秋に収穫するという、日本の稲作生活の大きなリズムと特色をつくったわけである。柳田国男のいう「常民」がここに確立した。

これで、ここまでの話がいろいろつながってくる。この稲作とほぼそっくりの原型をもっていたのが、実はミャオ族だったのである。稲作ばかりではない。住まいのスタイルや予祝《よしゆく》のしかたや飾りものの感覚にも、日本とミャオ族をつなぐものがあった。

ミャオ族にはイネ文化もモチ文化もトウモロコシ文化も雑穀文化もある。そのうちのいくつかは日本の社会文化にたいそうよく似ている。稲を保存する高倉、高床式の住居、チガヤを稲に見立てる田植え行事、正月のモチつき、羽根つき、竹馬、おこわ、チマキ（粽）、なれズシ、糯稲《もちいね》の麹《こうじ》でつくる酒、鯉や鮒《ふな》の水田飼育、鵜飼《うか》いなどである。

そのほか、正月料理を男主人がつくり、年初の三日間は女性は家事をしない風習、その料理を家の者たちが十日ほど食べつづけること、新年の辰《たつ》の日（元旦）に二個の丸餅を台状の脚の低い椅子にのせて大地に酒をそそぐ儀礼なども、どこか日本の正月に通じるものがある。

萩原さんはこうしたミャオ族の儀礼や生活をつぶさに観察して、しだいに中国原産のジャポニカを日本に運んだのはミャオ族ではないかと考えるようになった。中国江南地方の稲作の技能をもったミャオ族の一部が、なんらかの事情で長江から山東半島と朝鮮半島をへて日本に来たのではないか。

伝来した事情についても考えてみた。きっと中国の戦乱事情と関係があって、たとえば紀元前四七三年に越《えつ》王が呉《ご》を滅ぼしたこと、その越が楚《そ》に滅ぼされて、楚が山東地方にまで勢力を拡大していったことなどの影響があるのではないか、というふうに。このあたりのことについては、ぼくも第一〇一一夜の岡田英弘『日本史の誕生』（弓立社）で注目しておいた。

このときちょっとした選抜がおこったのだろうと、萩原さんは考えた。どんな選抜がおこったのか。古代日本の中国側の記述には、例の『魏志《ぎし》』倭人伝《わじんでん》をはじめ、倭人が入れ墨をしていたということがしばしば書かれているのだが、しかも日本の海人伝承にはしばしば黥面《げいめん》や入れ墨をしていることが語られているのだが、その海人が日本に来たとすると、いろいろ辻褄《つじつま》があわないことがあるからだ。

従来、倭人の勃興《ぼっこう》と海人伝承はほぼ重ねて仮説されてきた。漁労と入れ墨と倭人の勃興はひとつながりの出来事とみなされてきた。

しかし、考古学史料や植物学や遺伝学による調査が進んでくると、日本列島に稲作が入ってきたとおぼしい時期がしだいに早まって、紀元前三世紀にはかなりの水田耕作が広まりつつあったと見たほうがいいことがわかってきた。そうだとすると、文身《ぶんしん》（入れ墨）の習俗をもった漁労民が稲作を定着させたというような奇妙なことになる。これはちょっとおかしいのではないか。その後の日本文化を見ても、田植えの民が文身をもっているということはほとんどないし、そういう祭りもほとんど見ない。しかし他方、鏡餅にアワビやコンブを飾ったり、田植え行事にワカメ採りが重なっているような例はある。

では、この辻褄があわない脈絡を説明するにはどうするか。新たな解答を与える仮説はなかなか出なかった。こうして萩原さんの仮説が浮上した。先に水田民が定着して、それに漁労文化が習合していったのではないか。その水田民はミャオ族だったと仮説したのだ。

萩原さんは中国南部からタイ北部の少数民族（チベット族・リス族・リー族・タイ族・シャン族・ワ族・カレン族・イ族など）をほぼすべて調査した結果、ミャオ族だけが入れ墨の習慣をもっていないことをつきとめたのである。

そうであれば、文身をもたないミャオ族が春秋戦国期の内乱に押し出されるようにして、山東半島や朝鮮半島をへて日本にやってきて稲作技術を伝えたとしてもおかしくない。少なくともそう考えれば、日本の正月儀礼や食物文化に似るミャオ族の儀礼や習慣との関連も説明がつく。ミャオ族と日本人の面影DNAがつながっていく。しかし、ほんとうにそんなふうに言えるのか。萩原さんは傍証をあげていく。

本書や、その前著の『稲を伝えた民族』（雄山閣出版）で萩原さんが掲げている傍証はたくさんある。それをいまは絞って紹介する。

まず第一には、稲魂《いなだま》信仰がある。稲魂とは稲に宿る精霊のようなものを信仰する習慣がもたらした観念で、稲穂が稔ることを期待した。日本にはこの稲魂の面影を重視する行事や祭りがかなりある。その最も代表的なものは天皇家の新嘗祭《にいなめさい》である。民間にもそれに近いものが日本の西南や南島にいろいろある。これはミャオ族にもあって、初穂を捧げる儀礼になっている。

第二には、種播き・田植え・刈り入れというリズムによって、農村生活がハレとケを重視していることだ。稲作にとってハレは豊作と収穫にある。そこにむかって農民は予祝をし、水が涸《か》れたり稲が枯れることを恐れ、そのための行事や占いをする。これはケガレ（ケ枯レ）をしっかり感得することによってハレ（晴）を招きよせるという考え方を生む。またそれが一年のサイクルになる生活様式をつくっていく。

ここで重要になってくるのが、晴れ着で着飾る新年がいつだったかということである。調べていけばいくほど、もともと新年は収穫期の直後にあったのだということがわかってきた。いまでも沖縄県の西表島《いりおもてじま》では旧暦八月や九月に節祭《せつまつり》をおこなって稲や粟などの五穀の収穫を祝う。そこで一年が切り替わるとみなす。このような例はいくらもあるのだが、このことから生と死の観念に関する問題が特色されてくる。すなわち第三に、稲も人も「生と死」をもっていて、そこにはいったん「籠《こも》る」という出来事が挟まって、それによって稲は稔り、人は充実を迎えるのではないかという考えかたである。これは民俗学では「擬死再生《ぎしさいせい》」というふうによばれてきたことだが、日本にもミャオ族にもこの擬死再生をあらわす儀礼や祭礼がきわめて多いのだ。

第四に、そのような稲や人の擬死再生には、その「籠り」が終わったことを告げる神がたいてい出てくる。いわゆる春を告げる来訪神、折口信夫がマレビトと名付けた来訪神だ。来訪神が蓑笠《みのかさ》をつけて、いったん隠れた場所から出現してくるという所作をともなうことも看過できない。

こうして第五に、稲の生長がもたらした藁束は神の似姿の衣裳となって、ケを破ったハレを告げるわけなのだ。

このような来訪神の習俗はミャオ族にもいまなお続行されている。異装のマンガオがやってきて、ツァイラオ（寨老）の家で鍋墨などをなすりつけ、そのあとで芦笙柱《トン・カー》を派手にまわって人々を驚かせ、また笑わせる。モウコウという来訪神もいる。おどろおどろしい異装のモウコウが五人・七人・九人といった奇数で集まって、ウォーウォーと唸《うな》り声をあげて子供を寿ぐ。まさにナマハゲだ。

とりあえず五つの傍証をあげただけだが、これでも十分に推測がつくように、ミャオ族の村落儀礼と日本の稲作儀礼をつなぐ紐帯《ちゅうたい》はけっして細くない。それどころか、すでにいくつかの前段でのべたように、ここには太陽信仰と鳥信仰がさまざまに重なってくる。

萩原さんは、こうした「太陽と鳥と稲」の相互関係からは、おそらく日本人の祖霊をめぐる観念の形態がいろいろ読みとれるのではないかというふうに、本書を結んでいく。日本の祖霊信仰は、祖霊が基本的に正月と盆を、また春分と秋分を行ったり来たりすることで成立しているのだが、それは稲作の儀礼ともぴったり重なっていたわけである。だいたい種播きと刈り入れが春分と秋分の幅をもっていた。そこでは太陽の道が劇的に通過する。ここにはしかも日本人の彼岸と此岸《しがん》の観念も重なってくる。またさらに、もしも新年が収穫期と深い関係をもっていたとするのなら、「魂があらたまる」という日本人の感覚は田植えの夏至から冬籠りの冬至に向かってのドラマをつくっているといえるのだ。

千葉県沼南《しょうなん》では天道念仏という行事がくりかえしおこなわれている。いまは三月十五日におこなわれているが、おそらくは春分行事であったとおもわれる。かつてはたんに「天祭り」とよんだ。ここではボンデンという竹で編んだ丸い籠《かご》に半紙を貼って鳥の目を描きこみ、これを「カラス」とか「シラサギ」とよんで竹串《たけぐし》で射る。まさにオビシャなのである。このボンデンを折口は「髭籠《ひげこ》」と認識して、それこそが光を放つ太陽だとみなした。

だいたいの話はつながったはずである。萩原さんは遠い地の話をしたわけではなかったのだ。われわれも正月や春分や冬至を、アジアの習俗とともに感じるべきだった。

第一一四一夜　二〇〇六年五月十五日

参照千夜

二三九夜：宮本常一『忘れられた日本人』　一一〇九夜：十文字美信『透み透った闇』　一一三〇夜：高谷好一『多文明共存時代の農業』　一一四四夜：柳田国男『海上の道』　一〇一一夜：岡田英弘『日本史の誕生』　一四三夜：折口信夫『死者の書』

若水《わかみず》を迎え
歳神《としがみ》を呼ぶ日本の正月

大林太良

正月の来た道

小学館　一九九二

日本ではまるでこの歌でしか正月を祝えないかのように、「年の初めのためしとて、終わりなき世のめでたさを」と歌う。「年の初めのためし」の「ためし」とは何か。「ためし」は験しで、修験の験、経験の験、効験の験である。

それなら「めでたさ」とは何なのか。「めでたい」は古語では「愛《め》でたし」で、何かを称《たた》えたい、何か特別なことを褒めたいという格別の気分をあらわしている。このお正月の歌では「世」がめでたい。この現在の世をめでたい。それがいつのまにか正月挨拶の「お目出とう」になった。新しい世が始まるからだ。

中国ではめでたさのことを「福」といって、一陽来復を祝う。もともとは冬至の祝福であったはずだが、やがて春節（旧暦正月）を迎える行事に吸収された。いずれにしても

「めでたさ」は季節の節目のことであって、そこに人事は関与していなかった。

正月には人事は関与していなかったが、農事は関与した。日本だけではない。ユーラシアのかなり原始的な農耕文化にも、新年には死霊たちが一緒になって生者のところに戻るので作物の初物を供え、性的乱交をたのしむ風習がある。

もうすこし発達した農耕社会では、新年に社会的統一を示す儀式がおこなわれた。王の神格化が確認され、強調されたのである。さらに発達した農耕社会では国家あるいは都市国家として豊饒を祝う。

農事だけでなく漁労民にも牧畜民にも似たような「めでたさ」が祝われた。北シベリアの遊牧民ヤクート族では春の大祭が正月にあたっていて、馬に乗った者が集まり、各人が灰の上に馬乳酒を三回ずつかけて至高神を祝う。次に右を向き至高神の妻のために三回の酒を注ぎ、さらに北に向かって死んだ精霊たちに酒を手向ける。そういう儀式をしたうえで、かれらは灰を踏まないように輪舞《ロンド》を踊る。

正月とは、宇宙や世界の秩序の更新なのである。自然の年齢の更新なのだ。本書はそういうアジアの世界秩序更新儀礼がさまざまにかたちを変えて日本にやってきて正月儀礼になった経緯を物語る。験《ためし》を綴る。

大林さんが『東アジアの王権神話』(弘文堂)によってもたらした仮説は、しばらく衝撃波ともいってよい動揺を日本の民族学界にもたらした。類書も多かった。ぼくも何冊かの洗礼を受けた。
洗礼はあったのであるが、大林さんの著作はどうも興奮を誘わない。淡々としているともいえるが、目配りが勝っている。だからドライビング・フォースに任せて書きっぱなすということがない。たいへん慎重なのだ。そこが一方では学界の信頼にもつながっていて、大林さんはまたたくまに重鎮になっていった。

実は一年ほどにわたって大林さんの連載原稿に、まりの・るうにいが苦労して挿絵を描きつづけたことがある。水に関する世界神話の連載で、ぼくもできあがるたびにそれを読んだが、挿絵が描きにくそうだった。そういう文章だった。強い主題や鮮やかな場面が前に出てこずに、その周辺的な関係がいろいろ綴られているせいである。しかし、それが大林さんなのだ。

本書はそんな周辺事態気配り型の大林さんの晩年の執筆によるものなのだが、「正月」「若水《わかみず》」といった主題を扱ったので、わかりやすく、また日本人が独りよがりになりそうな正月感覚をアジアに散らすにあたってはしごく効果的だった。

西行に「解けそむる初若水のけしきにて春立つことのくまれぬるかな」という歌がある。一茶は「名代に若水あびる烏《からす》かな」と詠んだ。若水は元朝に汲む水のことで、初水とも変若水《おちみず》ともいった。正月の歳神《としがみ》に供え、村人や家族がこれで体や口を浄めて、お茶をたて大福茶《おおぶくちゃ》とした。そのような水を汲むことを若水迎えともいう。

かつてニコライ・ネフスキーが『月と不死』（東洋文庫）に書いたように、ここには不死伝説が絡んでいる。いまは全国的に有名になった奈良の二月堂のお水取りも、この若水行事のヴァージョンのひとつである。あれは若狭《わかさ》で初水を汲んで、それが奈良まで運ばれたというトラフィック・イベントとも関連していた。

この風習は朝鮮にもある。夜明けに鶏が鳴くのを合図に井戸に汲みに行く。伝説ではこのときに天界の龍が人界に降りてきて卵を産みつけるのだという。だから若水を汲んでそれで最初の炊事をするのは、龍の卵を含んだ水を頂戴《ちょうだい》するということになって、それが至福をもたらすというのである。だいたいは正月十五日の行事になっている。

ところが、中国では若水行事がない。大林さんも他の人類学者も最初はそう思っていた。『歳時通考』には「元旦地を掃かず、水を汲まず、火を乞《こ》はず」とある。中国の正月ではあえて水を汲まないのだ。井戸にも蓋《ふた》をしてしまう。これが「封井《ふうせい》」で、井戸の前で香を焚き、井神《せいしん》を拝み、爆竹を打つ。唐代からつづいた貯神水のながれをうけた行事であるらしい。唐の韓鄂《かんがく》が書いた『四時《しじ》纂要《さんよう》』には「立春の日に水を貯め、これを神水として用いる」ともある。その神水で何をしたかというと、好んで酒を醸した。

けれどもその一方で、進財水《しんざいすい》という風習もあった。中国では陰暦正月二日に家々に財神を祀るのであるが（財神日）、その黎明のころに水売り人が水と柴束を担いで内庭の門のところにやってきて、「財を差し上げよう、水を差し上げよう」と言う。進財進水なのである。こう言われた家では「財水を受けます」と言わなければならない。また、蘇州には「拝水」という行事がある。元旦から十二日まで毎朝井戸の水を汲んで、その重さを測る。十二日というのは十二ヵ月の圧縮で、つまりはこれで一年を占っている。

　中国では元朝に若水を汲まないといっても、やはり水が大きな役割を果たしていたわけである。ということは日本の若水行事は封井の感覚と、それとは別のものが交じってさまざまに習合してきた結果なのではないか。そう、大林さんは推理して、今度はとことん中国各地の正月行事を調査した。

はっきりしてきたのは中国南部には若水迎えがあったということだった。湖南省や江西省には敬水節という行事すらあった。元朝に井戸に線香を焚き、紙銭を燃やして水を汲む。四川省と陝西《せんせい》省には搶銀水《そうぎんすい》があって、元朝に争って水を汲み、これを家堂の福龕《ふくがん》の下に供えていた。これはようするに、中国には水を汲まないことによって水を神聖視する「不挑水」の伝統と、水を争ってでも汲む「争頭水」の伝統とが並行していて、そのいずれにも家の財神がかかわっているということなのである。

　このほか本書には東アジア各地の若水行事が紹介されているのだが、大林さんの結論は日本の若水行事はどちらかといえば韓国とは無縁のもので、むしろ中国南部の稲作民の儀礼から派生したものではないかというものだった。

正月というもの、いまとなっては日本に残された数少ない共通儀礼のひとつである。初詣《はつもうで》、雑煮《ぞうに》、鏡餅、標縄《しめなわ》、松飾り、門松、蓬莱《ほうらい》、門付《かどづけ》、獅子舞《ししまい》、おせち、七草粥《がゆ》、どんど焼きなど、日本人はここまでなら一応のことを知っている。

とくに雑煮については、東の角餅と西の丸餅、東の澄ましと西の味噌のちがいがあり、汁や具にもちがいがあるためか、妙に廃れぬ関心となってきた。

が、だからといって、このような正月風習を漫然と送っているだけでは何も「日本」が見えたことにならないし、それらの相互の関連はどんどん見えなくなっていく。むしろ漫然としているぶん、かえって「どうでもよい日本趣味」だけが大手を振っていくことにもなりかねない。

本書にもいろいろ紹介されているのだが、正月行事を構成している複数の要素は、アジア各地においても八月の盆行事と一対なのである。どこから歳神《としがみ》がくるのかという方角行事とも深い関係をもっている。歳神は彼方から里をめざしてやってきて、松の内のあいだだけ恵方棚《えほうだな》にいて、そしてまた帰っていく神なのである。正月は単立した行事ではなく、つねに時間と空間をまたいでどこかとつながっていると見るべきなのだ。それは鏡餅に海老や昆布、柿や橙《だいだい》が飾られていることでも察しがつくだろう。あの飾りは海《うみ》幸山幸《さちやまさち》伝説にさえ絡んでいる。

こうしてみれば見当がつくように、正月の若水とは、まさに地下水のように現実から見えないところでどこかとつながっているはずの脈絡を、人間が一年に一度くらいは確認している行事でもあったのだ。マザーカントリーの面影があらたまる行事なのである。それが一掬《いっきく》の若水に託されたわけだった。

今日は人日《じんじつ》、七草粥である。セリ・ナズナ・ゴギョウ・ハコベラ・ホトケノザ・スズナ・スズシロの春の七草を俎板《まないた》にのせ、杓文字《しゃもじ》や包丁の背でとんとん叩く。そのとき「七草なずな　唐土《とうど》の鳥が　日本の国に　渡らぬ先に　ストトン　ストトン　とんとん」と唱える。なんだかマザーカントリーの面影を守っているような呪文《じゅもん》だった。

第四五一夜　二〇〇二年一月七日

参照千夜

七五三夜：西行『山家集』　七六七夜：一茶『一茶俳句集』

翁《おきな》の舞にひそむ
マレビトたちの不思議な面影

神と翁の民俗学

山折哲雄

講談社学術文庫　一九九一

山折さんとは、何かの会議やコンファレンスなどで顔をあわせるほかは、めったにお目にかからない。けれどもいつも親しみを感じてきた。先だっても八月のニドム軽井沢セミナーで一緒になったけれど、たしか二十年ぶりくらいだったはずなのに、なんだかいつも会ってきたかのような気になった。

学問的な研究というものは、ふつうは「おもしろみ」をとくに意識はしていない。そんなことより目くじら立ててでも、重箱の隅をつついてでも、どんな些細なことであれ、それなりに独自の主題を奉じて、それがいかに他人の見解とは異なるかを声高に言い立てたほうがずっといいということになっている。それはそれでたえずオリジナルな研究成果を生み出す原動力となっているのだが、それがまたアカデミズムの通例というものだが、そのような学問の見せ方を、ぼくは必ずしも評価してこなかった。些細なオリジナリティばかりを読み聞かされるのは、やりきれない。

そういう学界事情のなかにあって、山折さんはいつも大胆な組み立てで、必ずや「おもしろみ」や「あやうさ」を披露してくれるのだ。それを学界ではどのように見ているのかは知らないが、ぼくは日本のアカデミズムでももっとこのようなリプレゼンテーションがふえたほうがいいと思ってきた。

そういう山折さんの数あるリプレゼンテーションのなかから、今夜はあえて三五年前の傑作『神と翁の民俗学』をとりあげることにした。これはもともと『神から翁へ』（青土社）と題されていたものを加筆訂正して表題を変えたものだが、中身は一貫して「なぜ日本の神々の多くは翁《おきな》の姿をとっているのか」というテーマをめぐっている。

山折さんが「神と翁の関係」に関心をもったのにはいろいろ理由があったようだが、ひとつは、神がこの世にあらわれるときに老人の姿をとることに謎を感じたということと、もうひとつには、それならどうして仏は若々しい青年の姿で描かれることが多いのかという疑問をもったからだった。

神と仏の関係は、神仏習合・本地垂迹《ほんじすいじやく》・神本仏迹《しんほんぶつじやく》・神仏分離・廃仏毀釈《はいぶつきしやく》をはじめとした、日本の社会文化の根底にかかわる「地」（グラウンド）の問題になっていて、宗教史と思想史を専門とする山折さんにとっては、そこをなんとか切りくずしていくことが年来の課題だった。そこへ新たに「神と翁と仏」という「図」(フィギュア)があらわれた。このとき神と仏のあいだに「翁《おきな》」が浮上したのだ。山折さんは、ひとまずは自分の眼前に「仏は若く、神は老いたり」という警句のような命題を掲げて、いろんな思索をめぐらした。

そのうちいったんは、仏が若々しいのは、大乗仏教の経典が「永遠の仏」ということを説いたからで、そのため「死滅しない仏陀」というヴィジュアル・イメージが全面化したのだろうと推理した。だったら、神が老人や老翁に見立てられるのはどうしてなのか。なぜ神は老いなければならないのか。若いままではまずいのか。山折さんは、人間はその最終段階にやっと神との同化がおこるというふうに考えたからではないかという仮説をたててみた。

こうして山折さんの興味深い探索が始まるのだが、その出発点には、柳田国男がどちらかというと「童子」に興味をもったのに対して、折口信夫が「翁」に関心を寄せつづけていたという、日本を代表する二人の民俗学者による際立つ対比があった。

よく知られているように柳田は、桃太郎や瓜子《うりこ》姫《ひめ》などの昔話の起源をめぐって「小《ちい》サ子《こ》」をめぐる伝承に研究の目を寄せた。そして、そこに母子神《ぼししん》信仰や水神信仰の関与があることを指摘した。そこにはダイダラボッチなどの巨人伝説との「大きいもの・小さいもの」の関連も指摘されていた。

こうした童子神を研究したのは、柳田ばかりではない。神話学者のカール・ケレーニイもそのあたりに深入りして、童子神を「母」と結びつけた。それはユングの「幼児元型」とも結びついていた。一方、図像学者のエルヴィン・パノフスキーが「盲目のクピド（キューピッド）」に着目して、やはり童子神から発するイコノロジーの展開を組み立てたことについては、ぼくもたっぷり千夜千冊しておいた。しかし、これらは総じて「小さいもの」「幼児」「母」という連鎖はもっていても、そこに老人や翁が介在するわけではない。

これに対して折口は、『翁の発生』において、翁の面影の奥には「山の神」とともに「マレビト」の面影についての信仰があることを指摘して、独自の「日本という方法」の愁眉《しゅうび》をひらいたのである。それならいったい、翁とは何なのか。何者なのか。たんなる爺《じい》さんであるはずがない。

能には『翁《おきな》』という特別の演目がある。「能にして、能にあらず」と言われてきた。上演にあたっては演者は「別火《べっか》」の日々をおくり、身を潔斎《けっさい》する。別火については宮田登さんの『ヒメの民俗学』（青土社→ちくま学芸文庫）を紹介したときに詳しいことを書いておいたのでそれを読んでもらいたいが、神事にかかわる者たちの禁忌のひとつだった。関係者だけの特別の火を用いるのである。準備の日々は別火でおくる。それで『翁』上演の当日になると、別火とともに鏡の間に「翁かざり」をし、尉面《じょうめん》を祀って酒をくむ。尉面には白式尉・黒式尉・父尉《ちちのじょう》がある。いずれも翁面である。シテは、この翁面をあらかじめ付けてはいない。直面《ひためん》で舞台に出てきて、面箱から翁面（白式尉）を出して恭しく付ける。こんなことをする能は『翁』以外にはない。

この『翁』を役どころから見ると、二人の老人と一人の稚児《ちご》が登場する。能舞台で最初に舞うシテの「翁」と、最後に舞いおさめる「三番叟《さんばそう》」が老人なのである。中どころで舞う「千歳《せんざい》」はツレで、これが稚児になっている。老人二人は面《おもて》を付け、稚児は直面《ひためん》である。ここに、老人と童子のきわめて劇的な対比があらわれてくる。

しかし、ここからが肝心なところになるのだが、この翁舞はもともと古くは三人の翁によって演じられていた。世阿弥の『風姿花伝』はそこを強調する。翁舞は、稲積《いなつみ》の翁、代継《よつぎ》の翁、父の尉《じょう》の三人の老翁が舞い勤めるものだった。

世阿弥は、翁舞が三人になっているのは、仏教でいう「法身・報身・応身」の如来の姿を象《かたど》っているからだという説明もする。仏の三化身のことだ。実際にも、このように三人で舞うからこそ、能楽界では「式三番《しきさんば》」と言うと伝えてきた。

それなら当初に三人で舞っていたものが、なぜそのうちの一人が稚児になったのか。

世阿弥の「法身・報身・応身」説だけでは牽強付会《けんきょうふかい》にすぎて、説明にはなりにくい。どうして三翁パターンは二翁・一稚児パターンになったのか。この謎がのこった。

ここから山折さんの推理の翼が広がっていく。それは能勢朝次の『能楽源流考』（岩波書店）や天野文雄の『翁猿楽研究』（和泉書院）や山路興造の『翁の座』（平凡社）などの推察とは異なる新しいものだった。まずは、翁と童子の物語や場面のある事象を引っぱってきたい。山折さんは八幡《はちまん》神と稲荷神に目をつけた。

八幡神は「武の神」である。発生には諸説があるが、そのひとつの縁起に『扶桑略記《ふそうりゃくき》』欽明《きんめい》天皇三二年の条があり、そこに八幡大明神が筑紫にあらわれた話がのっている。豊前国宇佐《ぶぜんのくにうさ》の菱潟《ひしがた》池に一人の「鍛冶の翁」がいて、はなはだ奇異な恰好をしていた。その地に大神比義《おおがのなみよし》なる神主がいて、穀断ちすること三年、御幣をかかげて何事かを祈っていると、その翁がたちまち三歳の少児に身を変じて、「われは第十六代応神天皇なり、護国霊験威身神大自在王菩薩なり」と名のったというのだ。詳しい経緯をべつにして、この話で何が伝わっているかというと、八幡神は最初は翁の姿をとって、のちに童子神に化身して、自身の出自を名のったということになる。

稲荷神にも似たような話がいくつもある。ぼくも『空海の夢』（春秋社）に書いたことだけれど、弘仁七年のこと、空海は紀州の田辺で「異相の老翁」に出会った。老翁がしきりに仏法紹隆・仏法擁護を誓うので空海もそれに応え、二人は京の教王護国寺（東寺）での再会を約した。それから七年後、弘仁十四年になって、その「異相の老翁」（化人）が稲を背負い、杉の葉をさげ、二人の女と二人の童子を連れて教王護国寺を訪れた。それが稲荷大明神であったと、『稲荷大明神流記』は記しているのである。稲荷とは稲を荷なっている恰好の神をいう。

山折さんはこの稲荷神が二人の童子を連れているという事例から、不動明王が脇侍《きょうじ》として二人の童子、コンカラ（矜羯羅）童子とセイタカ（制吒迦）童子を連れていることに思いを馳《は》せる。不動明王が翁だとか、その変形であるというのではない。しかし、不動明王には生と死の両義性とともに、「忿怒《ふんぬ》」の形相と「童子」の肌をあわせもっているという忿怒相と童子相との対同性がある。これは見逃せない。

そういえば金春禅竹《こんぱるぜんちく》はその『明宿集』に、翁面はつねに鬼面と一体のものとして伝承されてきたと書いていた。どこか不動明王の姿とつながるものがある。それならどうして山中の修行者の前に翁と童子が出現したり、変身したりするのだろうか。翁は神の変身なのか、零落《れいらく》なのか。それとも仏の化身で、童子の伴身を促すものなのか。

ここまでの例は、主として「山の翁」の伝承をあらわしている。日本の神話や説話や昔話にはもっと別の翁たちもいる。

たとえば、日本神話に何度も登場するシオツチは、「塩土老翁《しおつちのおじ》」として神話上でも重要な役割をはたしている。塩を守る「海の翁」というべきものである。釜石の塩釜（鹽竈）神社にはシオツチが祀られている。

ホノニニギが日向《ひゅうが》の高千穂に天孫降臨し、そののち笠狭《かささ》の御碕《みさき》に到着したとき、そこで事勝国勝長狭《ことかつくにかつながさ》という者に会う。略してナガサというが、これがシオツチで、ホノニニギに「どうぞ自分の国にとどまるように」と勧めた張本人だった。つまりシオツチは海洋系の老翁《おじ》なのである。

この話は、天孫一族が出雲のスサノオ＝オオクニヌシ系とはべつに、海洋系の連中ともちゃっかり取引をしていたことを物語るのだが、ここではそのことよりも、翁の類型には「山の翁」とともに「海の翁」があることを伝えてくれる。では山の翁と海の翁は別々の者たちなのか。実は、そうでもない。

いわゆる神武東征神話には、大和に入ろうとしたイワレヒコ（カムヤマトイワレヒコ＝のちの神武天皇）が、磯城《しき》と高尾張を拠点としていたヤソタケル（八十梟帥）の頑強な抵抗にあったという話が含まれている。

イワレヒコが困っていると夢に天津《あまつ》神《かみ》があらわれて、天香具山の土《はに》で器《いつへ》を作ってそこに神酒を入れ、天神地祇《ちぎ》を祀りなさいと言った。また土地の豪族のオトウカシ（弟猾）も同じことを進言した。イワレヒコがオトウカシとシイネツヒコ（椎根津彦）に土取りを託したところ、二人は蓑笠をつけて「老嫗《ろうう》」と「老父」に変装し、みごと敵陣を突破して天香具山の土を持ち帰った。これで神武はヤソタケルを討つことができた。

話はこれでおわらない。老父に変装したシイネツヒコとは、もとは「珍彦《うずひこ》」（渦彦）という国津神《くにつかみ》で、曲浦《わたのうら》という海浜で釣魚を生業《なりわい》にしていた者だったのである。シイネツヒコは海のリーダーから山のリーダーに転身していたのだ。ということは、山の翁と海の翁といっても、そこにはけっこう転身も交換も交流もあったということになる。

こうして山折さんは、記紀や風土記の伝承を通して、「翁」が記紀においては国津神としての神の系類に近づけて示され、風土記のような民俗的記録ではおおむね人間《じんかん》の領域に近づけた示し方をされていることに気がついていった。

しかし、この山と海とをまたぐ二つの記述には微妙な「ゆれ」もある。「ゆれ」もあるのだけれど、あえていうのなら、その「ゆれ」こそが「翁」の不可思議な性格を特色してきたのではないか。そういうふうに考えた。

だいたいこのあたりで、山折さんの〝翁像〟はあらかた結像しつつあったようだ。ただしもうひとつ、たいそう気になることがのこっている。それは、各地の老翁の伝承には、しばしば門付《かどづけ》や乞食に身をやつす老人の話がけっこうあるということだ。たとえば

『伊勢物語』第八一段である。

左大臣の源融《みなもとのとおる》が、賀茂川のほとりの邸宅に時の親王たちを招いて宴をひらいていた。親王たちが邸宅や庭の美しさを褒め称える歌を次々に詠んでいたところ、それまで床下の座あたりをうろうろしていた乞丐《こつがい》の老人が、最後にこんな歌を詠んだ。「塩釜にいつか来にけむ朝なぎに釣する舟はここに寄らなん」。

この邸内にしつらえられた塩釜の景色はとてもよい眺めで、いつのまにか陸奥の塩釜に来てしまったような気がした、朝凪《なぎ》の海に浮かんでいる舟があるなら、ぜひこの浦に寄ってほしいという意味の歌である。

乞丐とは、わかりやすくいえば「乞食《こつじき》」のことだ。当時は「かたい」とも「ほかいびと」とも言った。『伊勢物語』には「かたゐをきな」というふうにある。「かたい」は社会的には総じて賤民《せんみん》扱いをされてきたのだ。その賤民扱いをされているような「かたい」が、『伊勢物語』では殿上の源融の歌会に居合わせたり、歌を詠んだりしている。なぜ、そういうふうになるのか。これはちょっとした謎である。

『伊勢物語』よりややくだった『今昔物語』の巻十五に、「比叡山僧長増往生語」という段がある。

比叡の長増という僧は、師が往生したというので、そのあとを追うようにして姿をくらました。どこかへ死出の旅路にたったと思われた。それから数十年後のこと、長増の弟子だった清尋が伊予に下ってその地で庵《いおり》を結んでいると、そこへ身なりの貧しい老人がやってきた。笠をかぶって腰には蓑を巻きつけ、杖《つえ》をついている。そして「かたい」として物乞いをする。よくよく見ると、それは自分の師匠の長増だったという話だ。

この話の「かたい」は、シイネツヒコが蓑笠で「翁」に身をやつしている姿と酷似する。そればかりか、門付をする者が、よくよくその身分を聞くとかつての高僧だったとか、高貴な者だったという話のパターンを踏襲もしている。そもそも「蓑笠をつける」というのは、日本民俗学に詳しい者ならすぐ見当がつくだろうが、神々があえて落ちぶれた姿をしてみせる「神のやつし」なのである。さらに杖をもっているというのは、「神のもどき」なのである。ぼくも『フラジャイル』（ちくま学芸文庫）にそのへんのことは詳しく書いておいた。

以上のことからおよそのことが推理できる。『伊勢』の「かたゐをきな」は、高貴な身分をやつしている者かもしれなかったということだ。いや、「かもしれない」どころではない。あえて強くいうのなら、老法師や老翁の姿には、つねにそうした「聖と賤とをまたがる面影」が付与されているというべきなのである。

こうして、ここに八幡神、稲荷神、シオツチ、シイネツヒコなどが伝える物語と、童子が出たり入ったりすることと、能の『翁』の伝えようとしている意味とが、スパークするようにつながってくる。やはり、日本には神と仏と、そして翁とがいたわけなのである。

このような見方はどのように結着すればいいのだろうか。山折さんは、その結着はあいかわらず折口信夫の考え方が握っているとみた。

本書の第四章は「メシアとしての翁」という、はなはだ大胆なチャプター・タイトルになっている。そのサブタイトルは「折口信夫論の試み」だ。

山折さんは何を書いたのか。ここで述べられていることにはベルイマンの映画《野いちご》の話から、エリクソンの熟年論にいたるまで、いろいろな興味深い例示もあるのだが、集約すると、こういうふうになる。

柳田国男の『遠野物語』の序文に、「翁さび飛ばず鳴かざるをちかたの　森のふくろふ笑ふらんかも」という歌が示されているが、この「翁さび」の意味の大半をうけとめ、展開できたのは折口信夫だった。折口は、「翁さび」とは翁が「神のもどき」を見せていることであり、そのように「神のもどき」をする神とは、マレビトとしての来訪神であることを証した。

折口の分析はそれにとどまらなかった。「翁さび」とは「神さび」と同様、そのものらしく振る舞うことで、そこには翁として神事を振る舞う意図がふくまれているはずだというのである。たとえば『続日本後紀』には、「翁とてわびやは居らむ。草も　木も栄ゆる時に、出でて舞ひてむ」という尾張の浜主の歌があるのだが、これは神事演舞の扮《ふん》装《そう》演出に言及しているのであって、したがって「翁さび」とは、そのように翁らしい振舞ができているかどうかを問うたのだ、そう折口は判断したのだった。

さて、そうなると、能の『翁』に象徴される様式や振舞の意図の背後には、日本の芸能の根源によこたわる「祭りの本質」がひそんでいたということになる。折口はこのことを『翁の発生』と『大嘗祭《だいじょうさい》の本義』で示した。たいへん有名な論文で、すこぶる直観的連想性に富んでいるのだが、わかりやすく要約すると、こうである。


日本の祭りは四季に応じていると見られがちだろうけれど、もともとは大晦日《おおみそか》の一夜のうちにおこなわれた〝一続きの祭り〟が母型になっていたはずだ。

その日の宵のうちにおこなわれるのが「あき祭り」で、深夜におこなわれるのが「ふゆ祭り」、そして暁方におこなわれるのが「はる祭り」なのだ。それがのちに暦が導入され、各季節の祭りに分化していった。

このうち「あき祭り」は収穫に対する感謝であって、宵のうちにやってくる来訪神としてのマレビトに、その家の主人が田畑の成績を報告することを主旨とした。次の「ふゆ祭り」は、その来訪神がその家の主人のために生命の言祝《ことほぎ》(寿ぎ)と健康の祝福を与えた。すなわち、「あき祭り」と「ふゆ祭り」は、来訪神と主人とのあいだの問答と応酬で成立している。つまり、ここには客と主《あるじ》の応接がある。

こうして、夜中の「ふゆ祭り」によって家の内外に魂の力が漲《みなぎ》ると、そこから夜明けの「はる祭り」としての再生復活のステージになっていく。「ふゆ」に充塡《じゅうてん》された魂の力が「はる」をもって晴れわたり、また張っていく。そして、野山に芽吹きと開花をもたらしていく。

このような一連の出来事が、そもそも日本の祭りの母型にあったはずなのである。そうだとすれば、ここで最も重要になるのは、再生の力をもたらした来訪神としてのマレビトの面影だったということになる。折口は、この来訪神はたいていの場合、「神のもどき」としての「老体」や「翁」に身をやつしていたと考えた。それは、祭りの庭に招かれて、共同体の繁栄と再生を約束する〝メシア〟の役割をもっていたのである。翁はメシアであることを暗示する姿だったのである……。

どうだったろうか。ぼくはこれをもって、本書の案内をとじることにするが、途中、大幅な中抜きをしていることを白状しておかなければならない。第二章にあたる「古代における神と仏」というところを、すべて中抜きした。たいへん痛快な分析もあるのでぜひ本書に当たって読まれることを勧めておく。

それはそれ、本書は日本の神仏や日本の民俗風習なんて苦手だと思う諸君には、やや高級ではあるが、高級であるがゆえに、そういう諸君がいちはやく入門すべき核心を描いている一冊ではないかと思う。最初に書いたように、山折さんはめずらしく研究成果を「おもしろく」「あやうく」書ける人なのだ。

第一二七一夜　二〇〇八年十一月二十日

参照千夜

一一四四夜：柳田国男『海上の道』　一四三夜：折口信夫『死者の書』　八三〇夜：ユング『心理学と錬金術』　九二八夜：パノフスキー『イコノロジー研究』　五三七夜：宮田登『ヒメの民俗学』　一一八夜：世阿弥『風姿花伝』　七五〇夜：空海『三教指帰・性霊集』

日本の「たましひ」としての稜威《いつ》
触るなかれ、なお近寄れ

山本健吉

いのちとかたち

新潮社　一九八一

この本は幸田露伴の『連環記』のようにしたかった、と著者自身が書いている。『連環記』は、恵心僧都《えしんそうず》源信が比叡山で活躍していたころの慶滋保胤《よししげのやすたね》が仲間を集めて二十五三昧会《ざんまいえ》を催していた事情を綴った物語で、次から次へと挿話と場面が連環するという結構である。

露伴の『連環記』がやたらに好きだという作家や文学者は、けっこう多い。ぼくが知っているだけでも江戸川乱歩、石川淳、花田清輝《きよてる》、山本健吉、篠田一士《はじめ》、司馬遼太郎が絶賛しつくしている。

それは、そうだろう。あれは極上だ。それなのにいまや誰も『連環記』を読まなくなった。いやいや露伴全集を覗《のぞ》く者など、いまどきめったにいない。ぼくはスタッフから

「明治文学を読むにはどうしたらいいですか」とヒントを求められると、たいてい露伴を読みなさいと勧めるのだが、みんな挫折してしまうようだ。

それはともかく、本書との出会いにはちょっとした経緯《いきさつ》がある。まず著者の山本健吉については、小学校三年のころから俳句に遊んでいたぼくは、この人を長らく〝歳時記の専門家〟としてしか見ていなかった。それがあるとき、父の書棚に並んでいた『芭蕉』上中下三冊を高校の終わりころに拾い読みした。新潮社が刊行していた一時間文庫という洒落たシリーズだった。

父は健吉さんというふうに言っていた。読んではみたものの、この本は著者のせいでおもしろいのか、もともとの芭蕉のなせるわざなのか、そこがわからなかった読書におわったので、それからずいぶんのこと健吉さんを放ってあったのだ。それが、二十代半ばをすぎたころだとおもうのだが、そのころ光り具合がよかった「季刊芸術」という雑誌に「三つの古語についての考察」が連載されていた。

三つの古語というのは「もののあはれ」「いろごのみ」「やまとだましひ」である。当時のぼくにはこの組み合わせはちょっとしんどかったけれど、これは面影日本の根本にかかわる三つのキーワードだ。そこまでのことなどまださっぱりわかっていなかったけれど、何かが気になって毎号読んで、それなりに柳田・折口との距離やら「たましひ」

を呑んだ日本人論のおこしかたなどを覗き見た。

ところが、この連載は尻切れトンボだったのである。そこでなんとなく収まりが悪いままになって、それからもときどきは健吉さんものには出会ってはいたものの、そのまま消化不良が続いていた。それがやっと本書によって、あの連載の「続き」に決着がついたという順序なのである。

本書『いのちとかたち』は、健吉さんが満を持して「日本の面影の本質とは何か」という思索の奥へ降りてみた試みになっている。

サブタイトルにも「日本美の源を探る」がつかわれた。それを「もののあはれ」「いろごのみ」「やまとだましひ」という三つの古語をキーワードにしながら考えている。いろいろヒントをもらったが、総じては次のような感想をもった。

よく和魂洋才という。明治には大流行した言葉で、いくら文明開化で洋風が流行しようと、魂は「和」をもっていたいという意味だ。しばしばこの言葉で日本のありかたも安易に説明されてきた。しかし、いうまでもないことだが、かつては「和魂漢才」という言葉だけがあった。

こちらは、わが国は遣唐使以来、海の向こうの巨《おお》きな「漢」(中国)にいろいろなことを学んできて、いまなおその成果を「漢才」として尊重はしているけれど、これを捌《さば》くにあたっては「和魂」を大事にしていきますよというメッセージである。小野道風が王《おう》之《し》に学んだ漢才《からざえ》の書を和様書にしてみせたあたり、平仮名がだいたい確立したあたりで、漢才と和魂《やまとだましひ》が相並ぶようになったことを受けた言い分である。唐絵《からえ》に対するに倭絵《やまとえ》が見えてきたのも大きい。

ここで「魂」とか「才」は何のことかといえば、「魂」は中国由来の魂魄のひとつで、もともとはわれわれに宿っているものだが、われわれが何かの極限に近づかなければ、それが魂や魄となっては出てこない。魂《こん》は精神を支える気、魄《はく》は肉体を支える気のことをいう。たとえばわれわれが死ねば、これはまさしく極限なのだから体から魂魄は飛び立つ。古代人はそう理解した。

が、これでは魂のつかいどころがない。そこで早々に日本人は魂をつかうために魂振《たまふ》りや魂鎮《たましず》めなどをした。

一方の「才」のほうはもともとは人に宿っているものではなかった。才とは木や石や草に宿っているものをいう。かつてはサエとかザエといった。その才を引き出すことが「能」である。「才」と「能」の二つでひとつの才能なのである。

だから洋才といえばあいは、ほんとうは西洋の素材から日本人が引き出すべきものをさす。油絵の具やカメラやアルミニウムから何かを引き出せば洋才だ。漢才なら漢字や漢詩や中国の衣服や瓦《かわら》から何かを引き出すことをいう。

それがしだいに、人にも宿る「魂」と「才」とを一緒くたに語るようになった。そして、似絵《にせえ》の藤原隆信が《源頼朝像》や《平重盛像》で何を描いたかというと、「魂を描いた」というふうに見た。画材や手法は漢画（唐絵）に学んだ。漢才を借りた。

しかし日本の画人たちは魂を剝《む》き出しに描くのではなかった。何かをする。その何かがどんな何かであるのかはあとでぼくなりに暗示するが、その何かをしてできあがった肖像を「影」とよんだ。いまでも写影・撮影・影響・御影などという言葉があるように、画人は「影」を映し出し、写し出そうとしたのだった。かつてはこの映り出てきたものを「影向《ようごう》」ともいって、そこに気韻が生動すると見た。

この手法こそが和魂漢才のルーツのあらわしかたになる。このことがわからないと、日本の絵画に陰影がないことがわからない。そもそも「影」の起源は「たましひ」の動向にあるのだから、陰影など必要がなかったのである。だからその「かげ」から、たとえば「かがよひ」「かげろふ」「かがみ」（かげみ）などが出てきた。「かぐやひめ」といえば、そういう影向をおこした姫の象徴なのである。

さて、そのようになってみると、ひとまず和魂は取り出しにくいもの、漢才はそれを取り出すための道具的なものということになるのだが、それとともに「魂」が「影」として映し出され、「才」もまた石や木だけではなく人にも潜むとなれば、これは和魂と漢才を別々に語るのでは何も説明したことにはならない。むしろ外来的で中国的な才能の全体を「漢」と見なし、それを感じさせないほどにあらわされたものやあらわしたものを「和」と見たほうがいい。

こうして室町期の『菅家遺誡《かんけいかい》』あたりで和魂が自立していったのである。蒙古《もうこ》襲来時の神風の自覚や南北朝期の後醍醐旋風などの影響も大きかった。そのうち、わが国の心を「やまとごころ」と言うのなら、漢才がもたらしてきたものにも「からごころ」ともいうべきものがあって、そこにこそ明白な一線があっていいのではないかと思うようになった。江戸の国学はその立場からの構想になる。

本書は、それなら「からごころ」に「やまとだましひ」が対置できるようになったのはなぜなのかということを、考えた。そんなことを言いだしたのは国学者たちが初めてだったから、むろん賀茂真淵や本居宣長の思索のなかでのことである。宣長は「漢意」を「からごころ」と和風に訓《よ》み、「古意」に「いにしへごころ」という訓みを与えたのだった。

もともと「やまとごころ」「心だましひ」「世間だましひ」などという言葉は、平安中期にはつかわれていた。日本主義的な意味はない。世事を円滑に進めていく才能や、専門的な技能を日々に応用する知恵のことを言った。

「やまとだましひ」は『源氏物語』少女《おとめ》の巻に早い。初出かもしれない。そこにはたとえば、「なほ才をもととしてこそ、やまとだましひの世にもちゐらるる方も強うはべらめ」とある。この『源氏』の用例では、何人もの女性たちを愛しても、それぞれ円滑ななりゆきをつくっていける才能のことを暗示した。

「やまとごころ」という言葉のほうの初出は赤染衛門《あかぞめえもん》の歌にある。女性たちにだって「やまとごころ」があります。私たちはそういう心を子供に教育できるものだと自信をもっているのですと詠んでいる。

夫の大江匡衡《おおえのまさひら》が「はかなくも思ひけるかなちもなくて博士の家の乳母せむとは」と詠んだのに対し、妻の赤染衛門が「さもあらばあれやまと心しかしこくば細乳につけてあらすばかりぞ」と応えた歌である。匡衡は「ち」を「知」と「乳」にかけたのだが、赤染衛門はそんな学才などなくたって「やまとだましひ」や「やまとごころ」は子に伝えられるものですと切り返したわけだった。

だいたい日本の学習の本道は感染教育であり、感染学習である。それゆえ歌にも禅にも能にも茶にも門人がいて門弟ができた。そこに師弟が生まれ、それなりの「道」がつくられていった。赤染衛門はそういう感染教育なら、それがとりわけ「やまとごころ」

によってこの国に伝わる魂を伝えるという感染なら、女性こそが得意ですと言ったわけである。

王朝期の「やまとだましひ」や「やまとごころ」は、わかりやすくいえば王朝社会のコミュニケーション能力のことだった。ただそれは漢才《からざえ》に頼るものではなく、昔ながらの言葉づかいや和歌や仮名によってもあらわせるものだと解された。津田左右吉《そうきち》はさすがにこうした平安期に発していた和魂漢才の意味をとりちがえなかった。漢字漢文漢詩にもとづく漢才に対して、どのように和魂としての「やまとだましひ」を対応させるかを、『文学に現はれたる我が国民思想の研究』（洛陽堂→岩波文庫）の第一巻で説いた。

そのうち、使い方に変化があらわれていく。武家社会が誕生し、「力」のコミュニケーションが尊ばれるようになると、ひとつながりに扱われていた和魂漢才は分断して、二つが並び称されることが少なくなっていった。

加えて神仏習合が進んで本地垂迹説などが唱えられるようになると、むしろ「和」（神）こそが「漢」（仏）を司るものだと考えられて、中世神道が確立していったのである。かなりの日本化だった。こうして近世、国学や和学が芽生えて、契沖《けいちゅう》や下河辺長流《しもこうべながる》らが万葉研究を深め、荷田春満《かだのあずままろ》は「古道論」を唱え、真淵や宣長は『源氏』を「古意《いにしえごころ》」で読み解くようになる。

なかで宣長が『古事記伝』で試みたことこそ決定的だった。日本の古事《ふること》を理解するには、漢字で書かれた『古事記』を「漢意《からごころ》」を排して読まなければならない、そのための方法を自分が確立すると宣言し、それをやってのけたのだ。漢字漢文的思考性を排除すること、それが漢意を排するということだ。かくしてここに「やまとごころ」は「いにしえごころ」として、あえて「からごころ」に対置されたのである。

宣長の「古意」の研究には、復古主義や国粋主義は主張されていない。あくまでも「高き直き心」としての日本の古文や古意をあきらかにしようと試みた。宣長は『源氏』を「もののあはれ」の表明だったと解いて、そこにも本来の「やまとごころ」が発露していたとみなしたのである。

ところが宣長を継承したはずの平田篤胤《ひらたあつたね》では、これらが復古神道として組み立てなおされた。さらには霊性が強調され、「やまとごころ」や「やまとだましひ」に霊能性が認められるようになった。それでも、そこには日本の祖霊の心が響くのであって、その思想がナショナリズムになることなどはなかった。

では、この見方がとりちがえられて、たとえば国体思想などと結びつき、またたとえば和魂漢才が和魂洋才にスライドしていった原因をつくったのはどのへんかというと、健吉さんはきっと大国隆正《たかまさ》あたりのことだったろうというのである。大国は平田篤胤の門下生にあたる。

大国隆正は平田篤胤や村田春門《はるかど》から国学を学んだ津和野藩士で、天照大神《あまてらすおおみかみ》や天皇を軸に「対外応接」する教化色の強い思想を広めて幕末維新の国事にもかかわった。宣長の思索の奥にあるものより、また篤胤の好んだ幽冥《ゆうめい》なるものより、ひたすら外国人を圧倒するための近代国学にとりくんだ。天皇を「四海万国の総主」として「大帝爵の国体」を宣揚することが、最も重要な「撫《ぶ》民《みん》の術」だとも主張した。

山本健吉はこういうものは国学ではないのではないかと言う。少なくとも宣長の国学とはほとんど関係がない。宣長の思索の奥にあるものとは、まさに日本人にさえ取り出すことが容易ではないもので、それでもそれがいったん感得されたならば、赤染衛門が言ったように、和魂から和魂へと伝わっていくものなのである。

それならば、その宣長の思索の奥にあったもの、日本人が取り出しにくいのにそれが日本人の魂であるようなものとは何なのかということになる。

本書は、このような感染可能な「やまとだましひ」の奥の奥をさぐったのである。そしてその背景に「イツ」という究極の面影が動いていたのではないかと推理を進めたのだ。イツとは何か。

イツとは「稜威」と綴る言葉で、この言葉がわかる日本人は専門家や神社関係者をのぞけばほとんどいないのではないかとおもう。

『古事記』のアマテラスとスサノオのやりとりに、「伊都《イツ》の竹靫《たかとも》を取り佩《お》ばして」「伊都《イツ》の男建《おた》び踏みたけびて」とある。あえて民族学用語をあてはめればマナにあたるかもしれないが、マナとはだいぶんちがう。

稜威は折口信夫なら外来魂でもある。天皇霊に稜威をつかうこともある。折口か柳田かは忘れたが、琉球語では稜威は「すでる」にあたると読んだことがある。山本さん自身は「よみがえる能力を身にとりこむこと」とか「別種の生を得ること」とか「生きる力の根源になる威霊を身につけること」というふうに説明している。

本書は、こうした稜威をめぐる重要な一節を挟んでおきながら、なぜかそこに深まらないで（そこが本書の不満であったけれど）、ふわりと枕詞《まくらことば》や歌枕の話に移行するためにあれこれの引用をしはじめるのだが、ぼくにはそれもまた次の理由でおもしろかった。

それは、枕詞や歌枕が「歌」という様式をつかって稜威に入るための比類のない装置であるように見えたからである。

本書はそこまではっきりと踏みこんで言わずに、枕詞や歌枕を「生命の指標」と言うにとどめているのだが、ぼくは日本語と和歌の本来の関係にひそむ「言葉としての稜威」という力からみて、そういうこともあっていいと考えた。どうみても「たらちねの」「ひさかたの」「たまきはる」といった言葉の呪力は歌のためにつかう言葉の蘇生というよりも、それらの言葉に託された意味の再生を願った「文頭の稜威」のための装置にちがいない。そう思えたのは本書からの収穫である。

触れるなかれ、なお近寄れ。

これが日本である。これが稜威の本来の意味である。限りなく近くに寄って、そこに限りの余勢を残していくこと、これが和歌から技芸文化におよび、造仏から作庭におよぶ日本の技芸というものなのだ。

アンドレ・マルローは根津美術館の《那智瀧図》と本物の那智の滝を竹本忠雄に誘われて見たときに、その感動が日本の本質にかかわる何かであることを直観したようだった。竹本もマルローの感動に気がついて、二人は「ル・サクレ」(神秘)、「ル・トレ」(後退)というフランス語でこの感動の奥にあるものを説明しようとした。

マルローが「とうとさ《ル・サクレ》」や「あとずさり《ル・トレ》」という言葉で日本の奥を説明しようとしたことは鋭かった。たしかに日本の魂魄は奥に隠れていて、それが影向しては、また後退していってしまう。その去来と加減というものが日本の大切になっている。稜威とはまさにその大切の近くで消息していることなのである。

しかし、それを誰がどのように説明しきれるか。どこに稜威があると指摘できるのかといえば、それは覚束《おぼつか》ない。少なくとも天皇霊に稜威があるなどというのは、あまりに中心に因《よ》りすぎた短慮である。もっとたくさんのところに稜威の面影は遊んでいる。本書もそのことを、能や茶や花に言及し、世阿弥の能や芭蕉の旅にも探ろうとはしたが、そこに至らず、志が拡散していった。

第四八三夜　二〇〇二年二月二二日

参照千夜

九八三夜：幸田露伴『連環記』　五九九夜：江戸川乱歩『パノラマ島奇談』　八三二夜：石川淳『紫苑物語』　九一四夜：司馬遼太郎『この国のかたち』　一一四四夜：柳田国男『海上の道』　一四三夜：折口信夫『死者の書』　一五六九夜：紫式部『源氏物語』　九九二夜：小林秀雄『本居宣長』　一五九九夜：近藤信義『枕詞論』　三九二夜：竹本忠雄『アンドレ・マルローとの対話』　一一八夜：世阿弥『風姿花伝』　九九一夜：芭蕉『おくのほそ道』

隠れた力を生む
「なる」「つぐ」「いきほひ」

丸山眞男

忠誠と反逆

筑摩書房　一九九二

丸山眞男嫌いだった。

最初に『現代政治の思想と行動』(未来社)を高田馬場の古本屋で買って読んだ。次に岩波新書の『日本の思想』を「これ、読みなさい」と武田泰淳に言われて読み、さらに『日本政治思想史研究』(東京大学出版会)を読んだ。

きっと何も摑めていなかったのだろう。どうにもピンとこなかった。なにぶん学生時代のことで、しかも急進的なマルクス主義の本に囲まれていた渦中だったたし、それをいっぱしに実践しているとも自負していたもんだから、丸山眞男の装飾文様のようなマルクス主義や、とってつけたような左翼リベラリズムにまったく共感をもてなかったのだろう。

そこへもってきて吉本隆明が当時書きおろしたナショナリズム論で丸山をこっぴどく批判した。こんなことが手伝って、丸山アレルギーが出た。困ったことだ。ほんとうは丸山のレベルに手も目も届かなかったのだが、そうは謙虚に惟《おも》えなかった。つまり役にもたたない読書をしていたわけだ。

それがいつしか少しずつぐらついてきた。これは勘であってとうてい立証的なものではないのだが、ぼくが丸山眞男という果実を省いてきたこと、そのことがいささか気になってきたというのが正直なところで、こういう勘はときどき動くものである。ぐらつくのも当然だ。ミシェル・フーコーが雑談のなかで「そういえば丸山眞男という人はものすごい人だった」という感想を洩《も》らしたのもひとつのきっかけだったが（フーコーは来日した折に丸山を訪ねていた）、ぼくがちょっとは本気で日本の近代を考えるようになったことが大きかったのだろう。

こうして、丸山眞男を通過することは、ぼくがいずれ日本を考え込むためにも、どうしても必要なことなのだと思いはじめたのである。

それからしばらくたって『忠誠と反逆』を読んだ。このときも本格的に読めてはいなかったようなのだが、ちゃんと読めていないということで、のちのち思い当たることがあったのである。たとえば「稜威《いつ》」という概念についてのことだ。丸山はこの本の「歴史意識の古層」の章で「勢《いきほひ》」や「活《いかし》」と並べて「稜威」を少しだけとりあげているのだが、ここがおもしろかった。

ぼくには十冊か二十冊に一冊の割合で本の中に夥《おびただ》しいマーキングをする癖がある。昔は鉛筆やシャープペンシル、ついで万年筆、そののちは赤か青のボールペン、いまはVコーンを使っている。なぜマーキングをするかといえば、そのマークをする瞬間にそのキーワードやコンテキストを印象づけるためだ。また、のちにその本をパラパラと開いたときに、そのマーキングが意味のかたちのインデックスとなって、高速の「再生」をおこしてくれるからだった。

『忠誠と反逆』もマーキングをしていた。そして、何年かのちに本居宣長のことを調べていて、本書にもたしかそのへんの言及があったことを思い出し、パラパラとめくっていたら、「稜威」に青いマークが記してあったのである。あれっ、丸山はこういうことを書いていたんだと、そのときは丸山の深部へのさりげない言及にギョッとした。ちゃんとぼくが丸山眞男を読めていなかったということだ。

そんなおり岩波が『丸山眞男集』全一六巻を刊行しはじめ、ついで本人が急に亡くなった。死後、すぐに『丸山眞男座談』全九冊（岩波書店）が、つづいて『丸山眞男講義録』全七冊（東京大学出版会）が次々に書店に並びはじめた。これらはときどき店頭で手にとってはみたのだが、そのあまりの物量にいささか逃げ腰になっていた。

そこへ『自己内対話』（みすず書房）を読む日がやってきた。これがやっとトリガーとなった。三冊の未公開ノートを編集したものらしく、ぼくのような編集屋が見ると、かえって構想と断片との関係がよく見えてくる。実にすばらしいノートであった。なんだか丸山が優しくも見え、また切なくも見えはじめ、しかもその思考の構図が手にとれるようになった。ふたたび丸山を読む気になった。

それでは、今夜の『忠誠と反逆』である。

丸山の思想のセンサーが動こうとしているところがよく見えた一冊だった。これまで気取った知識人として防備されていた表層が剝落《はくらく》していって、その奥が覗けた。そしてその奥に、ぼくにはわかりやすい丸山の長所と短所が見えた。

冒頭の一九六〇年執筆の長い「忠誠と反逆」論文は、これがそのまま膨らんだらさぞかしおもしろいだろうと予想できるもので、日本の法制史がどのように「反逆」を規定してきたかという前提をあきらかにしていた。たとえば養老律令の八虐や御成敗式目の大犯《だいぼん》三箇条などを例示していた。

丸山の思索はそのあいだを縫って、御恩と奉公の関係が、義理や忠義の出現が、君主と臣民の絶対的関係の確定が、さらには山県太華《やまがたたいか》の明倫館と吉田松陰の松下村塾の反逆のイデオロギーが、宮崎滔天《とうてん》や内村鑑三の苦悩が、広津柳浪《りゅうろう》の『非国民』が、どのように忠誠と反逆のあいだで揺動する精神を醸成していったかという歴史的構造を明示しようとしている。

この狙いは卓抜だった。随所に独自の流れの抽出と鋭い指摘が出入りする。ただ、忠誠反逆論としてはいまひとつ充実していない印象がある。当初に予定していたらしい大杉栄らのアナキズムにおける自由と反逆の問題を割愛したことも響いている。昭和維新も出てこない。のちに松本健一がすべてを引き取って思索したことの大半が抜け落ちたのだ。

第二三三夜に書いた源了圓《みなもとりょうえん》の『義理と人情』（中公新書）などとともに、今後に持ち越されるべき課題とみたほうがいいだろう。

つづいて、佐久間象山の世界観に照準をあてた「幕末における視座の変革（「東洋道徳・西洋芸術」の意味する背景）」、夷人《いじん》意識と知足安分意識と外圧受容意識の三つ巴を浮き彫りにする「開国（排外主義と外圧受容と儒教意識の混在）」、福澤諭吉を扱った「近代日本思想史における国家理性の問題（『文明論之概略』の意図）」などの論文や講演記録が収録されているのだが、いずれもこれまで読んできた主旨とかわらないので、とくに刺激は受けなかった。

それが「日本思想史における問答体の系譜」「歴史意識の古層」で、俄然《がぜん》、光と闇の綾《あや》が眩《まぶ》しくなってくる。「問答体」のほうは、最澄『決権実論』と空海『三教指帰』を劈頭《へきとう》において、日本思想にとって「決疑」とは疑問に応えることだったという視軸にそって、夢窓疎石の『夢中問答集』、ハビアン不干斎の『妙貞問答』などにふれつつ、最終的には中江兆民の『三酔人経綸《けいりん》問答』にこの方法が近代的に結実していたことをあきらかにしたものである。丸山が方法に異様な関心をもっていたことがよく見てとれた。

しかし、もっと炎のようにめらめらと方法のセンサーが動いているのは論文「歴史意識の古層」のほうである。一九七二年の執筆だがその後に書き加えがあって、本書のなかではいちばん新しい丸山思想を反映したものになっている。

ここで丸山は、宣長が指摘した「なる」「つぎ」「いきほひ」の古語をつかまえ、日本的な思想が「生成」に関してどんなカテゴリー（基底範疇）をつかおうとしたかに光をあてた。

世界の神話では、「つくる」「うむ」「なる」という基本動詞によって世界の発生と神々の発生が説明されてきた。これらは一連の神々の動作のように見える。

しかしながら「つくる」では、往々にして作るもの（主体）と作られたもの（客体）が分離する。ユダヤ＝キリスト教やギリシア自然哲学ではここが明快だ。そして、その分離した主体には「うむ」という自主行為も位置される。「つくる」と「うむ」とは一連なのである。生成《ピュシス》とはそのことだ。

　これに対して「なる」は、こうした主体の分離自立を促さないですむ。「なる」には「つくる」がなくてかまわない。そこには自律性がある。現代思想ふうにいえばヴァレラやマトゥラーナのオートポイエーシス（自律的生成）がある。では、いったい何が「なる」という動詞の意味なのか。

　本居宣長が注目したのも「なる」である。『古事記伝』のその箇所を整理すると、宣長は「なる」には三つの意味があるとした。

（1）「無かりしものの生《な》り出る」という意味（神の成り坐すこと＝be born）
（2）「此のものの変はりて彼のものになる」という意味（be transformed）
（3）「作す事の成り終る」（be completed）

　なかでも、「生る」（なる）をあえて「生る」（ある）とも訓《よ》んでいたことを示せたことが、宣長自慢の発見だった。「なる」と「ある」とが一緒になるなんて、ヨーロッパ哲学ではまずありえない。

　丸山はめずらしくこれらの語彙語根を追っていた。そして日本における生成観念が「うむ＝なる」の論理にあることを指摘して、その「うむ＝なる」が後世には、「なりゆく」「なりまかる」というふうに歴史的な推移の説明にも積極的に使われて、そのような言葉の使いかたそのものがどこかで日本人の歴史意識をつくってきただろうことを、ついに告白するのである。

このように宣長の発見した論理を日本人の一般的な歴史意識にあてはめながら説明することは、ぼくが知るかぎりは警戒心の強い丸山がなかなか見せようとはしてこなかったことだった。それは、丸山がうっかり見せてしまった〝衣の下の鎧《よろい》〟などというものではないけれど、しかしそれにも近い思想心情のようなものだった。ややたどたどしい追究ではあるけれど、丸山はこの考え方に魅せられて、その意味を方法のセンサーで追いかけている。

そのことは、「なる」につづいて「つぎ」に注目したことにあらわれる。宣長にとって、「つぎ」はむろん「次」を示す言葉であるが、同時に「なる」を次々に「継ぐ」ための言葉なのである。

そこで丸山は古代語の「なる」「つぎ」が、中世近世では「いきほひ」(勢)にまで及ぶことをつきとめる。しかも「いきほひ」をもつことが「徳」とみなされていたことを知る。どのように知ったかというと、徳があるものが勢いを得るのではなくて、何かの「いきほひ」を見たものが「徳」をもつのである。

これは、儒教的な天人合一型の「理」の思想が日本の自由思考をまたげてきたと見る福澤＝丸山の立場からすると、かなり意外な展開であったとおもう。

儒教・朱子学では、天と人とは陰陽半ばで合一する絶対的な関係にある。しかしながら宣長と丸山が説明する「なる」「つぐ」「いきほひ」という動向の展開は、互いに屹立《きつりつ》する両極が弁証法的に合一するのではなく、もともと「いきほひ」にあたる何かの胚胎《はいたい》が過去にあり、それがいまおもてにあらわれてきたとみるべきものである。これはなかなか深いセンサーだった。

こうして丸山は意を決したかのように、「イツ」(稜威)という言葉あるいは観念あるいは根本的な面影がそもそもは過去のどこかに胚胎していたのであろうことまで、降りていったのである。

イツは、ぼくが第四八三夜の山本健吉『いのちとかたち』において、やや控えめにではあったが、しかしできるだけ象徴的に持ち出しておいた、日本にとってすこぶる重要な概念である。

日本および日本人の根底にひそむであろう潜在的威力のようなもの、とはいえその正体が容易には明示できないもの、それがイツである。明示はできないけれど、イツは伝播した。

たとえばスサノオが暴虐(反逆)をおこすかもしれないというとき、アマテラスが正装して対決を決意するのだが、そのスサノオとアマテラスの関係そのものにひそむ根本動向を感じる機関や第三者たちの自覚がありうること、あるいはそこに〝負の装置〟の発動がありうるということ、それがイツである。そこではしばしば「伊都《いっ》幣《ぬさ》の緒結び」がある。日本の面影の奥でうごめく威力のようなもの、それがイツだ。

論文を読むかぎり、丸山がイツを正確に捕捉しているとは思えない。しかしながら、イツこそが日本の歴史の古層に眠る独自の面影をめぐる観念であることには十分気がついている。「なる」「つぐ」「いきほひ」は大過去におけるイツの発生によって約束されていたわけなのだ。それを歴史の古層とみなしてもいいのではないかと、丸山がそこまで踏みこんでいたことに、ぼくは再読のときに驚いたわけである。

のちに丸山は、日本のどこかにこのような「つぎつぎ・に・なりゆく・いきほひ」を喚起する歴史の古層があることを、いささか恥ずかしそうにバッソ・オスティナート(持続低音)というふうにも呼ぶことになる。

また、このバッソ・オスティナートを歴史的相対主義の金科玉条にしたり、歴史の担い手たちのオプティミズムの旗印にしたりするようでは、この古層がつねに復古主義や国粋主義と見まちがわれて、とうてい正当な歴史観になることが難しくなるだろうとも言っている。

こんなふうに表明してけっして慌てないところが丸山眞男が思想界から信頼されている理由でもあるのだが、しかし今宵は、ぼくとしてはこれまで案外知られていない丸山眞男の方法のセンサーがふれたときめきのほうを、とりあえずは指摘しておきたかったのだ。このときめきは日本の最古層にあるだろう面影の強い始動にふれたときのものである。けれども、それは始動であるだけに容易には触《さわ》れない。いっぱいに近寄ったとしても、なお触れないものなのだ。きっと丸山も、これを触ればその正体が壊れて、こちらにやってこないと感じたはずである。

第五六四夜　二〇〇二年六月二一日

参照千夜

七一夜：武田泰淳『ひかりごけ』　八九夜：吉本隆明『藝術的抵抗と挫折』　五四五夜：フーコー『知の考古学』　五五三夜：吉田松陰『吉田松陰遺文集』　一一六八夜：宮崎滔天『三十三年の夢』　二五〇夜：内村鑑三『代表的日本人』　七三六夜：大杉栄『大杉栄自叙伝』　一〇九二夜：松本健一『日本の失敗』　二三三夜：源了圓『義理と人情』　四一二夜：福澤諭吉『文明論之概略』　七五〇夜：空海『三教指帰・性霊集』　一八七夜：夢窓疎石『夢中問答集』　四〇五夜：中江兆民『一年有半・続一年有半』　九九二

夜：小林秀雄『本居宣長』一〇六三夜：マトゥラーナ&ヴァレラ『オートポイエーシス』四八三夜：山本健吉『いのちとかたち』

第二章 をかし・はかなし・無常・余情

清少納言『枕草子』
和泉式部『和泉式部日記』
西行『山家集』
堀田善衞『定家明月記私抄』
鴨長明『方丈記』
吉田兼好『徒然草』
唐木順三『中世の文學』
尼ヶ崎彬『花鳥の使』

世の風情からお題を選び好きにアディクションを放ちまくる

枕草子

清少納言

池田亀鑑校訂　岩波文庫　一九六二／石田穣二訳注　角川ソフィア文庫　一九七九
島内裕子校訂　ちくま学芸文庫　二〇一七

春は曙《あけぼの》、夏は夜、秋は夕暮、冬はつとめて。

この言いぶんである。この言いなりだ。海は琵琶湖や与謝《よさ》や河内《かわうち》がいいでしょう。草花ならば撫子《なでしこ》、女郎花《おみなえし》、桔梗《ききょう》、朝顔、刈萱《かるかや》、菊、壺《つぼ》すみれがお気に入り。けれども萩はといえば、朝露に濡《ぬ》れていてほしい。御陵《みささぎ》といえば、それはうぐひす、かしはぎ、雨の帝《みかど》のみささぎですよ。そして峰なら摂津《せっつ》はゆづる葉の峰、山城が阿弥陀《あみだ》の峰、播磨《はりま》の弥《や》高《たか》の峰でございます。

好きなテイスト（風情）とアディクション（嗜癖）をあげているだけなのだが、こう、断定されると逃げ場がない。けれども追いこんでいるようでいて、さっと引く。ヒット・

エンド・ランなのである。美の遊撃であって、知の遊動だ。「同じことなれども聞き耳異なる物語、法師の言葉。男の言葉、女の詞《ことば》。下衆《げす》の詞にはかならず文字余りたり」。

この気になる配分に、このような応答をすかさず散らせるところに『枕草子』の『枕草子』たるゆえんがある。清少納言の編集術がある。現代語になおしてみる。「同じ内容を聞いていましても、その言葉が違って聞こえることがあるものですが、たとえば坊さまが言うことはたいてい同じことを言っているはずなのに、坊さまごとに聞こえかたが違ってまいります。男と女も同じ言葉が違った意味に聞こえますでしょ。下衆《げす》の勘ぐりなど、そのつどほとんど言葉の意味を変えておりますものね……」。

右や左や後ろや前に飛ぶ。飛ぶたびにジャッジメントを言い捨てる。言い捨てるだけではない。転じていく。目が転じ、評価も転じる。そのイメージングの展《ひら》きぐあい、絞りぐあいが、まことにうまい。

たとえば有名な段でいえば、家は近衛の御門、二条の院、清和院、朱雀《すざく》院、その他、云々と言っておいて、ところで清涼殿の東北の隅には障子があって、これは荒海障子《あらうみのしょうじ》というもので、奇妙な手長足長が描いてあって、上の御局《おつぼね》の戸があけはなしてあるからよく見えますのよというふうに、転じる。

そのうえで、その御局の簀子《すのこ》の勾欄《こうらん》には青い大きな瓶《かめ》が置いてあって、そこにみごとな桜の五尺におよぶ枝を活けているから、まさに咲きこぼれているようなのですと、急に詳しく細部に入っていく。さらにそのまま、その桜が咲きこぼれているところへ、ある日のことですが、大納言さまが桜襲《さくらがさね》の直衣《のうし》など着てというふうに、情景や人物の風情や趣向の評定を始めて、あとは延々、日ごろあれこれ感じていた中宮の話をしてしまうというような、ワイドショーが時間かせぎをしているようなこともする。

ようするに、言いたいことを大小、長短、内外に自在に分けて、まったくもって清少納言は勝手気儘《きまま》に自分の好みを言いたいほうだいなのである。

清少納言の話題はほとんどおばさんやお姉さんの井戸端トークに近く（宮中井戸端だが）、その中身は趣好談義である。「好み」に類するものだ。

何が好きで何が嫌いなのかをはっきりと言う。言いながら、すばやく比較を入れる。これはのちのちの数寄《すき》の趣向の先駆ともいうべきで、アディクションとはいえ、「好み」の「取り合わせ」がさすがなのである。それが世事に速く、ファッショナブルで、それでいて情け容赦ない。

リストのあげかた、それを答える手順、順序、序破急、守破離も巧みだ。わかりやすい例でいえば、猫は背中全体が黒くて腹が真っ白なのがいいと書いたあと、雑色《ぞうしき》や随身はちょっと痩《や》せて細身なのがとてもよくて、あまり太ると眠たくていけませんわよなどと続け、そういえば小舎人童《ことねりわらわ》は髪の先がさっぱり落ち細って、やや青みがかっていると色っぽいなどと付け加える。小舎人のヘアスタイルなどみんな同じだから、これは彼女が好きなジャニーズ・タイプの童だったのだ。こんな放埒《ほうらつ》なコメンテーターならすぐに出演依頼がくるだろう。

映像化もしたくなる。ピーター・グリーナウェイが気にいって、ポストモダンな現代人に向けた前衛映像にしたがったのも、よくわかる。

もっともこれにはヒントがあった。グリーナウェイより十年ほど前に、クリス・マルケルが『枕』に大きな影響をうけて、映像化を試みていた。清少納言が思いつくままにリストをあげたように、マルケルも当時の日本の光景、たとえば酒を立ち飲みする浮浪者、海岸の注連縄《しめなわ》、青函《せいかん》連絡船で眠りこける人々、屋上の稲荷《いなり》明神、夏目雅子の顔などを切り取って、次々に羅列した。実験的な《サン・ソレイユ》という作品だった。マルケルもグリーナウェイもよくよく『枕』を理解していた。

しばしば言われてきたことだが、『枕』は「をかし」の文学で、『源氏』は「あはれ」の文学だという、受験生がおぼえるような構図が罷《まか》り通っている。あるいは「あはれ」はしみじみとした情緒の感興で、「をかし」は明るくて知性的なおもしろみを言うなどとも説明する。これでべつだんまちがっているわけではない。

実際に「あはれ」と「をかし」という言葉をどのくらい使ったかというのなら、『源氏』が「あはれ」九四四、「をかし」五三四、『枕』が「あはれ」八七、「をかし」四二二なのだから、その文字量との比率からすると、たしかに『源氏』が「あはれ」で『枕』が「をかし」なのである。「あはれ」（もののあはれ）がしみじみとした感興をあらわす言葉であるのに対して、「をかし」はおもしろみをあらわすので、そのぶん少し知的というか理屈づけをしているというのも、たしかにそういう気味はある。

けれども「あはれ」もそうだが、「をかし」にはもっといろいろの襞《ひだ》がある。王朝美学としての定義があるのではなく、清少納言がいろいろの襞をつくりあげたのだ。ぼくはそこに紫式部に対する清少納言の闘いをめぐる矜持《きょうじ》を見る。

少しまじめな話になるが、たとえば『源氏』には「けづることをうるさがり給へど、をかしの御髪《みぐし》や」という表現がある。「若紫」の一文だ。「髪をとかすのを嫌がられるけれど、美しい御髪なのです」という意味だ。このように『源氏』では「をかし」は「きれい」や「美しい」なのである。

それが『枕』では次のようになる。あらためて冒頭の一段を引いてみる。「春は曙。やうやう白くなりゆく山際《やまぎわ》すこしあかりて、紫だちたる雲の細くたなびきたる。夏は夜。月の頃はさらなり、闇もなほ、蛍の多く飛びちがひたる。又、ただ一つ二つなど、ほのかにうちひかりて行くもをかし。雨など降るもをかし。秋は夕暮。夕日のさして山端《やまのは》いと近うなりたるに、烏《からす》の寝所へ行くとて、三つ四つ、二つ三つなど、飛びいそぐさへあはれなり。まいて雁《かり》などのつらねたるが、いと小さく見ゆるはいとをかし」。

夏の夜に「雨など降るもをかし」であって、カラスが森に帰るのはあはれだが、雁が棹《さお》になってつらなって小さく見えるさまはをかしなのである。この「をかし」は若紫の御髪がきれいで「をかし」なのではなく、何かに比較してなお「をかし」と感じる興趣になっている。

冒頭の三段目は正月の風情をスケッチしているところだが、元日は「世にありとある人は、みな姿かたち心ことにつくろひ、君をも吾をも祝ひなどしたる、さまことにをかし」であり、七日は「主殿寮《とのもりづかさ》、女官などの行きちがひたるこそをかしけれ」で、八日は「人のよろこびして走らする車の音、ことに聞こえてをかし」なのである。正月の日々がすすむにつれ、「をかし」が変化する。

清少納言は『源氏』の「あはれ」に「をかし」をぶつけたのではなく、『源氏』の「をかし」ではない「をかし」に言及していったのだ。

おそらく「をかし」は「をこ」(尾籠・烏滸・痴)から出てきた言葉だろうと思う。「をこ」は文字通りは「滑稽《こっけい》だ」「ちょっとおかしい感じがする」という意味だったのだろうが、そのことを誰が言うかでイメージングの仕方やコミュニケーションの場に変化がおきた。わかりやすくいえばウケを勘定に入れて「をかし」をつくったのだ。

紫式部は、帝や光源氏や、光《ひかる》の好みが向かったあてなる女性たちなどに身をおいて「をかし」を使った。清少納言は女房たちの目にもとづいて「をかし」を発見していったのだ。この目のおきどころがちがっていた。これで『枕』が「をかし」の独壇場になった。『源氏』はそういうふうに「をかし」の襞に分け入るつもりがない。あくまで「もののあはれ」のほうへ深入りしていった。

物語となった『源氏』、あくまで随筆の愉快を追った『枕』といううちがいもある。「をかし」を見せるにあたっては、『枕』は筋書きや登場人物の心情を基準にする必要はなかったからだ。次から次へ、世の中の風情をテイスト別やアディクション別にアーティキュレート（分節化）して、それをお題にしていけばよかった。

こうして清少納言は好きに出題をしていったのである。自分でお題を出して、すぐさま答えてみせていけば、それでよかった。ぼくの仕事でいえば、これはイシス編集学校でやっている編集稽古の方法である。その連打。たんなる連打ではなく、清少納言は、巧みに大喜利《おおぎり》のようなユーモアもとりこんでいる。たとえば「間の悪いもの」は何か、「名前のこわいもの」は何か、「つらそうなもの」

は何か、「羨《うらや》ましくみえるもの」は何かなどと連発する。「間の悪いもの」って何だといえば、ほかの人を呼んだのに自分かと思って顔を出してしまった時、というふうに答えてみせる。また、何げなく誰かのちょっとした悪口を言ったところ、それをその場にいた子供が憶《おぼ》えていて本人の前で口にしてしまった時、というふうにあげる。

「名前のこわいもの」は青淵《あおふち》、雷《いかずち》、荒野《あらの》。「つらそうなもの」は愛人が二人いて両方から嫉妬《しっと》されている男とか、疑い深い男にぞっこん惚《ほ》れられた女、というふうに答える。「羨ましくみえるもの」は、一大決心をして稲荷参りをして坂道を気張って上っているときに、スイスイと上へ行く人が信心深く見える時であるというふうに。

あまりによくできた応答なので、こうまでされるとつい反発もしたくなるが、読んでみればわかるように反発の隙もなく、ただただ引っぱりまわされる。

したり顔に自分だけが知っている知識の問答をしているのではない。なんといってもテイスト（風情）とアディクション（嗜癖）に食い込んでいる。

また、ここにはピエール・ブルデューの「ハビトゥス」が躍っている。ハビトゥスとは人々が習慣的に知っているはずの趣味・趣向のことをいうのだが、清少納言はその扱いを徹底して動かした。そのうえで趣味趣向を自分のハンドリングのなかでのみ動けるようにした。

そのため、『枕草子』はリストアップとその回答の羅列でありながらも、つねにどこかで読む者の「好み」の心を打つ決定打を放つようになったのだ。研ぎすました決定打を放つときはそこでチョーンと拍子木が打たれるように、幕なのだ。たとえば「きれいにみえるもの」は土器《かわらけ》と、水を何かの器に入れるときの光というふうに、才気煥発《かんぱつ》を期待する読者をさらりとかわしてしまう。「下品なもの」では、ずばり「新しい布屏風《びょうぶ》」と言ってのけ、しかもその屏風が新調されて満開の桜などを描いているともっとうんざりする、とさらに決定打なのである。この布屏風にがっかりするところなど、まことに言い当てている。

いっときぼくはパーソナル・メディア「半巡通信」に、「キレイダ・キライダ」を毎月あげて、ぼくがキレイダと思ったもの、キライダと感じたものや人物たちを二、三例ずつ〝公表〟していたことがある。

反響が多いのに驚いた。みんながおもしろがってくれる。身勝手な判定なのは承知のことだ。いまは京都造形芸術大学の学長をしている芳賀徹さんなどは、キライダに「子《こ》安宣邦《やすのぶくに》の宣長論、吉村作治のエジプト語り」とあったのを見て、胸のつかえがおりるほど感動したよと言っていた。

図にのって、キカイダ、キシンダ、キケンダ、キホンダというふうにふやしていったのだが、二〇〇一年になったのをきっかけに（二一世紀になったのを記念して）、やめた。実はキコンダ、キザンダなども用意していたのだが、少し長めの文章を多くしたくなったので、中断してしまったのだった。あれ、おもしろかったのにと今でも再開を望まれる。実はこの「キレイダ・キライダ」シリーズは、その前に書いていた「今月の収穫・今月の失望」という書物選びの延長だった。

そのとき感じたのだが、自分で出題をしたヒト・モノ・コト・情報に自分で答えていくというのは、選び出しはふだんから感じていさえすればなんとかなるのだが、その組み合わせ、取り合わせに苦労する。フィル・コリンズ、マドンナ、エルトン・ジョンではつまらないと言ったあとに、そこからルー・リード、トム・ウェイツ、桑田佳祐、坂本冬美、元《はじめ》ちとせ、清元の清元《きよもと》延寿太夫、新内の岡本文弥《ぶんや》というふうに攻めていくのが大変なのである。

もうひとつは、文句をつけるのは楽なのだが、案外に肯定がむずかしい。よほどに選びこまないと、肯定した対象が跳び上がらない。弾みがつかない。清少納言はそこが用意周到というのか、思い切りがいいというのか、それともよくよく観察がゆきとどいているのか、ともかく〝はずれ〟をおこさない。

清少納言の感覚と美意識がさらに研ぎすまされるのは、「あてなるもの」や「うつくしきもの」によせる気持ちを披露するときである。「あてなるもの」とは上品な感じがするものといった意味だが、さすがに目が透明になっている。

何をあげたかというと、薄紫色の袙《あこめ》に白がさねの汗衫《かざみ》、カルガモの卵、水晶の数珠《じゅず》、藤の花、梅に雪が降りかかっている風情、小さな童子がいちごなどを食べている様子、というものだ。完璧《かんぺき》だ。「いみじううつくしきちごの、いちごなど食ひたる」といった、チゴ・イチゴの語調の連動もある。

一方、「うつくしきもの」は今日の言葉なら「わあ、かわいい」というところだが、これも順番がみごとで、酔わされる。雀の子のちょんちょんしたところや人の後をついてくるところ、幼な子がほんの小さな塵《ちり》などを見つけて摘《つ》まもうとしている仕草、それから、人形の道具類、蓮《はす》の小さな浮葉をふっと池から掬《すく》いあげたときの小ささ、小さな葵《あおい》、雁のヒナがすばらしいというふうに続ける。そして最後に、瑠璃《るり》の壺が極め付きとやってみせるのだ。これは、唸る。瑠璃の壺とは、今日ならごく小さな香水瓶のようなものである。

もともと「小ささ」「小さきもの」というスモールサイズに気をとめ、稀少性《スケアシティ》を重視した人である。気象も現象も事象も「少なめ」にこそ目を光らせた。そこは「ほころび」や「足りなさ」に着目した兼好法師とはちがっていた。どちらにも軍配をあげたいが、まずは「小ささの発見」であるだろう。もしも清少納言がそこを注目しなかったとしたら、きっと兼好法師がそのことを綴っていたにちがいない。

清少納言については、そんなに多くのことがわかっているわけではない。血筋ははっきりしている。父親は歌人の清原元輔で、曾祖父が清原深養父《ふかやぶ》だ。「夏の夜はまだ宵ながら明けぬるを雲のいづくに月やどるらむ」が百人一首にとられている。

その清原家の大事な娘だから、「清」の一字をとって清少納言と呼ばれた。ちなみにセイショー・ナゴンではなく、セイ・ショーナゴンである。なぜ少納言だったかはわかっていない。

これほどの歌人の血をひいたわりには、歌はあまり得意ではなかった。紫式部はそこをちょっぴり攻めた。清少納言自身そう思っていたらしいことが『枕草子』にもふれられているが、歌より早く文章が出て、歌より短くフレーズを切るのがうまかったせいだろう。

これは漢詩漢文に堪能《たんのう》だったことにも関係がある。ぼくの推理でいうのなら、彼女は、表意文字的だったのだ。きっと漢字の連なりでイメージを記憶し、保持していたのではないかと思われる。もっとも百人一首には、「夜をこめて鳥のそら音ははかるとも世に逢坂《おうさか》の関はゆるさじ」が採用されていて、この一首だけはよく知られるようになった。

編集工学研究所の代表である澁谷恭子は百人一首をかなり諳《そら》じているが、聞けば少女時代に最初におぼえたのが、この清少納言の歌だったらしい。めずらしい。

結婚もして、離婚もした。十六歳のころに橘則光に嫁いで、すぐ別れた。そこで正暦四年の九九三年に一条天皇の中宮だった定子《ていし》のもとに女房として出仕した。中宮は十八歳、一条帝は十四歳である。『枕』一八四段に詳しい。

定子の父は藤原道隆で、関白になっている。世に「中関白家《なかのかんぱくけ》」と誉めそやされた。定子はそういう栄華絶頂の十五歳のときに、十一歳の一条帝に入内《じゅだい》した。ところが、五年後に父は死ぬ。そこで関白の席をめぐって道隆の息子の伊周《これちか》と道隆の弟の道長のあいだで対立がおこり、道長が圧勝した。定子は伊周に後見役になってもらっていたので、立場が悪くなる。宮中を出て屋敷を転々ともしたようだ。そこを狙って道長は自分の娘の彰子《しょうし》を一条天皇に入内させた。この彰子に仕えたのが紫式部である。

かくて清少納言も旗色が悪くなる。それでも才気煥発だけは緩めなかった。紫式部が口をきわめてそういう清少納言を批判したことは、よく知られている。

清少納言が女房として出仕して七、八年目にあたる長保二年の、西暦でいえばちょうど一〇〇〇年に、中宮はお産がこじれて二五歳の若さで亡くなった。清少納言はこのあとに宮仕えを辞した。言わずもがなだが、『枕』はこの七、八年間のエッセイである。

エッセイとはいえ、こんなすごいエッセイは堀田善衞さんの言い草ではないが、ヨーロッパの十世紀、十一世紀の説教・寓話《ぐうわ》にはまったくなかった。これを「観照のプレゼンテーション」とみるとその出来栄えはさらに群を抜く。今度、さあっと読んでいて、やっぱり面影編集稽古にほかならないと感じた。

第四一九夜　二〇〇一年十一月十三日

参照千夜

一五六九夜：紫式部『源氏物語』　一一一五夜：ピエール・ブルデュー『資本主義のハビトゥス』　三六七夜：吉田兼好『徒然草』　一七夜：堀田善衛『定家明月記私抄』

夢よりもはかなくて
この世の闇の紅蓮《ぐれん》とならん

和泉式部

和泉式部日記

小松登美訳注　講談社学術文庫　全三巻　一九八〇
清水文雄校注　岩波文庫　一九八一／近藤みゆき訳注　角川ソフィア文庫　二〇〇三

世間では何事も「はかどる」ことが美しい。「はかがいった」「はかばかしい成果だ」とほめられる。仕事も家事も勉強も「はか」がいくことを努力目標にする。

能率がいいことが「はかどる」で、ふつうは「捗る」と綴る。ハカは進みぐあいのこと、進捗度のことをさす。かつてそういうことを意味するハカという、人生や仕事を見る単位があったのである。「果」とか「量」とか「計」などとも綴る。

そのハカがいかなければ、どんくさい。能率も悪いし成果も乏しい。これはハカない、で「はかなし」ということになる。ところが王朝文化では、「はかなし」という風情も尊重されたのである。もっとも最初のうちは弱々しいことや頼りにならないことが「はかなし」だった。「いとはかなうものし給ふこそ、あはれにうしろめたし」（源氏・若紫）といえば、たいへん幼くていらっしゃるのが、どうしようもなく先が気がかりですという意味になる。粗末で充《み》ちていないという意味もあった。「九月二十日余りのほど、長谷に詣でていとはかなき家に泊りたり」（枕草子）は、長谷寺に参詣してたいそう粗末な宿に泊まったという意味だ。

こうした「はかなし」に新たな方向をもたせたのが、和泉式部だった。ハカがなくてもいいでしょう、はかどらなくてもいいでしょうというのだ。むしろ頼りなく、空しいことにこそ独得の価値観を認めたのである。「はかなし」が美しい。「はかなき無常」の発見ともいうべきものだった。無常とは「常ならないもの」のことをいう。

いつごろだったか、唐木順三の「はかなし」の議論に誘われて『和泉式部日記』をちらちら読みはじめた時期があった。やや懐かしく、やや心もとなかった。「夢よりもはかなき世の中を嘆きわびつつ明かし暮らすほどに、四月十余日にもなりぬれば、木の下くらがりもてゆく……」。このあまりに有名な冒頭に引きこまれ、そのまま読みこんでいくのは、まるで自分が少女になって大人の女の熟した気分を覗き見るようで、不思議に落ち着かないフラジリティなのである。

男の読後感なのかもしれない。いつもそうなのだが、女房たちの王朝文芸を読むと、だんだん自分が内股《うちまた》で歩いているような感触がやってくる。体がそうなるのではない。気分の体癖のようなものが、なんだか女っぽくなってくる。きっと『源氏』を訳していたころの谷崎や舟橋もそういう気分になったことだろう。

いいかえれば、男がすなるものを女がしてみているのか、女がすなるものを男がしているのか、わからなくなるわけだ。わからなくなるというより、そうした衣《きぬ》ずれを伴う倒錯のような感覚が虚実皮膜のあわいに入っていく。そういうと難儀のようだが、ようするに自分がなまめかしくなっていくのが実感できるのだ。

だからぼくが唐木の読み方をまねたのも実のところは最初のうちだけで、〝内股の意識〟になってからは、しだいにべつの関心に移っていった。和泉式部の文芸的実験性への関心である。こういうことは読書にはよくあることで、最初の読みちがいが次の読み、、当たりを導くものなのだ。

だいたい『和泉式部日記』は、これをざっと通読したからといって読んだことにはならない。そこで二度目からは、頻繁に出てくる歌に佇《たたず》んで読む。ぼくもいつごろからかは忘れたが、歌に佇み、少しずつ数珠つなぎに読んだ。行きつ戻りつもした。

佇みかたも、ちょうど同じ散歩道でもちがった立ち止まりかたがあるように、その時その場で変わっていく。木蓮《もくれん》があれば木蓮に、夾竹桃《きょうちくとう》があればそのわさわさと風にゆらめく実況に、佇んでいく。それにもかかわらず、この日記が日本の古典のなかでも群を抜いて独創に満ちていて、しかもおそらくは何度そこに入っても、どの歌の前後を拾い読んでも、つねに格別の示唆に富んでいることは断言できる。なんといっても傑作なのだ。そして、この作品こそが日本文芸の反文学の原点なのである。

原点だというのは、べつだん厳密な意味ではない。けれども、この日記が日記でありながら「記録」のためではなく、「歌」のために綴られたものであること、および日記でありながら、「私は」というべきところを「女は」というように三人称で綴ったこと（これは画期的だった）、ようするにあとから当時の歌を偲《しの》んで綴られたことに、ほとほと瞠目させられるのだ。

歌が先にあり、あとから一四七首を偲んで並べ替え、それを編集した。そういう日記であった。反文学だというのは、歌から出て歌に出て、文から出て文に出て、歌でも文でもあるような偲びの世界をつくったということである。

日本の歌というものは、いたずらに文学作品として鑑賞するものではない。もっとその気になって読む。歌人のほうだって、ここにおいてそこを偲んで詠んでいた。ここにおいてそこを偲ぶのは、その歌が「ひとつの世」にひそむ「夢・うつつ」のあいだを通して贈答されているからだ。「ゆめ」（夢）から「うつつ」（現）へ、「うつつ」から「ゆめ」

へ。そのあいだに歌が交わされる。贈り、返される。その贈答のどこかの一端にわれわれがたまさか佇めるかどうかが、歌の読み方になる。

そのような歌の読み方があるのだということを、歌を下敷きにして綴った擬似日記をもって和泉式部が教えてくれた。リアルタイムの日記ではなくて、あとから拵《こしら》えた日記なのだ。『和泉式部日記』とはそういう擬態なのである。そういう文芸実験なのだ。それが、歌を偲んで歌をめぐる物語を綴るということだった。かつての『伊勢物語』がそうであるように。

けれども『伊勢物語』が男の歌を偲ぶのに対し、『和泉式部日記』は女の歌を偲んだ。そして、どういうふうに偲べばいいかということを告げた。まことにもってたいした実験だった。

和泉式部が日本の歌人の最高峰に耀《かがや》いていることも言っておかなくてはならない。こんな歌人はざらにはいない。

わかりやすくぶっちゃけていえば、与謝野晶子は和泉式部なのだ。「黒髪の乱れも知らずうち臥《ふ》せばまづかきやりし人ぞ恋しき」「竹の葉に霰《あられ》ふるなりさらさらに独りはぬべきここちこそせね」、そして「願はくは暗きこの世の闇を出でて紅き蓮《はちす》の身ともならばや」。この三首、どれが式部でどれが晶子かわかるだろうか。

晶子ばかりではない。樋口一葉も山川登美子も、生方《うぶかた》たつゑも円地文子も馬場あき子も、和泉式部をめざしたのだったろう。きっと岡本かの子も瀬戸内寂聴も俵万智も、ユーミンも中島みゆきも椎名林檎も、その後の和泉式部なのである。恋を歌った日本人の女性で和泉式部を詠嘆できない者がいるとはぼくにはおもえない。

男たちも和泉式部にはぞっこんだった。鴨長明が『無名抄』で和泉式部と赤染衛門をくらべ、人柄はいささか劣るものの歌ではやっぱり式部だと書いたことも、さすがに長明ならではの判釈《はんじゃく》である。

昭和になって和泉式部を最高の歌人と見たのは、昭和十一年から十七年まで書き継いだという保田與重郎の『和泉式部私抄』(新学社)だったけれど、歌としてすでに与謝野鉄幹や吉井勇や萩原朔太郎や窪田空穂《うつぼ》が、つづいて谷崎潤一郎や唐木順三や寺田透《とおる》が深々と傾倒していった。それほど和泉式部の歌には才能がほとばしっている。

それなら、長明の評価このかた、式部の歌の最高位がゆるがなかったかというと、そうともいえない。世の中にはむろん多様な風評はいろいろあるもので、紫式部が和泉式部より赤染衛門の歌を優位においたという説に加担する者も少なくない。なにしろ嫉妬深い紫式部の御意見だ。「和泉式部といふ人こそ、おもしろう書きかはしける。されど和泉式部はけしからぬ方こそあれ、うちとけて文はしり書きたるに、そのかたの才ある人、はかない詞《ことば》の匂ひも見え侍るめり云々」。

和泉式部の手紙などは趣きが深く、走り書きなどには天性の才能を感じるが、品行がふしだらである。歌もなかなかうまいけれど、古歌の知識や理論があるわけではなく、他人の歌の批評をさせるとたいしたことはない。口にまかせて即興するのが上手だということだけだ。そう言うのである。

この紫式部の意見をひっぱって、いまだに式部に難癖をつけようとする者もいる。ただし、これはたいてい和泉式部の生きざまに呆《あき》れているせいである（唐木順三のように「はかない詞の匂ひ」に深く注目すると評価が変わる）。

世間が和泉式部の生きざまに呆れるのは、その男遍歴による。大半は誤解なのだが、世間というものはそのように型破りの女を批評するものだ。当時すでに身持ちが悪い女という噂もたっていた。御伽草子《おとぎぞうし》には「浮かれ女」（遊女）ともしるされた。品行がふしだらというよりも、おそらくは男好きのする女であったのだろうという、そんなまことしやかな見方も出まわった。

式部は御許丸《おもとまる》とよばれた少女時代から多感な娘であったようで、父の大江雅致《まさむね》が冷泉天皇皇后の昌子《しょうし》内親王（朱雀天皇皇女）に宮仕えをしたころには、父にともなって女房として昌子に仕え、すでにいくつかの浮名を流していた。幼くしてコケットリーで、察するにかなりの美人になったのでもあろう。

が、彼女の名誉のために言っておくが、男遍歴といっても、最初は結婚である。相手は、その宮仕えのころに出会った橘道貞で、道貞がのちに和泉守となったので、結婚後に和泉式部とよばれた。

二人のあいだには小式部が生まれた（のちに百人一首にとられた歌「大江山生野の道の遠ければ」を詠む）。道貞は出世街道を進んでいた。道長にも気にいられるようになっていく。その一方で夫が遠国《おんごく》によく出掛けて留守がちだったこともあって、道貞とはしだいに疎遠となり、別居同然の日々になっていく。そこへもってきて昌子内親王が亡くなった。式部の心が乱れていたころ、新たな男、為尊《ためたか》親王が近づいた。

これが弾正宮《だんじょうのみや》である。冷泉天皇の皇子だった。『大鏡』には幼少時より容姿がとりたてて「かがやく」ほど美しかったとある。この式部と弾正宮の仲のことは『栄華物語』にも出ていて、式部の浮気というより、「かろがろ」としていて「御夜歩き」が好きなプレイボーイ気味の弾正宮のほうが積極的だったとおぼしい。蛍狩りの帰途に笹の枝に蛍をつけて贈るようなキザな公達《きんだち》なのである。

式部の心はかなりぐらりとする。ひそかに弾正宮の好きな蘇芳《すおう》の小袿《こうちぎ》を着け、弾正宮の好きな真名《まな》磐《いわ》の香を焚《た》きしめた。これでは二人の噂はいやがうえにも広まっていく。そのため弾正宮為尊の妻は悲しみのあまり出家した。ところが弾正宮は流行の病いで二六歳であっけなく死亡する。昌子の死、夫との離別、新たな恋人の死――。これらがわずか一、二年のあいだに連打されたのである。

式部はこうした自分にふりかかる人の世のはかなさと男女の浮き沈みに、激しく動揺をする。中世、こういう世の中を「宿世《すくせ》」といった。式部に「はかなさ」をめぐる無常の美学が透徹し、日本文芸史上で最も「はかなさ」の言葉を多用しているのも、こういう事情と背景による。

それとともに男女のはかなさにも宿世を感じて心を揺らした。式部に男の接近と男との別離を暗示的に詠んだ歌がやたらに数多いのはそのせいである。式部と親しかった赤染衛門もそういう式部の心の浮沈に同情し、いくつかの歌を贈っている。

そこへ登場してきたのが敦道《あつみち》親王である。弾正宮の弟で、やはり冷泉院の皇子、大宰帥だったところから帥宮《そちのみや》とよばれた。

帥宮はすでに二人以上の妻をもっていたが、正妻の関白道隆の三の姫は異常なふるまいもする。あどけないのか、どこか幼児的なのか、しばしば奇矯なことをする。来客があると急に御簾《みす》をまくって相手の顔を見たり、ふしだらな着付けで乳房が出そうな恰好《かっこう》をすることもあった。帥宮はほとほと困っていた。

そのころの式部はまさしくコケットリーな風情だったのだろう。成熟した女が心の奥に沈んでいた。帥宮はたちまち式部に夢中になった。おそらくは式部が六つくらいの年上だった。式部も帥宮がたずねてくるのを待つ身となっていく。「薫る香によそふるよりはほととぎす聞かばや同じ声やしたると」と式部が詠めば、「同じ枝に鳴きつつをりしほととぎす声はかはらぬものと知らずや」と返ってきた。二人のあいだに、待つ身と逢《あ》う身を交わらせる後朝《きぬぎぬ》（朝帰り）がうちつづく。

こうして、『和泉式部日記』は、この帥宮との約十ヵ月におよぶ人を憚《はばか》る恋愛を語った歌日記になった。歌が先にあり、それをのちに偲んで綴ったものだった。先にも書いたように、擬態としての日記にしてみせたのである。なぜ日記にできたかといえば、帥宮が突然に死んでしまったからだった。またまた早すぎる二七歳の死であった。

弾正宮につぐ帥宮との死別。美貌《びぼう》の兄弟の唐突の死。式部はよほど離別や死別に見舞われる宿命の女性なのである。

恋した兄宮と弟宮があいついで死ぬとはよほどのこと、まさに「無常迅速」としかいいようがない。式部は帥宮のために一年にわたる喪に服し、おそらくはその直後であろうが、その思い出を歌日記に綴っていく。日記には載ってないが、帥宮を慕う挽歌《ばんか》数十首はその構想といい、その複雑な構成といい、和泉式部畢生《ひっせい》の最高傑作になっている。

人の世のはかなさだけが式部の歌や日記をつくった原因ではなかった。そこには、この時代特有の「王朝文化」というものがある。華麗で異様で洗練された「女房文化」というものがある。和泉式部は、赤染衛門・清少納言・紫式部・伊勢大輔《いせのたいふ》についで藤原道長の後宮に出仕したれっきとした女房である。彼女らと同じ世の「後宮文化」のなかにいた。

この「王朝文化」「女房文化」「後宮文化」の事情を理解するには、余計なことながら、少しだけでも時代背景を知る必要がある。とくに天皇家の血筋と藤原道兼・道長のシナリオを多少は知らなければならない。

そう想うと、ああ千年かと溜息《ためいき》が出るのだが、いまからちょうど千年前が一〇〇一年である。長保三年になる。一条天皇の時代にあたる。すべてはこの一条の世の文化がどのように用意されていったかということにかかわっている。このとき、花山天皇を欺いて一条の世を政略的に用意した摂政藤原兼家が死に、子の藤原道長が十二歳の彰子《しょうし》を強引に入内させていた。和泉式部は二七、八だったろうか。あるいはもう少し若かったかもしれない。

一条の世とは、日本の女流文芸が頂点に達した時期である。そこには複雑な血筋の蛇行があった。もともとはこの流れの劈頭に村上天皇がいた。醍醐天皇の皇子で、摂関をおかずに親政をしいた。いわゆる「天暦の治」にあたる。村上天皇に二人の皇子がいて、その皇子の冷泉と円融が十世紀末に次々に天皇になった。このあと、天皇譜は冷泉系と円融系が代わるがわる立つことになり、冷泉・円融ののちは、次が冷泉系の花山天皇、次が代わって円融系の一条天皇、また冷泉系に戻って三条天皇が立ち、そのあとは円融系の後一条天皇と後朱雀天皇になっていった。

ここで冷泉系は後退していった。藤原兼家と道長は勢いをえた円融系のほうの一条天皇の外戚なのである。

日本の天皇家は、天智系と天武系をはじめ、桓武・嵯峨時代の二所朝廷《にしよちようてい》といい、この冷泉・円融系の対立といい、さらには日本を真二つに分断した南北朝といい、実はたえず乱れてきた。そのため、系譜のどちらに立って王朝社会を支援するかということが日本公家社会史の起伏をつくってきた。兼家と道長親子にもそのシナリオが強烈に発動した。それが藤原文化というものであり、そこに後宮文化の血の本質がいやおうなく動いた。

もっとも抜け目のない藤原一族は、不比等・仲麻呂の時代から権勢ルーレットの赤にも黒にもチップを置いてきた。兼家も娘の超子《ちようし》を冷泉天皇に、詮子《せんし》を円融天皇のほうに入れて、両系の天秤をはかっている。ところが、超子からは三条天皇が生まれたが、超子が早く死んだため、冷泉系は伸び悩んだ。

逆に詮子は一条を産んで、七歳で天皇に即《つ》かせた。兼家の摂関家の地位はここで不動のものとなる。このシナリオを完璧に仕上げていくのが藤原道長で、彰子を入内させて一条天皇の中宮とし、一条の世を望月《もちづき》のごとくに完成させた。道長政治の確立である。それとともに円融＝一条＝道長の女房後宮文化が確立した。つまりは、一条と道長のサロンこそが日本の女流文芸を熱情させた。王朝ハーレムの爛熟である。

和泉式部は負の札を引いた冷泉天皇系に仕えた一家に育っている。父も母も式部自身も、冷泉天皇の中宮昌子内親王に仕え、夫の道貞もその太后大進に就いた。式部は冷泉系だったのだ。

その道貞が時代のなりゆきとはいえ、道長のほうに引かれていった。式部は夫に惹《ひ》かれつつも（ちゃんと夫を愛していたようだ）、自分のところから遠のいていくその運命のいたずらを儚《はかな》んだ。和泉式部は冷泉系と円融系（一条）の交点にさしかかって、前半は冷泉に、後半は道長に呼ばれて、清少納言や紫式部にまじって女房となっていった女性なのである。これは清少納言や紫式部の女房生活とはまったくちがう立場であった。心の血がゆらめいている。中心がない。

しかし、そうなればなったで、式部は後宮文化を生き抜かなければならない。式部は帥宮の喪に服したあと（寛弘五年十月）、召されて一条中宮彰子の女房となる。娘の小式部も一緒に出仕した。すでに中宮のもとには紫式部や伊勢大輔が古参のごとく侍《はべ》っていた。式部があれこれ揶揄《やゆ》されたのは当然だったのだ。

このように見てくると、式部が「擬態としての歌日記」をつくれたのは、帥宮が死んで後宮に入るまでの、ごくわずかなあいだだけだったということがわかる。そのわずかな時間だけが式部の〝文芸実験〟にゆるされた時間だったのだ。しかし、その実験こそ日本の文芸の反文学の原点になった。

式部が日記をつくるのは、「夢よりもはかなき世の中」を自分の歌が示していると感じられたからである。そこに帥宮との相聞《そうもん》がある。恋の歌の贈答がある。行きつ戻りつがある。寄せては返す無常というものがある。そこを式部は、最初は自分のところに忍んで逢いにくる帥宮の「せつなさ」を中心に描きあげる。

省略も効かせた。主語を三人称にもした。しかし、それなら歌そのものだけでもよかったのに、そうはしなかった。すべてを削いだわけではなく、すべてを活かしたわけでもない。そこが和泉式部の実験だったのである。言葉が心であるような贈答の場面だけを浮上させたのである。よほど考えてのことだったろう。三人称のつかいかたは、こんな感じだ。

晦日《つごもり》の日、女、

ほととぎすよに隠れたる忍び音をいつかは聞かむ今日し過ぎなば

ときこえさせたれど、人々あまたさぶらふほどにて。つとめて、もて参りたるを見給うて

忍び音は苦しきものをほととぎす木高き声を今日よりは聞け

とて、二、三日ありて、忍びてわたらせ給ひたり。

和泉式部は自分の恋心の高まりを抑える歌で綴る。日記のクライマックスは互いに手枕を交わして後朝《きぬぎぬ》を迎えるあたり、あるいはさらには霜の朝に帥宮が式部を紅葉に誘うあたりだろうか。さすがに歌の調子も高まる。

露むすぶ道のまにまに朝ぼらけ濡れてぞ来つる手枕の袖（宮）

道芝の露におきゐる人によりわが手枕の袖も乾かず（式部）

これがたった一度の頂点だったようだ。式部は南院に誘われ、先にも書いたように道長のハーレムに出仕する。ただし『和泉式部日記』はそこまでのことは書いてはいない。帥宮に請われて車で出掛ける場面の問答でおわっている。帥宮が死ぬ前の歌世界でおわ

ったのである。あえて日記をおえたのだ。これは『和泉式部日記』が面影を偲ぶことを本懐としている以上は当然だった。

日記はそこでおわったが、式部はその後も波乱の人生をおくる。そして、詳しい説明をするのはよしておくが、ここから、謡曲や和泉式部伝説にうたわれた〝伝承の和泉式部〟となっていく。それが藤原保昌《やすまさ》と結婚し、保昌とともに丹後に下向する和泉式部の後半生の物語というものになる。

保昌は道長の家司で、式部より十数歳の年上である。けれども式部にとっては、中宮彰子との日々や保昌との日々が華やかであればあるほど、帥宮との日々が幻のごとく心を覆ってきただけだったようだ。保昌との結婚生活などたのしいはずはない。

和泉式部は帥宮との日々の追想によって生きた女なのである。面影の追想とはいえ、それは二人が交わした歌をフーガのごとく追想するということで、歌を偲べば体も燃えたが、残るのはやはり歌だけなのだ。しかし、その歌も「面影の偲び」の中だけにある。追想と連想の中だけにある。実在としての歌は、ない。

それは、式部の気持ちに戻っていえば、帥宮との恋そのものがありえぬ日々の出来事だったということである。しょせんは「はか」のない日々だったのだ。帥宮との日々だけではない。式部が見た後宮文化そのものが「はかなさ」であり、もはやありえぬ日々だったのである。

日本文芸は、このあと三〇〇年をへて世阿弥の複式夢幻の能楽を獲得する。それは世阿弥ならではの極上である。が、ぼくには『和泉式部日記』がはからずもそれを先駆したとも見えている。唐木順三に言ってみたかったことである。こんな歌がある。

思はむと思ひし人と思ひしに思ひしごとも思ほゆるかな

第二八五夜　二〇〇一年五月四日

参照千夜

八五夜：唐木順三『中世の文學』　六〇夜：谷崎潤一郎『陰翳礼讃』　四三四夜：舟橋聖一『悉皆屋康吉』　二〇夜：佐藤春夫『晶子曼陀羅』　六三八夜：樋口一葉『たけくらべ』　四二夜：鴨長明『方丈記』　二〇三夜：保田與重郎『後鳥羽院』　九三八夜：吉井勇『吉井勇歌集』　六六五夜：萩原朔太郎『青猫』　一五六九夜：紫式部『源氏物語』　四一九夜：清少納言『枕草子』　一一八夜：世阿弥『風姿花伝』

心から心にものを思はせて
さめても胸のさわぐなりけり

西行

山家集

佐佐木信綱校訂　岩波文庫　一九二八　宇津木言行校注　角川ソフィア文庫　二〇一八

見る人に花も昔を思ひ出でて　恋しかるべし雨にしをるる

おととい、銀座の一隅で話をした。「文化パステル」という銀座を拠点にした変わった会の主催で春の特別講演会と銘打たれていた。福原義春さんの紹介だった。ぼくはちょっとパステルなというか、散りはじめた桜の風情を枕に山本健吉と丸山眞男を引きながら、「稜威《いつ》の消息」をめぐって話した。外は小雨だった。

その朝、家を出てタクシーで銀座に向かうと、あちこちの桜が小雨のなかで明るく悄《しょう》然《ぜん》としている姿が窓外を走っていた。ああ、今年の東京の桜も終わったなという気分だったので、桜と稜威をつないでみたかったのである。

桜が咲き始めるころは、今年も桜が咲いたか、どこかに見に行くか、どうしようかなと思い、桜が真っ盛りのころはその下で狂わなければなあ、去年もゆっくり桜を見なかったなあと感じ、そのうち一雨、また二雨が来て、ああもう花冷えか、もう落花狼藉かと思っていると、落ち着かなくなってくる。寂しいというほどではなく、何かこちらに「欠けるもの」が感じられて、なんだか所在がなくなるのである。何かが欠けたのか。そうではないようだ。求めていた面影が少し遠のいたのだ。ぼくの所在は面影にあるのだから、そこが遠のくと何かが欠けたと感じるのだ。

そういう欠けた気分になると、決まって思い出されるものがある。西行の歌である。ふだんは思い出さない。何かが欠けているような気分になると、そこに西行が「雨にしをるる」とか「梢うつ」「惜しき心を」というふうに声をかけてくる。これは日本人における「所在」というものだろう。

　梢《こずえ》うつ雨にしをれて散る花の　惜しき心を何にたとへむ

いまや東京では、雨の日の自動車がアスファルトに散った桜の花びらを轢《ひ》きしめていくのが、なんともいえぬ「哀切」である。もともと自動車のタイヤの音は、驟雨《しゅうう》や霧雨や雨上がりのときが最も美しい。

かつて松濤《しょうとう》の観世能楽堂の近くに住んでいたころ、小型テープレコーダーをONにしたまま手にぶら下げて、あのあたりをよく歩いた。しばしば眼をつぶって歩いた。このテープを再生してみて、意外なことに自動車が雨のアスファルトをしびしびと走っていく音が一番きれいだった。それがいまでは「雨と桜とタイヤ」という取り合わせに、心が動くようになっている。

桜が人の心を乱すのは世の常のこと、いまさら言うべきこともないはずなのに、ちょっと待て、いま何かを感じたのでちょっと待て、と言いたくなるのはおかしなことである。それも、開花から落花まで僅《わず》か一週間か十日ほどのことなのに、そのなかで桜への思いはめまぐるしく変わる。そのくせ結局はいつも何もできないうちに、花はいよいよ無惨とも、平然とも、婉然《えんぜん》とも、はらはら散っていく。

せいぜい十日あまりのことだったのに、何かがまた終わってしまい、何かが欠けていくと感じてしまうのだ。こうして、その年にたとえどれほど花見をしようとも、たとえどれほど桜の宴を催そうとも、花は花が散ったところからが、今年も「花の所在」なのである。だから西行を思い出すのもきっとそのころからのことになる。

風に散る花の行方は知らねども　惜しむ心は身にとまりけり

散る花を惜しむ心やとどまりて　又来む春の誰になるべき

王朝期、花といえば桜のことをさすようになった。万葉期は梅だった。万葉集で詠まれた植物は、①萩、②梅、③橘《たちばな》、④菅《すげ》、松、⑤葦《あし》、⑥浅茅《あさじ》で、桜は一〇位なのである。その桜が平安から鎌倉にかけて一挙にふえた。日本列島の植生のせいではない。桜をたくさん植樹したからでもない。歌人の「心ばえ」が桜に向かったのだ。そしてなにより、西行のせいでもある。

窪田章一郎によると、西行には桜の歌が二三〇首あるという。植物では次の松が三四首、第三位の梅が二五首というのだから、桜への傾倒は断然である。西行自身も「たぐひなき花をし枝に咲かすれば桜に並ぶ木ぞなかりける」と詠んで、すなおに桜を筆頭にあげた。

西行が自選して俊成に贈ったという『山家心中集《さんかしんじゅう》』は、その書名を誰がつけたのかはまだわかっていないのだが、俊成の筆と推定されている冊子の表題の下には「花月集ともいふべし」と書かれている。西行はついついそういう花と月の歌ばかりを俊成に選んだのである。

芭蕉は『西行上人像讃』で、「捨てはてて身はなきものとおもへども雪のふる日はさぶくこそあれ」という西行の雪の歌に、「花のふる日は浮かれこそすれ」と付けてみせた。

まさに芭蕉の言うとおり、西行は花にばかりあけくれた。西行がいなかったなら、日本人がこれほど桜に狂うことはなかったと言いたくなるほどだ。ぼくはあまり好きな歌ではないのだが、「ねがはくは花の下にて春死なんその如月《きさらぎ》の望月《もちづき》のころ」という有名な歌が、西行のよほどの桜好きをあらわしている。

西行は桜を詠んだ。年々歳々、桜の季《とき》がくるたびに、西行は乙女のように花と戯れ、翁のように花の散るのを惜しんだ。そのくらい桜を詠んだ西行だから、咲き初めてから花が散り、それがまた葉桜にいたって若葉で覆われるまで、ほとんどどんな風情の桜も詠んでいるのだが、そのなかでぼくがどの歌の花に心を動かされるかというと、これは毎年、決まっている。

花を想って花から離れられずにいるのに、花のほうは今年も容赦なく去っていくという消息を詠んだ歌こそが、やはり極上なのである。ぼくはそういう歌に名状しがたい感情を揺さぶられ、突き上げられ、そこにのみ行方知らずの消息をおぼえてきた。

散るを見て帰る心や桜花　むかしに変はるしるしなるらむ
いざ今年　散れと桜を語らはむ　中々さらば風や惜しむと

これが西行の「哀惜」ないしは「哀切」というものだ。面影を惜しむということをしている。哀しくて惜しむのではなく、切って惜しむ。そのことが哀しむことなのである。これは「惜別」という言葉が別れを哀しむのではなく別れを惜しんでいることを意味していることをおもえば、多少は理解しやすいにちがいない。

こうして西行の花は、一心に「花みればそのいはれとはなけれども心のうちぞ苦しかりける」というものになっていった。おそらく西行にとっての桜の心はこの一首の裡《うち》にある。桜を見るだけで、べつだん理由《いわれ》などはっきりしているわけではないのに、なんだか心の内が苦しくなってくる。そう詠んだ歌である。その「いはれなき切実」こそが西行の花の奥にある。

西行にとって「惜しむ」とは、この「いはれなき切実」を唐突に思いつくことなのである。それが花に結びつく。月に結びつく。花鳥風月と雪月花の面影がここに作動する。なかで花こそは、あまりにも陽気で、あまりにも短命で、あまりにも唐突な、人知を見捨てる「いはれなき切実」なのだ。

西行はなぜ「いはれなき切実」に生きたのだろうか。生涯の事蹟には審《つまび》らかではないことが多く、奇妙奇ッ怪な西行伝説も各地にいろいろのこるのだが、総じては実際の日々に「いはれなき切実」が出入りしていたのだと思われる。

出自は武士だった。佐藤義清《のりきよ》といった。秀郷《ひでさと》流武家藤原氏の血をうけて、代々の佐藤家は衛府として何の愁《うれ》いもない日々をおくっている。西行も十六歳で徳大寺家に仕え、保延元年（一一三五）の十八歳のときは左兵衛尉《さひょうえのじょう》の官位をもらい、二年後には鳥羽上皇の「北面《ほくめん》の武士」に取り立てられた。清盛や文覚《もんがく》と同じ職分である。

ところが二三歳で出家する。妻子は捨てた。都の北麓の鞍馬《くらま》山あたりに隠棲して円位を名のり、その後は西行と称して諸国をめぐる漂泊の旅を続けた。高野山に入ったり、奥州を歩いたり、四国讃岐の善通寺にいたこともわかっている。けれどもなぜ出家を決断したのかは、わからない。失恋説、友人急死説、政界失望説、仏道発心説などが議論されているが、はっきりしない。

ひたすら歌を詠んだ。それだけは、はっきりしている。ただし、人知れず詠んだのではない。西行の出家遁世《とんぜ》のニュースは都ではリアルタイムに注目され、その歌もほぼリアルタイムに届いていて評判を集めつづけた。『新古今和歌集』に九四首が採られているのだが、これは新古今集中で一番多い採用だった。

西行の遁世の主な動向は中央がキャッチしていたし、西行も都のめまぐるしい変化をほぼ知っていた。そういう御時世だった。三九歳のときに保元の乱がおこり、天皇家も摂関家も割れて、これに新興の源氏と平家が微妙に分かれて天下二分の乱になった。後白河側が勝利をおさめると、西行もよく知る崇徳《すとく》上皇は讃岐に流され、そこで死んで怨《おん》霊《りょう》となった。西行は讃岐の地を訪れて「よしや君　昔の玉の床とても　かからむ後は何にかはせん」と鎮魂の歌を詠んでいる。

こういう腥《なまぐさ》い話は西行の桜の話にはふさわしくないと思うかもしれないが、そうではない。これもまた「いはれなき切実」に編み込まれていたことなのだ。日本の祖霊の面影の地だから安住も五九歳になって伊勢の二見浦《ふたみがうら》に住むことにした。すぐに源平の争乱が始まって、津々浦々どこにも血と炎と死が絶えしたいと思ったが、すぐに源平の争乱が始まって、津々浦々どこにも血と炎と死が絶えることがなくなった。

死出の山越ゆる絶え間はあらじかし　亡くなる人の数続きつつ

源平の動乱は平重衡《しげひら》を奈良に追い、東大寺に火を放つことになった。焼け落ちた堂塔伽藍《がらん》を復興するべく、勧進の聖《ひじり》に重源《ちょうげん》が立った。プロジェクト・リーダーになった。けれども大仏を造像する鍍金《ときん》（メッキ）のための金《きん》がなかなか調達しきれない。思いあぐねた重源はすでに遁世していた西行を訪ねて、奥州の藤原秀衡《ひでひら》に協力を願い出ることを頼んだ。西行と秀衡は旧知なのである。

斯界《しかい》の長老に頭を下げられては断れない。西行は四十年ぶりに奥州へ行く。六八歳のときである。「年たけてまた越ゆべしと思ひきや　命なりけり小夜《さよ》の中山」。奥州へ向かっての途次、まさか年老いてから夜半の中山を越えるなどとは思いもしなかったと詠んだ歌だ。

このとき西行は鎌倉に立ち寄って、頼朝とも会っている。存外、そういうことは平気だったのだ。驚いたのは頼朝のほうだったろう。館に招いて歌のことやら流鏑馬《やぶさめ》のことやらの教えを乞うたと、『吾妻鏡《あずまかがみ》』は書いている。

そのほかいろいろ生涯のエピソードがあって、それらは『西行物語』として案外早くにまとまっているのだが、さあ、それで西行の歌が沁《し》みてくるかといえば、そういうことではあるまい。

それなら、どんなふうに西行の歌を味わうか。ここでいささか大仰な西行学を披瀝《ひれき》すると、もともと西行には「心を知るは心なりけり」という見方があった。歌において「有心《うしん》」とは風情に心を入れることで、それを「心あり」とも評するのだが、西行はそれでは満足しなかったのである。「心は心だ」というのは同義反復か自同律のようなものではあるけれど、しかし西行はそのようにしか言いあらわせないものがあることを早くから見定めていた。ぼくはこの「心は心だ」という認知論を高く評価するのである。『山家集』に次の二首がある。

心から心にものを思はせて　身を苦しむるわが身なりけり
惑ひきて悟り得べくもなかりつる　心を知るは心なりけり

これなのだ。ここに西行の根本があったのではないかと思う。心のことは心にしかわからないと言っているのではない。ジャック・ラカンではないが、心は心に鏡像されていると見抜いたのだ。試みにこの二首をつなげてみるとよい。「心から心にものを思はせて↓心を知るは心なりけり」。これが西行の見方の根本にあることなのである。これはまさに今日の認知科学がやっと到達した見方に近い。西行はそれを端的に喝破していた。

このように心を心に見て、その心を心で知ってみるというのは、そもそも何が「うつつ」で何が「夢」かの境界を失うことを覚悟することでもあった。いいかえれば、つねに境界に消息していく生きかたに徹するということだった。そこを西行は「見る見る」という絶妙な言葉の重畳をつかって、次のようにも詠んでいた。「見る見る」は今日にいう「みるみるうちに」の「みるみる」ではなく、まさに見たうえで見ているのである。目で見て心で見たのである。

世の中を夢と見る見るはかなくもなほ驚かぬわが心かな

はかなくたって驚かない。はかないのは当たり前なのだ。そういうふうに見定めた。ここでは夢と浮世は境をなくし、花と雨とは境を越えている。「世の中を・夢と見る見る・はかなくも・なほ驚かぬ・わが心かな」。

また西行学を持ち出していえば、「わが心かな」で結ぶ歌は、西行の最も西行らしい覚悟を映し出している歌だった。以下、『山家集』に「わが心かな」を拾ってみた。五首目の「梢まで咲くわが心かな」はまさに春信の浮世絵にすらなっている。

花と聞くは誰もさこそはうれしけれ　思ひしづめぬわが心かな
日をふれば袂《たもと》の雨のあしそひて　晴るべくもなきわが心かな
涙川さかまく水脈《みを》の底ふかみ　漲《みなぎ》りあへぬわが心かな
逢ふまでの命もがなと思ひしは　悔しかりけるわが心かな
色そむる花の枝にもすすまれて　梢《こずゑ》まで咲くわが心かな

ここまでくると、西行の「いはれなき切実」や「わが心かな」をすべて表象しきっているのは、次の一首にとどめをさすというべきである。

次の一首がどういう歌かをあかす前に、ここで五年前のことに一言ふれておきたい。その日、ぼくはふと思いついて「未詳倶楽部」を結んだのであるが、その最初の会合を箱根芦ノ湖の畔《ほとり》に呼びかけたのだった。その時その所に集まってほしいと、ただ招待状にそう書いた文面を縁《よすが》に、全国から三八人が集まってくれたその山道に、小雨のなかを箱根に特有の高根桜《たかねざくら》が小さくキリリと咲いていた。

初めて出会う面々が、一〇部屋に分かれて荷を下ろし顔を合わせる刻限を思って、ぼくはその部屋に一首ずつ西行の桜の歌を色半紙に認《したた》めておいた。その夜は満月だったのである。

すでに紹介した歌のほかは、次の歌と、そして一首。

月見れば風に桜の枝なべて　花かと告《つ》ぐる心地こそすれ
雲にまがふ花の下にて眺むれば　朧《おぼろ》に月は見ゆるなりけり
おのづから来る人あらばもろともに　眺めまほしき山桜かな
あくがるる心はさても山桜　散りなむのちや身にかへるべき
花も散り涙ももろき春なれや　又やはと思ふ夕ぐれの空

この一〇首の桜の歌の頂点に立つともいうべき歌が、ぼくにとっては次の極上の一首なのである。この「胸のさわぐなりけり」という歌こそが西行のすべての桜の絶巓《ぜってん》に散る歌である。もはや何も言うことはない。たんに胸がさわぐのではない。「さめても胸のさわぐなりけり」なのである。

春風の花を散らすと見る夢は　さめても胸のさわぐなりけり

第七五三夜　二〇〇三年四月十四日

参照千夜

八五夜：唐木順三『中世の文学』　四八三夜：山本健吉『いのちとかたち』　五六四夜：丸山眞男『忠誠と反逆』　六三夜：伊藤ていじ『重源』　九一一夜：ジャック・ラカン『テレヴィジオン』

そこにいて、かつ、そこを去ること
定家は風儀そのものだ

堀田善衛

定家明月記私抄

新潮社　全二巻　一九八六〜一九八八　ちくま学芸文庫　全二巻　一九九六

こんなに先を読みすすむのが惜しく、できるかぎり淡々とゆっくりと味わいたのしみたいと感じた本にめぐり会ったのは久々のことだった。「惜読《せきどく》」などという言葉はないだろうが、そういう気分の本だ。どうしたらゆっくり読めるだろうかと懸念したくらいに、丹念で高潔だ。

だから本書の紹介にはあまり言葉をつかいたくない。中身といっても、堀田善衛《よしえ》がただひたすら定家の『明月記《めいげつき》』を順に読んでいるだけなのだが、それが深くて、すごい。なるほど古典を読むとはこういうことか、古典を読んだことを綴るとはこういうことかという感慨ばかりがひたひたと迫ってくる。

読めば読むほど、藤原文化の歴史のその日その日に入っていける。その日々の傍らに入っていける。こういう方法があったのかとただ感心して呆れるばかりだが、それがあったのだ。それはまた定家の『明月記』の方法でもあった。大原三寂《おおはらさんじゃく》（大原に隠棲した寂念・寂超・寂然の三兄弟）に会いたいなら、西行に会いたいなら、藤原俊成を知りたいなら、後鳥羽院と付き合いたいなら、そして藤原定家を身請けするなら、この本を読むしかあるまい。

のみならず、この本は歴史論にもなっているし歌論にもなっているし、なにより「文学の水源」というものになっている。堀田善衛はこの本の執筆に約四十年をかけたのである。それをバルセロナで紡いで再生させた。

まったくこういう本を読むと、なにもかもがむなしくなってくる。それがうれしいのだ。ぼくの見方などとうてい通じないなと感嘆せざるをえないところが、むなしくて、うれしいのだ。どう、むなしくてうれしいのか、ちょっと感想を綴っておく。やや詳しく、やや遠まわりに。

堀田善衛は、定家の「雲さえて峯の初雪ふりぬれば有明のほかに月ぞ残れる」を引いて、よくもかくまでに「雲さえて」「峯の初雪」「有明の」と続けて、月と白色あるいは蒼白色《そうはく》とを重ねあわせるだけで一首の歌を構成するものだと感嘆した。

そのうえで、ここに「始めも終わりもない音楽」が構え出しているのは驚くべき才能であって、かつそのこと自体がひとつの文化を提出しえていると断言している。加えて次のように綴った。

それは高度きわまりない一つの文化である。そうして別に考えてみるまでもなく、中国だけを除いてはこの十二世紀から十三世紀にかけてかくまでの高踏に達しえた文化というものが人間世界にあって他のどこにも見ることがないというにいたっては、さてこれを何と呼ぶべきかと誰にしても迷わないでいられないであろうと思う。

定家のこの歌は、それだけでひとつの文化だというのだ。さらにいえば、ただただそれ自体で完成しているかのような表現の至達の結構を、いったいこれ以上どのように鑑賞したり評価したりすることがわれわれに残されていようかというのだ。

しかも、そう思えば思うほど、ではそんなふうに表現を至達しえた定家がいたということが、いったい今日の文化にとっては何なのか、日本人にとって何なのかという気にさえなってしまうとも綴る。どうだろうか。こういう文章を読んでいるとむなしくなるのがわかるであろう。

いったい一首の歌をさえ文化としてしまう才能とは何なのかといえば、これはべつだん日本の歌人のみに問うまでもなく、つねにありうることである。シェイクスピアやゲーテの一作ではない。仮に一枚のパルミジャニーノの絵を例にし、堀口大學を驚かせたジュール・ラフォルグの一篇の詩を例にし、またレーモン・ルーセルの一作などを例にしてもいいのだが、一つの作品で文化を形成することなど、まことによくあることなのである。

だから堀田善衞が言いたかったことは、たんに一作品一文化を例外的に定家がなしえているなどということではなく、定家は詠んだ歌をもって文化を残すにもかかわらず、その定家はその歌から平気に遠のいていること、そのことに定家の前に残されたわれわれは驚嘆しているということなのだ。

なるほど定家の歌はそれ自体で結構を終えている。そういう歌が多い。定家はひたすら歌を詠み、その歌をこそ去ってみせているのだ。そこにいてそこにいない定家、そこにいなくてそこにいる定家。そんなふうなことをして、定家は何かをわれわれに残してくれたのだ。

堀田善衞はそれを「文化」と言った。また、定家は「風儀」だけを後世に伝えられたと言った。まさにそうだ。それが三十一文字の和歌のように、またそれが小倉百人一首のような、ごくごく小さなセットになっていくような、そういうもので大丈夫だと思ったのである。

そう、文化なのである。それは、日本が誇る能や茶や花の風儀と近いものだった。そこに創発すべきは「好み」でいいじゃないかというものだった。

というような感想を言う以上には、新たに堀田善衞の造詣《ぞうけい》に加えることなど何もないのだが、ただしこの本は定家が綴った文章を追読しているのだから、定家自身を外から見るにはいささか異なる視点もあったほうがいい。

意外なことに、お能の『定家』には本人の定家が登場していない。それなのに、この曲では定家のイメージが能舞台に響きわたっている。

謡曲『定家』は、定家の恋情に懊悩《おうのう》する式子内親王の亡霊の物語なのである。中世の芸能者たちは式子内親王を定家の恋人と見て、この曲をつくった。仕上げた作者は金春禅竹だったろうとおもわれる。古名は『定家葛《かずら》』といった。

定家と式子内親王は出会っている。定家二十歳のとき、父の俊成に連れられて式子内親王の御所を訪れた。俊成は親王に敷島の道（和歌の道のこと）を教えていたのだろうとおもわれる。このとき親王は定家よりも十歳ほど年上だった。これをきっかけに定家が親王を見初めたかどうかはわからない。親王と定家の歌にはいくばくもの共感がひそんでいることから推して、むしろ二人は「歌の恋」をこそ微《ひそ》かにたのしんだのだろう。歌こそ恋であるという、そういう時代だった。

それにしても、一曲に定家がいなくて定家の一曲であるとは、これはいかにも定家らしい話であるとぼくには感じられる。そこにいてそこにいない定家、そこにいなくてそこにいる定家——。

藤原定家は俊成の二男である。藤原北家で、御子左流《みこひだりりゅう》の歌詠みの血を承《う》けた。従兄《いとこ》に寂蓮が、義弟に太政大臣の西園寺公経《きんつね》がいた。歌詠みとしてもエリート中のエリートだが、歌壇へのデビューは十七歳だった。とくに早いわけではない。治承二年（一一七八）の賀茂別雷社《かものわけいかずち》（上賀茂神社）の歌合《うたあわせ》に歌人六〇人とともに選ばれた。このとき「神山《こうやま》の春の霞やひとしらにあはれをかくるしるしなるらむ」と詠んだ。

神山は賀茂別雷社の奥にある神坐《かみくら》のことをいう。定家は神と「ひとしら」の人との神人饗応《きょうおう》の対比をふまえ、そこにひょっとして微かに連なるかもしれない自分の歌の透明な宿命のようなものを重ねて歌った。すでにうまい。すでにうまいけれども、まだ特徴がない。そして、この特徴がないことが気になるのである。

ついで定家は十九歳のときに「初学百首」として知られるエチュードを詠んだ。たとえばこんな連なりを詠んでいる。

をしなべてかはる色をば置きながら　秋をしらする萩のうは風

かぜふけば枝もとををに置く露の　散るさへ惜しき秋萩の花
月かげを葎《むぐら》のかどにさしそへて　秋こそきたれとふ人はなし
天の原おもへばかはる色もなし　秋こそ月のひかりなりけれ

一首おきに並べてみたが、それでも、この「天の原・色もなし秋」の歌にたどりつくまでの前後の展開はそこそこ絶妙だ。イメージの多彩な散乱を避け、萩の感覚から秋の気配へ、それから少しずつ月の光へと、まるで何かを消すように向かっている。とくに「秋こそきたれとふ人はなし」という前歌を、次歌で「秋こそ月のひかりなりけれ」と詠んで、あたかも衣を翻すように月の光だけで覆ってしまうのは、定家に何かが兆しつつあることを予知させる。この兆しは「そこにいていない定家、そこにいなくている定家」という印象につながっている。

ふつう、文学史では定家についての議論は父親の俊成との並びで話をすることになっている。俊成の『千載《せんざい》和歌集』に「余情《よせい》」という感覚の方法ともいうべきが展示されたのを端緒として、これが後鳥羽院の勅撰《ちょくせん》による『新古今和歌集』に及んで、定家の技量が全面開花したと見る。それがふつうの見方だが、これでは足りない。堀田善衛もそういう見方を超えている。

こうした動向はもともと「九条良経の文芸サロン」に発端したもので、この良経のサロンがいまふうにいえば言語表現の実験室になっていった。その起爆となったのが、建久四年（一一九三）に良経邸でひらかれた歌合《うたあわせ》史上空前の「六百番歌合」であった。

このとき俊成があやつる御子左家《みこひだりけ》の良経・家隆・慈円・寂蓮そして定家らが、その難解なような奔放なような、勝手なような周到なような、ようするにすこぶる実験意図に富んだ作品を次々に披露して、それまでは主流であった六条家の歌風を圧倒してしまったのだった。まだ御子左家の凱歌《がいか》とまではいえないが、前衛の登場といえばまさに前衛の登場だった。

そのニューウェイブの歌風は、そのころ興隆流行しつつあった大日能忍《だいにちのうにん》の達磨宗《だるましゆう》にあてこすられて、しばらくは「達磨歌」と揶揄《やゆ》された。昔も今もよくあることだ。ただかれらにとって幸運だったのは、このとき、いやいや達磨歌もいいじゃないか、それで結構じゃないかと太鼓判を捺《お》したのが後鳥羽院だったことである。ここでは後鳥羽院のことを保田與重郎のようには慈《いつく》しむことはしないけれど、この院の英断はものすごい。

ともかく御子左家のニューウェイブ派はこれで勢いがつく。そして、その勢いの結実がいわゆる新古今調というものになる。しかし、定家の歌の方法をそのまま新古今調の基本骨格にすっぽり入れてしまうのは、ちょっといただけない。

だいたい新古今には、功罪相半ばするような危うい技巧が満ちている。あえて悪例として掲げるのはしのびないが、たとえば、俊成卿女《しゅんぜいきょうのむすめ》の「風かよふ寝覚めの袖の花の香にかをる枕の春の夜の夢」は、寝覚め・袖・花・香・春の夜・夢という王朝歌壇用語が綺羅《きら》のごとく連打され羅列され、そのうえ「の」が六つにわたって結接するというふうになっている。

これではどこに歌の心があるかはわからない。よくいえば全部が全部、同調共鳴しているのだが、へたをすればそれぞれの歌語がバッティングをおこすか、さもなくばハウリングをおこす。そこを「の」のリズムだけで乗り切ろうというのだから、これはかなり危ういものだった。

一方、新古今ニューウェイブ派には、従来の歌い方を逆転してまでもなんとか新しい方法を確立していきたいという魂胆があった。

従来の歌い方というのは藤原公任《きんとう》が『新撰髄脳』の歌体論で指摘したようなこと、すなわち「古《いにしえ》の人多く本に歌枕を置きて末に思ふ心をあらわす」というように、歌枕を先に置いて叙景を前に出し、そのうえで下の句で叙心に入っていくというものである。これをニューウェイブ派はひっくりかえしたのだ。上の句の最初にまず叙心がのべられて、そのあとは心の出来事などにふれずに叙事だけをのべる。

後鳥羽院を例にすると、「み吉野の高嶺《たかね》の桜散りにけり嵐も白き春の曙《あけぼの》」では、「み吉野の高嶺の桜散りにけり」で最初に詠嘆しておきながら、下の「嵐も白き春の曙」ではたんに叙事に徹するということをやる。従来なら「み吉野の高嶺の桜散りにけり」の詠嘆でおわるところなのである。それを後鳥羽院は「嵐も白き春の曙」というふうに景物の描写でおえた。それで心が残った。有心《うしん》である。心が残響しつづけたのだった。

ここには言葉と景物と歌心にまつわる上の句と下の句における変移というもの、ひっくりかえしというもの、転位というものがある。新古今はそうした方法を徹して試みたのだ。かなり成功した。

このようなことがどんな効果をもたらすかということを、定家はよくわかっていた。だから定家はこの程度の工夫にとどまらなかった。実はもうすこし深い魂胆のほうへシフトしていった。ここでは三つのことを指摘しておく。

第一に、リアルな出来事やリアルな感情の数々をあまり出さないで、できればたったひとつの景色だけを歌にのこして、その歌の場から去っていこうと考えた。たとえば「大方《おほかた》の秋のけしきは暮れはててただ山の端の有明《ありあけ》の月」という定家の歌は、秋のさまざまな実景が暮れて見えなくなって、そこに残るのはただ有明の月だけだというふうになっている。

定家は歌を残し、歌のなかの言葉のみを残して去ったのである。「待つ人のふもとの道はたえぬらむ軒端の杉に雪おもるなり」も、道には人の気配が絶えて軒端の杉の雪の重みだけが残っている。

叙心の言葉はつかわない。残された景物の表出だけにする。歌の心のアリバイは景物のなかに相対化してしまってよかったのである。次のような歌がだいたいそのようになっている。

花の香はかをるばかりをゆくへとて　風よりつらき夕やみの空
大空は梅のにほひにかすみつつ　くもりもはてぬ春の夜の月
かきくらす軒端の空に数みえて　ながめもあへずおつるしら雪
消えわびぬうつろふ人の秋の色に　身をこがらしの杜《もり》の白露
駒とめて袖うちはらふ影もなし　さの（佐野）のわたりの雪のゆふぐれ

そこにあったはずのものが少なくなっていく。消えてゆく。そして何かの景色がぽつんと残っている。その景色を残して、自分はそこを退出してきた。そこには自分もいない。そういう歌だ。

景物に心を相対化するだけではすまず、自身のアリバイまでをも相対化しようとしたわけである。相対化というよりも、そのように表現することで、歌そのものから自分が退出してしまうのだ。能の『定家』に定家がいないのは、そういう意味ではまことに象徴的なことだったのである。

　歌詠みがその歌から退出してしまうというようなことがありうるのだろうか。名歌をつくればつくれるほど、そんなことはできなくなるのではないか。ふつうなら、そう見たほうがいいに決まっている。けれども定家はその退出を好んだようだ。

　第二の指摘になるが、定家はいわばリアルなものを負の領域にもちこんで、その場をヴァーチャルな雰囲気に変え、それでいて一点のリアルを残しつつ、その場のリアル＝ヴァーチャルな「関係」だけを残響させるという方法をつくろうとしたのではないかということだ。定家はそういうことを好んだ。少なくともぼくはそのような「好み」をもった定家にこそ惹かれてきた。堀田善衛が注目したのもそこなのだ。

　定家はなぜこんな感覚をもちたいと発意したのだろうか。それを推察するには、やや話が遠回りになるが、ちょっとだけ日本語の派生関係を調べておく必要がある。

　そもそも日本語では現実的でリアルなことをウツツと言った。「現」という字をあてる。それならその逆は何かというとウツである。ウツホやウツロもウツから派生する。「空」や「虚」という字をあてる。空蟬《うつせみ》の空である。

ところがよく比較してみればわかるように、ウツとウツツはひとつながりの言葉なのである。かなり似た言葉になっている。実際にも言語学的な派生関係からみてもウツという言葉からウツホやウツロなどが派生して、そこからウツツという言葉ができあがっていった。つまり、古代日本語の太初のところにウツがあって、そのウツ（空）に何かが介入していつのまにかウツツ（現）になった。そういう順番だった。

　これは考えてみるとかなり奇妙なことである。何もない状態をあらわすウツから何かが実在していることを示すウツツという言葉が親類のように派生していくなんて、おかしなことのように見えよう。しかし、ここには格別な事情があった。

　古代の日本人はよく鈴のようなものを大切にした。鈴といっても舌《ぜつ》がない。内側が刳《く》り貫《ぬ》かれた土鈴《どれい》のような容器のことである。サナギ（鐸）ともよばれたもので、これを神樹や依代《よりしろ》に吊《つ》るしたりして、そこに魂の風のようなものが吹きこむのを待った。しばらく心を集中して待っていると、そこに何かがやってくるように感じる。この来臨を「おとづれ」（音連れ）という。このとき古代の観念は言葉を発した。それを言霊《ことだま》といってもよいが、ともかくウツなる器に何かを感じて言葉が出たのだ。

　いったん出た言葉は、なにがしかの意味をもっていく。あるいは何かを指し示す力をもっている。その指し示すものはいろいろではあるが、どこかに実在するものも含まれるし、想像上のものも含まれる。言葉はそのたゆたいをもって移ろっていく。ウツリあるいはウツロヒである。

このウツリやウツロヒという言葉も、もともとはウツから生まれたものだった。ウツシもここから生まれた。「移」とも「写」とも「映」とも綴った。こうしてウツ（空）なるものからウツリやウツロヒやウツシを経て、ウツツ（現）に至ったのである。

以上のことをいいかえると、最初の状態に「空」とか「ない」という負の状態があって、そこに心の動きや風のいたずらのようなものが介入してウツロヒがおこり、そのうえで実在する「現」なるものが流れ出てくるかのごとくリアルに認められるようになるということだ。

王朝の歌は、このような空無なるウツから現実的なウツツが移ろいながら出てくることを、「あはれ」と思い、また「をかし」と見た。そのような「夢うつつ」のウツロヒによる面影の去来をたのしんだ。

この見方や感じ方は、自分のそのときの心の境遇を現世のウツツの低迷と見て、そこから本来のウツを遠くに幻想するという表現をふやしていった。定家はこのウツとウツツの関係をもっと自由にしたかったのである。ウツからウツツに心が移るだけではすまなくなったのだし、ウツからウツツに進み、さらにはウツツからウツが生めなければおもしろくなかったのだ。

それには、最初からリアルな「現」を立てて、それを空しく思っていくのでもなく、また最初からヴァーチャルな「空」を想定するのでもなく、いったんそのようなウツとウツツの関係そのものを「負」の状態にして、そのうえでその「負」の状態を強調するための景色を掲げる必要があった。ウツとウツツの両方の関係の中から面影が生じてくることを試みたかったのである。

夕暮れはいづれの雲のなごりとて　はなたちばなに風の吹くらむ

この歌を例に説明をしておく。この歌は仁和寺宮《にんなじのみや》五十首のひとつで、『新古今集』にも入っているが、とくに目立つ歌ではない。しかしながら、夕暮れに空を見上げるといろいろの雲がいろいろの色あいで進んでいて、そのうちのどの雲がどこへ運ばれようとしていても、目の前の橘の花には風だけが吹くのだという見方には、よく定家の狙いが生きている。この風は雲を吹き寄せている風ではなく、花橘《はなたちばな》の香りだけになりつつある風なのである。だから「雲のなごり」と言っている。

ここで定家は、最初こそリアルな雲を見ているようだが、結局は香りだけを残す花橘に目を移している。リアルはヴァーチャルな香りのウツロヒに変わっている。が、それだけなら、たんにマクロな目がミクロに移っただけになりかねない。そこには、雲と橘との関係がリアル＝ヴァーチャルな関係として残響していなければならない。そこで「雲のなごりとて」という句が入る。その前に「いづれの」を用意する。そして「とて」に「らむ」が響いていく。そういうことをした。

ここに、ウツとウツツを往復する定家がいる。けれども、ウツとウツツを往復するには、ウツの言葉とウツツの言葉をつかいわけるのではなく、あえてこれらを交えて、さらにこれらを相対することも必要だった。

そこで第三に、定家は言葉をつかうにあたって、実在を指し示す言葉や不在を指し示す言葉では満足できずに、言葉そのものを実在とも不在ともするような詠みかたに進んでいったのである。これをさしずめ「言葉から出て言葉へ出る」と言うといいのかもしれない。念のため、言葉に出るのではなく、言葉へ出た。

成功例はいろいろあるが、なかでもこうした試みが最も端的に詠まれたのが、かの有名な三夕《さんせき》の歌と称えられた一首であろう。

見渡せば花も紅葉もなかりけり　浦のとま屋の秋の夕暮れ

ここは何もないように見える。見渡しても浜辺には何もない。寂《さび》れた浦の苫屋《とまや》がぽつんとひとつだけあるだけの、寂しい秋の夕暮れの光景である。

しかし定家は、その何もない寂しい光景を「花も紅葉もなかりけり」と詠んだ。実際にはそこに花があるわけでもないし、紅葉があるわけでもないのだから「花も紅葉もない」というのは当然なのだが、日本の歌にとっては、またその歌を見る者にとっては、言葉としての「花」や文字としての「紅葉」がそこに出るだけで、それは花や紅葉の色さえ見えることとなのである。

定家はその花や紅葉の鮮やかな色と形を、言葉として文字としてヴァーチャルにつかって、一瞬にして浜辺に日本の歌の歴史の総体を咲かせ、そしてその直後に、たちまちそれらの色や形を、いやそれだけではなく花や紅葉にまつわる記憶の光景をさえたちまち消し去ってみせ、リアルな浦の苫屋の光景に戻してみせたのだ。残ったのは秋の夕暮れだけ、そこからは定家自身も消えている。退出している。そうすることで、何がリアルか何がヴァーチャルかは、少なくとも心の中で相対化できるようにしたのである。

このような試みをまっとうするのに、定家は「なかりけり」という一語をつかうことによって「負」を現出した。そしてまた、秋の夕暮れだけに万事を万端まで残してみせた。これこそが、ぼくが定家は特徴さえ消したいと思っているのではないかと見たことである。

定家の歌に新古今の特徴がないなどと言っているのではない。技巧上も主題上も充分な特徴はある。それは他の歌人とくらべてみても遜色《そんしょく》はない。しかし定家の歌の特徴は、そのように比較されて見える特徴ではないところに、ひそかな決意を思わせるものがある。

それをわかりやすくいえば「特徴を消しているという特徴」である。それがさきほども書いておいたように、すでに十七歳で兆していた。社会のなかの迷いにまみれた壮年期はともかくも、その特徴のない特徴の流出は晩年はなおさらとなっている。

定家が小倉百人一首を選べたのは、少なくとも自分の歌にこだわった特徴の評価より、百首の歌の総体の相対こそを存分にたのしめたからであろう。

定家という歌人や定家が詠んだ歌を、いったいどのような言葉でぴたりと言い当てるかは、これまでの文学史でも難儀してきた。仮に「無心」というも「有心《うしん》」というも、また「幽玄」というも、それらの概念をかぶせるのでは修辞的すぎるのだ。

定家をとりあえず一言で射るとすれば、これは堀田善衛が指摘していた通り、定家という存在の「風儀」そのものなのである。面影の去来をあらわすために、そういう風儀を好んだというしかない。定家の人生は、そして定家の歌は、そこに定家自身すら感じさせないために周到に詠まれた風儀そのものであったろう。

風儀は「なりふり」であり、ちょっとふくらませて言っても「なり・ふり・ながめ」に尽きてしまうようなものだ。それを言葉だけで、文字だけで表現することにした。それが定家の風儀であった。

よく知られているように、定家の歌、とくに「見渡せば」の歌は、武野紹鷗《たけのじょうおう》によって、千利休によって、さらに小堀遠州によって、茶の湯の心をあらわす最もぴったりしたものと最高の評価をうけた。このことをよく考えてみる必要がある。これは風儀を継承しようというのだ。

いま、日本人の多くは日本の伝統文化をどうして未来につないでいこうかと検討をしているようだが、何もそんなことに腐心することはない。紹鷗が、利休が、遠州が、定家の歌に戻ったことを凝視すればよい。そこに風儀を見ることだ。「なり・ふり・ながめ」を介在させることだ。それにはまず、心が歩むことである。そこに言葉を添わせることだ。そして心で見渡してみる。そこにはいろいろなものがあり、いろいろな出来事がある。けれども、そこには「ない」ものもある。言葉も、その「ない」をあらわしたい。

われわれはいったい、この現実の世に何が「ない」と思っているのか。そこを問うべきである。たとえば侘茶《わびちゃ》というものは、本来ならそこに唐物《からもの》の道具や咲き乱れる萩がほしかったのに、いまはそれらがないことを侘び、手元にある一碗の飯茶碗と、一輪挿しの桔梗でなんとかお茶を点《た》てるにすぎないのだということを表明した。そのときに「ない」から「なる」への創発がおこる。定家の歌も侘茶も、そうしたものだった。

第一七夜　二〇〇〇年三月十六日

参照千夜

七五三夜：西行『山家集』　九七〇夜：ゲーテ『ヴィルヘルム・マイスター』　六〇〇夜：シェイクスピア『リア王』　四八〇夜：堀口大學『月下の一群』　六二四夜：慈円『愚管抄』　二〇三夜：保田與重郎『後鳥羽院』　一二七九夜：平田澄子・新川雅明 編著『小倉百人一首』

その家のありさま、世の常にも似ず
五十の春を迎へて、世を背《そむ》けり

方丈記

鴨長明

市古貞次校注　岩波文庫　一九八九　簗瀬一雄訳注　角川ソフィア文庫　二〇一〇

ゆく河の流れは絶えずして、しかも本の水にあらず。よどみに浮ぶうたかたは、かつ消えかつ結びて、久しくとどまりたるためしなし。世の中にある人と栖《すみか》と、またかくのごとし。

長明が遁世《とんぜ》の方丈に求めたことは、ただ「閑居《かんきょ》の気味」というこのひとつのこと、生と死を重ね結ぶことだけである。閑居して、その気味を感じてみたい。縮めればそれだけのことである。長明はそのことを実現して、やっと「空蟬《うつせみ》の世をかなしむ」ことができた。そうすれば「観念の便り、なきにしもあらず」であった。

古《いにしえ》見し人は二三十人が中に、わづかに一人二人なり。朝《あした》に死に、夕《ゆうべ》に生るるならひ、ただ水の泡にぞ似たりける。

時代の転形期を読み切るのは容易ではない。肌で感じるのはもっと困難だ。まして予想もつかぬ地異や変動が次々におこった転形期にいあわせて、そのめまぐるしい動向の渦中で激しく揺動する天秤を、目を泳がせずにひたすら凝視するにはずいぶんの魂胆がいる。長明にその魂胆があったとしたら（あまりなかったとはおもうが）、それは長明が失意の人であって、典型的な挫折者であったからだ。内田魯庵《ろあん》のいう理想負け、山口昌男のいう敗け組だったからだ。

知らず、生れ死ぬる人、いづかたより来りて、いづかたへか去る。また知らず、仮の宿り、誰《た》がためにか心を悩まし、何によりてか目を喜ばしむる。その主《あるじ》とすみかと、無常を争ふさま、いはば朝顔の露に異ならず。

鴨長明は後白河がまだ天皇だった在位期に生まれた。死んだのは六一歳で後鳥羽院の時代である。その半世紀のあいだ、日本史上でも特筆すべき大きな変化がつづいた。武家が登場し、その代表の清盛がまたたくまに貴族社会を席巻《せっけん》して新たな「武者《むさ》の世」を準備したのもつかのま、その武家を大きく二分する源平の争乱が列島各地を次々に走った。

予、ものの心を知れりしより、四十余《よそじ》りの春秋を送れる間に、世の不思議を見ること、やや度々になりぬ。

源平の争乱は鎌倉殿によって仕切られ、それで収まるかとおもえば、初めて東国に幕府を構えた頼朝政権はわずか三代で潰《つい》えた。まさに「世の中浮き立ちて、人の心もをさまらず」。平家があっというまに滅亡し、そして源氏がすぐさま政権からずり落ちたのである。見れば、「むかしありし家はまれなり」「古《いにしえ》見し人は二三十人が中に、わづかに一人二人なり」なのだ。

そのなかで法然や親鸞が、栄西や道元が、明恵《みょうえ》や重源《ちょうげん》が新しい価値観を求めて立ち上がっていった。文芸史上では、俊成・定家の親子が和歌の世界を仕切って、いわゆる新古今時代をつくった。のちに本居宣長が言っていることだが、このとき日本語がはっきりと姿をあらわした。けれども民衆は悲惨だった。戦乱と災害と飢饉《ききん》で苦しんだ。

世の人みなけいしぬれば、日を経つつきはまりゆくさま、少水の魚のたとへにかなへり。果てには、笠うち着、足ひきつつみ、よろしき姿したるもの、ひたすらに家ごとに乞ひ歩《あり》く。かくわびしれたるものどもの、歩くかと見れば、すなはち倒れ伏しぬ。

長明はこういう転形期に人生を送ったのである。その半世紀におこったことは列島一国の中だけの激動ではあるものの、この国の最も大きな価値観の転倒をもたらした。最近の現代の事情とくらべるわけにはいかないが、あえて比較をすればソ連の崩壊やユーゴの解体などにあたる体験だったろう。が、その長明も、『方丈記』を綴る晩年にいたるまではただただ目を泳がせていた。目を泳がせていたからこそ、最後の出家遁世《とんぜ》の目が極まったともいえた。

すべて世の中のありにくく、わが身とすみかとのはかなくあだなるさま、またかくのごとし。いはんや、所により、身のほどにしたがひつつ、心を悩ますことは、あげて計《かぞ》ふべからず。

長明は賀茂御祖《かもみおや》神社の禰宜《ねぎ》の次男に生まれている。いまの下鴨神社である。ぼくも子供時代によく遊んだ糺《ただす》の森が長明の実家のあったところだ。前半生はよくわかっていないのだが、清盛の子の徳子が入内《じゅだい》したころ、父を失った。十八歳あたりのことだったろう。長明はそういう喪失の境涯のみずからを「みなし児」とよんだ。
その「みなし児」が父を継ぎ、禰宜になれれば、われわれの知る長明はいなかった。ところが、欠員が生じたにもかかわらず長明は禰宜に推されずじまいとなり、見かねた後白河院が鴨の氏社を昇格させてそこを担当させようとはからったのだが、長明は拗《す》ねて行方をくらました。家職を継ぐことが長明の安定だったのに、それがかなわぬことを知ったとき、そこにわれわれの知る長明が誕生するのである。

わが身、父方の祖母の家を伝へて、久しくかの所に住む。その後縁欠けて身おとろへ、しのぶかたがたしげかりしかど、つひにあととむることをえず。三十《みそじ》あまりにして、さらにわが心と一つの庵《いおり》を結ぶ。

三三歳のころ、長明の歌が一首だけ『千載和歌集《せんざいわかしゅう》』に採られたことがある。「思ひあまりうちぬる宵の幻も浪路を分けてゆき通ひけり」というものだ。けっして上等な歌ではないが、どこか正直な浪漫がある。
長明はこの歌が採用されたことをかなりよろこんだ。そのことは『無名抄』に綴られている。長明は、自分の歌風を定家風に修正していった。有心体《うしんたい》である。当時の定家風あるいは寂蓮《じやくれん》風のスタイルを当時の言葉で「近代」というのだが、まさにモダンを装ったのだ。感興の表現を「今の世」のモダリティに変えた。つまりは新しい日本語の調子を気取ったのだ。

この気取りは功を奏した。四六歳で後鳥羽院の北面に召され、おりから建仁元年（一二〇一）に設けられた和歌所の寄人《よりうど》となった。このときは首尾よく宮廷歌人三三人の一人に入った。けれども、定家の『明月記』を見るかぎり、長明の歌は定家によって無視しつづけられた。長明はかくて歌人としての名声は得られなかったのである。

すべてあられぬ世を念じ過ぐしつつ、心を悩ませること、三十余年なり。その間、折々のたがひめ、おのづから短き運を悟りぬ。すなはち、五十《いそじ》の春を迎へて、家を出《い》でて世を背《そむ》けり。

こうして長明は出家遁世した。「家を出て、世を背けり」だ。ついに覚悟した。五十歳のころだった。何を覚悟したのか、本人にもよくわからなかったものの、そういう男が大原へ、日野へ隠棲して、わずか一丈四方の庵に暮らしはじめた。一丈とは三メートルほどである。日野は都はずれの山林にある。そんなところで日々をおくるのは「世捨て人」になるということだ。五八歳のときに『方丈記』を綴りはじめた。

その家のありさま、世の常にも似ず。広さはわづかに方丈、高さは七尺がうちなり。所を思ひ定めざるが故に、地を占めて作らず。土居を組み、うちおほひを葺《ふ》きて、継目ごとにかけがねをかけたり。もし心にかなはぬことあらば、やすく外へ移さむがためなり。

長明はもともとの気質が数寄者《すきしゃ》なのだろうと思う。琵琶は中原有安について、けっこう腕自慢であった。和歌は俊恵《しゅんえ》に教わった。二人とも当代のトップクラスのインストラクターだ。とくに琵琶についてはよほどの自信があったとみえる。

隆円法師の『文机談』によると、長明が秘曲の伝授を受けきらぬうちに師の有安が死んだ。そこで長明は絃楽《げんがく》の名人達人を集めてサロンを催し、みずから秘曲《啄木《たくぼく》》を弾いた。参加者たちは「知らぬ国に来たりぬ心地」がしたという。そのことが楽所預《がくしょあずかり》の藤原孝道に伝わり、後鳥羽院に上奏された。「啄木を広座にほどこす事、未だ先例を知らず」という、長明にとっては予期せぬ非難が返ってきた。いたずらに芸道の伝統を乱したというのであった。

きっと長明はいったん興じたら図に乗る性向をもっていた。啄木事件はそのことをあらわしている。数寄をかこつのに、その態度に度がすぎた。数寄とはどこか度がすぎることこそが本質なのだが、それが周囲の目を曇らせたのだ。長明はついてなかったのだ。歌人としての道もいまひとつ、まして禰宜への道もおもわしくない。

そこで、そのような「無制限な数寄」の気分をさらに梳《す》いて漉《す》いて自身を「極小の数寄」となし、徹して捨てるべきものを捨てようとしたのが大原への幽隠であり、その五年後の日野への隠遁だったのである。だから、『方丈記』は長明の「最後の出発」と「最初の凝視」を表現したものとならなければすまなかったはずである。また、そのように『方丈記』を読むことがわれわれの身心を注意深くする。

それ、三界はただ心一つなり。心もしやすからずは、象馬《ぞうめ》、七珍もよしなく、宮殿、楼閣も望みなし。今さびしきすまひ、一間の庵、みづからこれを愛す。

日本の文芸史上、『方丈記』ほど極端に短くて、かつ有名な文芸はない。目で追いながら読むには三十分もかからない。声を出しても、せいぜい二時間くらいであろう。

しかし、その「言語としての方丈記」には凝結の気配が漲《みなぎ》っている。省略の極北があらわれている。それゆえ『方丈記』がつくった文体ほどその後の日本で流行した文体もない。それは、漢文の調子そのままを和文に巧みに移した和漢をまたぐ名文であり、それ以前の何人《なんぴと》も試みなかった文体だった。

長明は、この文体によって、初めて歌人であることと神官であろうとすることを離れたのである。けれどもそのためには、もうひとつ離れるべきことがあった。「世」というものを捨てる必要があったのだ。「閑居の気味」に近づく必要があった。それが長明の「数寄の遁世」の本来というものだった。

そもそも、一期の月影傾きて、余算の山の端に近し。たちまちに三途《さんず》の闇に向はんとす。何のわざをかかこたむとする。仏の教へ給ふ趣《おもむき》は、事にふれて執心なかれとなり。いま、草庵を愛するも、閑寂に着するも、障《さわ》りなるべし。

第四二夜　二〇〇〇年四月二八日

参照千夜

九〇七夜：山口昌男『「敗者」の精神史』　一二三九夜：法然『選択本願念仏集』　三九七夜：親鸞・唯円『歎異抄』　九八八夜：道元『正法眼蔵』　一七夜：堀田善衞『定家明月記私抄』

日常と無常の境い目で綻《ほころ》びのチューインガムを噛む

吉田兼好

徒然草

西尾実・安良岡康作校注　岩波文庫　一九二八／三木紀人訳注　講談社学術文庫　一九七九

小川剛生訳注　角川ソフィア文庫　二〇一五

名を聞くより、やがて面影は推し測らるゝ心地するを、見る時は、また、かねて思ひつるまゝの顔したる人こそなけれ、昔物語を聞きても、この比《ごろ》の人の家の、そこほどにてぞありけんと覚え、人も、今見る人の中《うち》に思ひよそへらるゝは、誰《たれ》もかく覚ゆるにや。（第七一段）

いつしか『徒然草』を言葉のチューインガムのように噛むことをおぼえた。本を噛む。そういうことがありうるのである。噛むうちに味がなくなるということもあるが、もう一枚同じガムを口にして、また発端に戻るということもある。そのように何度も噛める本というものは、そうざらにはない。ぼくにはそういう趣味はないが、内田百閒《ひゃっけん》や石川淳や井伏鱒二をそのように嚙む人がいることは承知している。

もっともぼくが本を嚙むにはオリジナルの日本語でありたい。その日本語も多言や饒舌《じょうぜつ》であってはならない。少なさや不足、すなわち稀少であってほしい。それから日本のことを書いていてほしい。ぼくはワインを口で転ばせ舌で味わうことを自慢するより、味噌汁の菜を箸でそそっとたぐり、山葵《わさび》醬油の厚揚げなどを一口二口、嚙んで味わいたいのである。そうなってくると古典である。それもいろいろ絞られてくる。和歌俳諧は断然だが、それは省く。

命あるものを見るに、人ばかり久しきはなし。かげろふの夕べを待ち、夏の蟬の春秋を知らぬもあるぞかし。つくづくと一年《ひととせ》を暮すほどだにも、こよなうのどけしや。飽かず、惜しと思はば、千年《ちとせ》を過《す》ぐすとも、一夜《ひとよ》の夢の心地こそせめ。住み果てぬ世にみにくきすがたを待ち得て、何かはせん。命長ければ辱《はじ》多し。長くとも、四十《よそじ》に足らぬほどにて死なんこそ、めやすかるべけれ。(第七段)

パンフレットの文章をおもわせるような『徒然草』に似て、ときどき目を走らせたくなる本がいろいろある。たとえば『伊勢』『枕』『明徳記』『方丈記』『風姿花伝』、心敬の

『ささめごと』、『宗長手記《そうちょうき》』『西鶴織留《さいかくおりどめ》』、武蔵の『五輪書《ごりんのしょ》』、徂徠《そらい》の『政談』、天心の『茶の本』などがつらつら浮かぶ。

素行《そこう》の『聖教要録』、真淵《まぶち》の『語意・書意』、それに兆民の『一年有半』もそのたぐいだとおもう。いずれも短くて、濃くできている。文庫でいえばそれぞれ二〇〇ページをこえないだろう。そういう何度も噛める本を大事に読んできた。が、どうも五回以上を読んでこなかった。

それが『徒然草』のばあいは全体を読み通すでもないのに、しばしば目を通す。段に分かれているので拾い読みしやすいといえばそうなのだが、それは『伊勢』も『枕』も同じこと、そこが特徴なのではなくて、その言葉をチューインガムにしたまま、散歩に出たり、車窓の外を眺められるのが『徒然草』なのだ。読み耽《ふけ》るわけではなく、口に入れたまま読める。それが本を噛むということだ。

これを教えてくれたのは意外にも与謝野晶子である。晶子の『徒然草』現代語訳を読んで、その含蓄にひたすら驚いた。それがずっと残響して『徒然草』を何度も読めるようにしてくれた。ちなみにあえて断言しておくが、いまもって晶子を凌駕《りょうが》する現代語訳の文はない。

何事も、古き世のみぞ慕はしき。今様《いまよう》は無下《むげ》にいやしくこそなりゆくめれ。かの木の道の匠《たくみ》の造れる、うつくしき器物《うつわもの》も、古代の姿こそをかしと見ゆれ。文《ふみ》の詞《ことば》などぞ、昔の反古《ほうご》どもはいみじき。たゞいふ言葉も、口をしうこそなりもてゆくなれ。古《いにしえ》は「車もたげよ」、「火かゝげよ」とこそ言ひしを、今様の人は、「もてあげよ」、「かきあげよ」と言ふ。「主殿寮人数《とのもりようにんじゅ》立て」と言ふべきを、「たちあかし白くせよ」と言ひ、最勝講の御聴聞所《みちょうもんじょ》なるをば「御講《ごこう》の廬《ろ》」とこそ言ふを、「講廬」と言ふ、口をしとぞ、古き人は仰せられし。（第二二段）

かつてのぼくには『徒然草』は煩《わずら》わしかった。日本のアタラクシアを書いているはずなのに、この人にはアタラクシアがないと見えた。説教臭いのである。うるさいのである。もっと静かに観照できないのかとおもった。ところが、これはまちがっていた。若気の至り、見当ちがいだった。兼好こそは煩わしいものを遠ざけ、うるさいものをマスキングすることを発見していた。

そういうことにやっと気がついたのは、たとえば「〝夜に入りて、物の映えなし〟といふ人、いと口をし」で始まる第一九一段で、物事は昼に見るより夜に見たほうがよく見えるのだということを指摘しているあたりの感覚が、ふいにわかるようになってからである。そうか、引き算かと思った。

かくして「人の気色も、夜の火影《ほかげ》ぞ、よきはよく」、「匂ひも、ものの音も、たゞ、夜ぞひときはめでたき」と書いた。夜の灯でかえって目立つ美しさを言っているのではなく、夜でなければ見えない色、聞こえない音を言っている。それには昼をマスキングする必要がある。どこかに隠す必要がある。その役を兼好は一人で『徒然草』全二四三段をもって引き受けてみせた。

兼好は昼の世を「愚かさ」として綴ったのである。名利や利や位に惑う愚かしさを告発し、そんなものは隠したいと思ったのだ。

名利《みようり》に使はれて、閑《しず》かなる暇《いとま》なく、一生を苦しむるこそ、愚かなれ。財《たから》多ければ、身を守るにまどし。害を買ひ、累《わずら》ひを招く媒《なかだち》なり。身の後には金《こがね》をして北斗を支ふとも、人のためにぞわづらはるべき。愚かなる人の目をよろこばしむる楽しみ、またあぢきなし。大きなる車、肥えたる馬、金玉の飾りも、心あらん人はうたて、愚かなりとぞ見るべき。金は山にすて、玉は淵《ふち》に投ぐべし。利に惑ふは、すぐれて愚かなる人なり。（第三八段）

煩わしくなるものを愚かしいとみなしたのである。第七五段がこのことを了解する支点となった段だろう。「つれづれわぶる人は、いかなる心ならん。まぎるゝ方なく、たゞひとりあるのみこそよけれ」と書き出して、世の連中がつれづれになれない感覚、すなわち「じっとしていられなくなる感覚」はどういうものかと問うた。

兼好が言うには、世間の動向に調子をあわせれば、心はたえず外界にとらわれて惑いやすく、人と交際すると交わす言葉はきまって相手に気を配っているのだから、めったに自分の心にはならない。そのうえ人間関係には喜怒哀楽が理由なく生じるから、そのようなものに巻きこまれている自分をおもうと「まどひの上に酔へり、酔ひの中《うち》に夢をなす」というのだ。

心が迷っているところへもってきて世間のことや相手のことに引きまわされるのだから、さしずめ酔っ払っているうえに悪い夢を見ているようなもの、その中途半端な夢に引っかかったら、いたずらに果てしなく迷うだけである。ここは伏せなさい、マスキングしなさい、一挙に断ちなさい、いっさいの見方を変えなさいというのだ。

これは一言でいえば、「侘び」と「つれづれ」を合わせた批評の確立である。無常論ではあるが、たんに無常を詠嘆するというのではない。所在がないということ(つれづれ)を過不足なく説明した。こんなことはそれまでどんな連中も書かなかった。近代における文芸批評を確立したかった小林秀雄が、あえて中世に戻って『無常という事』(角川文庫)で気にするのも当然だった。

老来りて、始めて道を行《ぎょう》ぜんと待つことなかれ。古き墳《つか》、多くはこれ少年の人なり。はからざるに病をうけて、忽《たちま》ちにこの世を去らんとする時こそ、始めて、過ぎぬる方の誤れる事は知らるなれ。誤りといふは、他の事にあらず、速《すみや》かにすべき事を緩くし、緩くすべき事を急ぎて、過ぎにし事の悔しきなり。その時悔ゆとも、かひあらんや。人は、たゞ、無常の、身に迫りぬる事を心にひしとかけて、束の間も忘るまじきなり。さらば、などか、この世の濁りも薄く、仏道を勤《つと》むる心もまめやかならざらん。（第四九段）

兼好の無常観には、深いのか浅いのか、寄っているのか引いているのか、わかりにくいところがある。ペシミズムなのか面倒くさがりなのか、文句を言いたいのか諦《あきら》めたいのか、はっきりしないところもある。

あるとき、秦宗巴《はたそうは》の『徒然草寿命院抄』を読んだ。慶長年間に『徒然草』のブームともいうべきがおこり、烏丸光広《からすまる》が句読点や清濁をつけた版本を刊行し、松永貞徳《ていとく》のごときは公開の場で『徒然草』を講じたほどだったのだが、そんな気運があってのことか、宗巴は『寿命院抄』を著した。

注釈である。注釈ではあるが、仮名草子をつくれるほどの宗巴だから、ハンドリングはいい。正徹《しょうてつ》本と構成を変えているところもある。諸々おもしろかったが、その総論五条に『徒然草』の本質をまとめた段があって、こう書いていた。

一、兼好得道ノ大意ハ儒・釈・道ノ三ヲ兼備スル
一、草子ノ大体ハ清少納言枕草紙ヲ模シ、多クハ源氏物語ノ詞ヲ用ユ
一、作意ハ老・仏ヲ本トシテ、無常ヲ観ジ名聞ヲ離レ、専ラ無為ヲ楽シム事ヲ勧メ、
　傍ラ節序ノ風景ヲ翫ビ、物ノ情ヲ知ラシムル

儒・仏・道、とりわけ仏教と道教を借りて無常を観じ、無為の境地を遊んで「もののあはれ」の感想を、自然や物事の推移とともに綴ったものだというのである。いまの学者はなかなかこんなふうに竹を伐《き》るようには要約できるものではないが、あまりに評価しすぎているところもある。

宗巴のあと、林羅山が『野槌《のづち》』を、松永貞徳が『なぐさみ草』を、北村季吟も『徒然草文段抄《もんだんしょう》』を書くので、それらの寛文期の注釈とくらべてみるとわかるのだが、宗巴のほうが一般性に富んでいる。しかしながらこの宗巴の指摘が兼好の本意を言いあてているかどうかといえば、検討の余地がある。

無常変易《へんえき》の境、ありと見るものも存ぜず。始めあることも終りなし。志は遂げず。望みは絶えず。人の心不定《ふじょう》なり。物皆幻化《げんげ》なり。何事か暫《しばら》くも住《じゅう》する。この理《ことわり》を知

らざるなり。「吉日《きちにち》に悪をなすに、必ず凶なり。悪日《あくにち》に善を行ふに、必ず吉なり」と言へり。吉凶は、人によりて、日によらず。(第九一段)

兼好はしばしば無常に言及する。いろいろ暗示的であろうとして、その暗示にとどまりたいようなところがある。「人は、たゞ、無常の、身に迫りぬる事を心にひしとかけて、束の間も忘るまじきなり」(四九)、「無常の来《きた》る事は、水火の攻むるよりも速やかに、遁《のが》れ難きもの」(五九)、「無常変易の境、ありと見るものも存ぜず」(九一)、また「閑かなる山の奥、無常の敵《かたき》競ひ来らざらんや」(一三七)と綴った。「人間常住の思ひに住して、仮にも無常を観ずる事なかれ」(二一七)、「凡《およ》そ、鐘の声は黄鐘調《おうじきちょう》なるべし、これ無常の調子」(二二〇)という表現もある。

おそらく「無常」という言葉をそのままつかっているのはこの六段だけだとおもうのだが、それ以外にも似たような指摘や話はいくらでも出てくる。最後に近い第二四一段の「望月のまどかなること」でも、如幻の生を嘆いてみせて、無常観を説いた。

けれども、そこから宗巴のいうように、この無常が「もののあはれ」にまで進めるかというと、そこはあやしい。数えたことはないけれど、頻度をいうなら「無常」よりも「あはれ」のほうが多いだろう。とくに前半には「もののあはれ」という言葉づかいが多い。

しかし、兼好のいう「あはれ」や「もののあはれ」は世の連中と価値観を交わすときの合い言葉のようなものではなかったか。「どうですか、お忙しいですか」「儲《もう》かりまっか」「みなさん、お元気ですか」と言うように、「秋ですねえ、それで、もののあはれは？」と言っている。また、そのように「あはれ」を費《つか》いきることが兼好の気分だったようにも見える。兼好はけっこう現世的なのだ。

友とするに悪《わろ》き者、七つあり。一つには、高く、やんごとなき人。二つには、若き人。三《み》つには、病なく、身つよき人。四《よ》つには、酒を好む人。五つには、たけく、勇める兵《つわもの》。六つには、虚言《そらごと》する人。七つには、慾ふかき人。善き友、三つあり。一つにはものくるゝ友。二つには医師《くすし》。三つには、智恵ある友。（第一一七段）

兼好はリスクテイクを好まない。それなら無常観のほうはどうかというと、これは無常の背後にある仏教的事情よりも、無常の前後をよくよく凝視していた。宗巴の言うようには仏教の厭世《えんせい》観にとらわれていなかった。

兼好は「もののあはれ」を思索するほうへは、あえて進まない。では無常思想を狭めているかというと、まさに限界している。しかし、そこに限界していることこそが実は『徒然草』の本懐だった。視界がつねに絞られていることが、何度でも『徒然草』が読める所以《ゆえん》になる。

　これはきっと兼好にディマケーションがあるということだろう。ディマケーションとは「分界」ということであるが、大和絵でいえば画面に金雲をたなびかせて伏せ場をつくったり、絵巻に斜めの区切りを入れて転換をはかったり、等伯や宗達のように平気で余白をとって、他の事象との関係を自立させたりすることをいう。日本語にはこれを巧みにあらわす「配分」「配当」とか「割り当て」という言葉があった。日本に和歌俳諧などの短詩型文芸がおおいに発達したのも、このディマケーションによる。ここには律動と意味がふたつながらディマケーションした。

　世の中をディマケーションできた兼好はいたずらなリスクヘッジに関心を示さず、それゆえ何事をも貪《むさぼ》らなかった。この感覚は仏教一般の無常観というより、ぼくが見るにはナーガルジュナ（龍樹）の「中観」に近かったように思う。こんなふうに綴っている。

　すべて人に哀楽《あいぎょう》せられずして衆《しゅ》に交はるは恥なり。かたち見にくゝ心おくれにして出《い》で仕へ、無智にして大才《たいさい》に交はり、不堪《ふかん》の芸をもちて堪能《かんのう》の座に連なり、雪の頭《かしら》を頂きて盛りなる人に並び、況《いわ》んや、及ばざる事を望み、叶はぬ事を憂へ、来らざる事を待ち、人に恐れ、人に媚《こ》ぶるは、人の与ふる恥にあらず、貪る心に引かれて、自ら身を恥かしむるなり。貪る事のやまざるは、命を終ふる大事、今こゝに来

れりと、確かに知らざればなり。（第一三四段）

兼好は、無常という光景や顚末《てんまつ》を限界を通して語った。世の全貌に無常の網をかけようというのではなかった。無常は世の部分であって、だからこそその部分が超部分になっている。さきにあげた第二四一段の話も、よくわかるように、限りない願望と限りある無常とが比較並列されている。そのうえで限界としての無常が超部分になりうると綴った。

兼好は時の流れに目を凝らし、耳を澄ましたのである。目を凝らし耳を澄まして、それで何が見えてきたのか聞こえてきたのかということは、案外、熱心には綴らない。見えたものや聞こえたところを切り取って、その切り取りにあたっては前後を綴る。そういう文章編集の方法なのである。ただ、そのときにちょっと工夫をした。時の前後をゆするといったらいいだろうか。主題となりそうなことを、さらりと残香のほうに移すといったらいいだろうか。このフラクチュエーション（揺動）が『徒然草』をおもしろくさせた。それで時の価値が動くのだ。

その「時の価値」が読み手のこちらにふいに上がりこんでくることがある。まるで縁側で一杯お茶を飲むかのような風情で、上がりこんでくる。そうすると、こちらも、まあ、一杯どうですか、すっかり秋めきましたなあと言いたい気分になる。そういう会話がこちらの手元に綻《ほころ》んでくるわけなのだ。そのお茶が兼好が点《た》てた「無常というお茶」である。『徒然草』を読むとそういう気にさせられる。これは「綻《ほころ》び」なのだ。向こうからこちらに加わった綻びで、ゆるみで、つまりはフラクチュエーションなのだ。

それでは、今宵の結論を一言。『徒然草』は「滅びの文学」ではなく、「綻びの文学」である。それは「綻びのチューインガム」なのだ。

第三六七夜　二〇〇一年八月二九日

参照千夜

八三一夜：石川淳『紫苑物語』　二三八夜：井伏鱒二『黒い雨』　四一九夜：清少納言『枕草子』　四二夜：鴨長明『方丈記』　一一八夜：世阿弥『風姿花伝』　一二一九夜：心敬『ささめごと・ひとりごと』　四四三夜：宮本武蔵『五輪書』　七五夜：岡倉天心『茶の本』　四〇五夜：中江兆民『一年有半・続一年有半』　九九二夜：小林秀雄『本居宣長』

すさび・余情《よせい》・すき・有心《うしん》・さび
無用・無為・無常!

中世の文學

唐木順三

筑摩叢書　一九五五・一九六五

失礼ながらこの本を読んでいない諸姉諸兄と一夜をあかして「日本」を語るのは遠慮したい。読みおわったときに、そんな気分になった。それほどに、本書の霞網《かすみあみ》は網目が見えないほど細かく、広げていくと空の一角に届くように大きい。

中世の文芸者を語っているのだが、日本人の心の「ありどころ」と「あてど」を追った職人のような思索力が眩《まぶ》しかったのである。あまりのことに、唐木順三の思索の跡をそのまま引用しないで日本を語るにはどうすればいいか困ることになって、その網から這《は》い出てくるのにたっぷり十年以上がかかってしまった。

這い出てこなくてもよかったのかもしれないが、這い出なさいと言ったのは唐木だった。あとで少しだけ説明するけれど、唐木順三は筑摩書房をつくった人である。本をつくり、雑誌を編集しながら「日本人の心」を思索した。京都帝大時代の恩師は田辺元《はじめ》で、それで田辺元全集も組み立てたのだけれど、唐木は田辺哲学を這い出なければ田辺を組み立てられなかったのだと説明した。

この霞網のつくり方が、ぼくにずいぶんたくさんのことを教えてくれたのだ。ただし、唐木順三のようにありたいと思えるには『中世の文學』が見えるところに立たなければならなかった。そのことを語るには、本書を読んでいない諸姉諸兄のことを忖度《そんたく》してはいられない。

というわけで今夜は申し訳ないけれど、極度に凝縮して読後当時の感想だけを伝えたい。いまのところ、そうするしかないように思うからだ。

唐木順三は頓阿《とんあ》の『井蛙抄《せいあしよう》』の挿話から、この一冊の思索を始めた。「文覚《もんがく》上人、西行をにくまれり」である。北面の武士の身でありながら出家をし、出家の身でありながら数寄に遊んだ西行を、文覚は嫌ったのである。

文覚も鳥羽天皇の北面の武士として上西門院《じようさいもんいん》に仕えていたが、十九歳で出家した。高雄山神護寺《じんごじ》の再興を後白河法皇に強訴《ごうそ》して伊豆に流され、そこで頼朝と知りあった。そこからはとんとん拍子で神護寺・東寺・高野山大塔・東大寺・江の島弁財天などを修復したり勧進したりして、力を発揮した。しかし頼朝が死去してからは政争に巻きこまれ、佐渡に流され、後鳥羽院に謀反《むほん》の疑いをかけられて対馬《つしま》に配流された。

　この文覚による西行の印象を突端に置いて、以降、唐木は「数寄とは何か」という思索にふけった。唐木は、何が何でも西行なのである。中世をここから語らなくては話にならない。しかし、同じく北面の武士であって同じく出家もした文覚は、西行の何かの欺瞞《ぎまん》のようなものを憎んだのである。

　これをどう見るか。文覚は体制に貢献して裏切られ、西行は大半の世事から遁走して歌詠みに徹した。きっとここから数寄が分かれていったのだ。


　ついで唐木は、いったい数寄はディレッタンティズムなのかという問いをおこし、中世初期では数寄が「外形を極微のところまで壓縮《あっしゅく》した栄華」だったことをつきとめた。西行の時代はそこまでだった。それがしかし、長明で変わってきたと見た。長明においては「数寄に対する執着にのみ頼ることが数寄」ということになっていく。

　ここで風雅を友とする数寄が生まれたのであろう。ついで数寄の背後にある「すさび」が注目されたのであろう。「すさび」は荒びであって、かつ遊びであった。そこには「心理を離れた裸形の現実」がある。それがいよいよ『徒然草』の思想であったろう。裸形の現実を見つめると、そこには無常が見える。無が見える。そこで兼好は数寄の心をいったん否定した。

西行から長明へ。長明から兼好へ。この数寄のトランジットがどういうものであったかをスケッチしたのは、『中世の文學』が初めてだったと思う。

しかし、唐木の思索はそこにとどまらなかった。こう綴る。「すさび」は数寄をえてさらに「さび」にまで進む。「さびはすさびと同じ語源をもちながら、すきをも止揚する」。そこにあらわれるのが世阿弥であった。世阿弥は数寄を「せぬ隙《ひま》」にさえ見とどけた。隙間が数寄になったのだ。ここから芭蕉へは一跳びである。唐木はそのことをしるして、序文をおえる。そしてこのあとを、長明、兼好、世阿弥、道元、一休、芭蕉という順で、ゆっくりと日本の中世を紐解《ひもと》いていった。

長明について、当初、唐木は「類型」と「類型を脱する」の両方を思索していた。そのため、定家の「有心《うしん》」をたどり、好奇心が類型をつくりながらもそこを脱していく経過に目をとめた。

藤原文化における「有心」とは、歌人たちが歌の本意をあらわすために技巧を凝らしたままにせず、そこに心を向けることをさした。「心あり」とも言われた。風情よりも風情をめぐらす心のはたらきが評価されたのだ。そういう境地を俊成や定家は理想的に「幽玄」ともみなしたのだが、中世に入ってあらためて「有心」の姿を問うようになってきた。唐木はそこにどんな類型と脱類型が出入りしたかを調査していったのだ。けれども長明はそのような出入りの経過をたどろうとはしていなかった。長明はむしろ「数寄の最後」を最初から狙っていた。唐木はハッとする。長明においては「数寄の最後」が長明の発心なのである。いわば最後が最初であった。唐木はそこまでを確認して、今度は兼好の生き方に入っていく。

兼好を見ていくと、「数寄」が好みを積極化していくのに対して、「すさび」はよしなしごとであってなぐさみであるように、そこに受動というものがはたらいていることがうかがえた。それが兼好の「つれづれ」だった。だからこそ「あぢなきすさび」という奇妙な感覚も兼好の言葉になっていく。

そこには「質の変化」というものを観照する目がはたらいている。『方丈記』や『平家物語』では、存在するもの、盛んなるもの、すなわち「有」が発想の中心にあったのだが、それが『徒然草』では、存在するもの、有るもの、形あるもの、不動のものは、かえって「仮」なのである。それなら兼好にとっては「変化の理《ことわり》を知らぬ人」はただの「愚かなる人」なのである。

これを唐木は「無有観」と見た。俊成や定家の「有心」は中世では新たな思想に及びつつあったのだ。それは道元を先取りするものでもあった。

一方、世阿弥はといえば、唐木の思索にとって「すさび」を「さび」にまで渉らせた人である。世阿弥によって、王朝の荒涼寂寞《せきばく》は中世の枯寂幽静になっていく。ここでは有心はあきらかな無心にまで進む。たとえば「せぬ隙《ひま》」は態《わざ》と態との厳密な間であり、「時分の花」とは芸能者が一定の時間のなかでのみ感得できる緊張の開花である。ここから「見の能」「聞の能」の先の「心の能」が出てくる。

この「心の能」にいよいよ「寂々としたもの」と「冷え」があらわれる。これが世阿弥の「さび」だった。

こうして道元の「道得」や「横超」が見えてくる。とくに唐木は道元が『正法眼蔵』の「梅華」「行持」「有時《うじ》」の巻で展開した思索に目を注いだ。そこにあらわれるのは「而《に》今《こん》」ということである。「いま」ということである。

道元の而今は、古仏のすべてに出会うための而今である。そこには時間を横超しようという気概がある。その重畳がある。これが道元の「現成《げんじょう》」であり、「身心脱落」である。いわば同時契合なのだ。唐木はそこにライプニッツのモナドロジーを想う。そして、あらかじめ設定された予定調和の否定を想う。

道元は数寄を捨てて曹洞《そうとう》宗をおこしたが、一休は同じく禅者でありながら、その数寄をぞんぶんに弄《もてあそ》んだ。唐木にはそのような一休がいささかわかりにくかったようだ。一休は長明が依拠した庵を捨てたからである。

そのあたりのわかりにくさが、本書のなかでは一休の章を甘いものにした。そこで一休の二度にわたる自殺行に目を転じようとする。そこから一休以降の時代をおおう「風狂」「風流」を見る。『狂雲集』に分け入る。けれども、ここでは唐木はついに唐木順三らしくない。

唐木がふたたび唐木順三らしい思索をとりもどすのは、やはり芭蕉においての風流の意味を解くときだった。

芭蕉の章はほかの唐木の著書と同様、渋い光に満ちている。唐木は芭蕉によって「象徴が生まれる場所」がどういうものであるかをときほぐす。「松のことは松に、竹のことは竹に習う」ということをあかす。そこに「さび」が立っていくところを見る。

この最後の章で、唐木は次の主題を見いだした。それは「無用」とは何か、「無常」とは何か、「無為」とは何かということだ。とくに連歌師の心敬《しんけい》への注目がそのことを兆《きざ》していた。

唐木順三は伊那の人である。京都帝大で西田や田辺の哲学指南をとっぷり受けた。しばらく各処の高校や高等女学校で教鞭《きょうべん》をとって、同郷の古田晁、臼井《うすい》吉見《よしみ》と筑摩書房をおこした。

版元をおこしたことは唐木の矜持《きょうじ》だったろう。明治大学の教授もしたけれど、雑誌「展望」の編集にも従事しつづけた。昭和三十年に『中世の文學』で読売文学賞に祝された。すでに一〇冊ほどの著書はあったけれど、これが本格的デビュー作である。明治三七年の生まれだから、五一歳になっていた。とたんに『千利休』『無用者の系譜』『無常』を連打した。圧巻だった。霞網が広かった。

集約していえば、唐木が考えたことは、日本人が藤末鎌初《とうまつけんしょ》（藤原末期・鎌倉初期）に「あはれ」から「はかなし」をへて、ひたすら「無常に急勾配で傾斜していく跡」をのこした意味と深々と向き合うことであった。兼好は「折節のうつりかはるこそ、ものごとにあはれなれ」と綴ったが、この「あはれ」は『源氏』の「あはれ」ではなかったのである。唐木は「一切が変化し、無常であるからこそ美しく、あはれだといふやうに、心のもち方によって無常を反ってよしとするに至る」と書いた。また、こう書いた。

「自らを無常変化の中にあるものとして自覚し、自己の生存が瞬間ごとに死によって切断されてゐることを自覚するとき、世はおのづから無常の相において現れる。愈々《いよいよ》死、愈々生として現れる」。

おそらく唐木順三は日本人の心が中世まるごとで「複式夢幻能」や「禅」に冒されていったと見たのである。これは、ニヒリズムを熟知していた唐木にして、たいへん優しい見方だ。実際の中世人がそんなふうになったはずはないが、そこを能や禅の境涯から掬《すく》ったのである。ぼくにはそういう唐木が、つねに編集を携えようとしているように見えて、愛《いと》おしい。

第八五夜　二〇〇〇年七月五日

参照千夜

七五三夜：西行『山家集』　四二夜：鴨長明『方丈記』　三六七夜：吉田兼好『徒然草』　一一八夜：世阿弥『風姿花伝』　九八八夜：道元『正法眼蔵』　九二七夜：一休宗純『狂雲集』　九九一夜：芭蕉『おくのほそ道』　一七夜：堀田善衞『定家明月記私抄』　九九四夜：ライプニッツ『ライプニッツ著作集』　一〇八六夜：西田幾多郎『西田幾多郎哲学論集』　一二一九夜：心敬『ささめごと・ひとりごと』　一五六九夜：紫式部『源氏物語』

「ただの言葉」と「あやの言葉」
歌こそが「よしあし」を越えていく

尼ケ崎彬

花鳥の使

現代美学双書　勁草書房　一九八三

颯爽《さっそう》たる一冊だった。いまは「歌の道の詩学」のIが『花鳥の使』に、IIが『縁の美学』になった。Iがいい。序文からよかった。

宣長を引いて、言葉には二つの種類があるという話から始めている。二つとは「ただの詞《ことば》」と「あやの詞《ことば》」だ。「ただの詞」は世のことはりをあらわし、「あやの詞」は心のあはれをあらわす。「あやの詞」は「ただの詞」のあらわす内容をより巧みに表現するのではなく、「ただの詞」ではあらわしえないものを語る。この「あや」をもってあはれをあらわす文学様式が、すなわち和歌なのである。

古代語の「あや」とは文であって綾であり、またあやかしであってあやかりである。物事や現象にあらわれる文様や表飾が「あや」である。文身《いれずみ》も「あや」だった。そこから妖《あや》しいも怪《あや》しむも操《あやつ》るも躍《あやか》り出た。船が嵐に翻弄《ほんろう》されるときに海にあらわれるものをあやかしと名付けたのも「あや」のせいである。中世人にとっては道理や条理の理ですら「あや」だった。

その「あや」をもって言葉をつかうとは、そこに見えてはいないものやことをあらわす作用を発するということである。見えないから見えさせる。それが和歌の動向になる。この見方が秀抜だった。

尼ヶ崎は以上の顛末を本文で少しずつ膨らませる。もともと歌論の研究者でもあるから、そのフィールドへ話をもっていく。

たとえば、「ただの詞」はことはりしか書けないので、「こころ」を表現するには「あやの詞」を用いるのだが、それによって一つの歌が発表されると一つの「こころ」が文化のなかに共有される。『古今集』が一千首の和歌を世に送り出したということは、一千の「こころ」を公共化したということなのである。

その「こころ」を歌人らは正確に摑《つか》まえた。摑まえた対象のフィーリングは気味であり、主体のフィーリングは気持である。たとえば「ものがなし」は気味で、「悲し」は気持であった。では「秋の夕暮」は「ものがなし」なのか「悲し」なのか。その分かれ目から、王朝の花鳥の使《つかい》が羽ばたいていった。尼ヶ崎はそう進めて、花鳥の使の意味に分け入っていく。

和歌というものが人の「こころ」を詠めるものだと実感できたのは、日本のばあいは「あや」の言葉を扱えるようになってからである。

紀貫之が「やまとうたは、人の心を種《くさ》として、よろづの言の葉とぞなれりける」と書き、さらに「世の中にある人、ことわざしげきものなれば、心に思ふことを、見るもの聞くものにつけて、言ひいだせるなり」と書いたのは、和歌が心に思うことをことはりにするのではなく、言の葉によって物事に心が「つく」と考えられたからである。その「つく」とは漢字であらわせば「託《つ》く」になる。

何がどのように託《つ》くかは、すでに中国の『詩経』に六義《りくぎ》という先例があった。「風」「賦」「比」「興」「雅」「頌」の六義だ。「賦」は事態を直叙することで「ただの詞」にあたる。「比」と「興」が物事に託けて語る技法であった。これを『古今集』仮名序は「比」を「なずらへ歌」、「興」を「たとへ歌」というふうに和《な》ませた。いずれも付託の方法といえばだいたい当たっていようが、貫之は中国の詩論を借りてきたとはいえ、このときすでに日本の「やまとうた」のための「あや」を意識していた。

貫之が何を意識していたかということを明確に取り出すことはむずかしいが（第五一二

夜におよそのことは書いておいたが）、一言でいうなら、やはり付託しかない。日本の歌人は和歌が和歌であることだけで十分で、その他の目的や価値を求めなかったのである。和歌そのものが付託の相手であって価値そのものだったのだ。

古今以前にも付託の方法はあった。万葉でも「譬喩《ひゆ》」や「寄物陳思《きぶっちんし》」や「正述心緒《せいじゅつしんしょ》」が試みられた。「物に寄せて思いを陳《の》べる」という方法、「心に緒《つな》いで正に述べる」という方法である。

このうち「正述心緒」はむしろ付託を避ける方法をさしていた。ストレートな表現のお勧めだ。「譬喩」や「寄物陳思」は「なずらへ歌」や「たとへ歌」に近く、何かに付託するのはその通りなのだが、付託することで別のこと（生活や大君や時勢のこと）を歌っていくことに重点がおかれた。

これに対して貫之以降の古今の和歌は、付託そのものが歌の本質なのである。これは著者の指摘ではなくぼくが勝手に言うのだが、王朝の和歌はいわばチャールズ・パースのアブダクションあるいはレトロダクションそのものなのだ。そのアブダクションやレトロダクションそのものをもって、日本人は「歌」を考えたのである。

本書は中盤から後半にさしかかって、だんだん深くなる。時代の変遷を大きく追って論考が並べられているせいもあるが、著者の思索もそれにつれて深まっている。

最初は藤原俊成の歌論をとりあげ、俊成の『古来風体抄《こらいふうていしょう》』の本質は貫之を逆から見たところにあると指摘した。俊成はこう書いた。「かの古今集の序にいへるがごとく、人のこころを種として、よろづの言の葉となりにければ、春の花をたづね、秋の紅葉を見ても、歌といふもののなからましかば、色をも香をも知る人もなく、何をかはもとの心ともすべき」。

これは、花や紅葉のもつ色香に心が感動して歌が生まれると貫之が書いたのに対して、あらかじめ歌というものがなければ、人は花や紅葉を見てもその色香はわからないだろうという、逆転させた論法である。しかしたんに逆転させたわけではなかった。俊成は何を強調しようとしていたかといえば、「型」というものに従って価値の体験を反復することが、やがて必ずや花や紅葉に新しい意味をもたらすにちがいない、それが和歌というものだと説いたのだ。

この「型」は和歌そのもののことだった。けれどもそれでは説明にならないので、俊成は少々工夫する。『古来風体抄』は式子内親王の求めに応じて書かれたものだったから、何らかの和歌の極意の説明をしなければならない。俊成はそこで天台智顗《てんだいちぎ》の『摩訶止《まかし》観《かん》』を引いた。「歌の深き道を申すも、空仮中《くうけちゅう》の三体《さんたい》に似たる」というふうに。

ぼくもいろいろのところで『摩訶止観』の空・仮・中の三体止観の発想と構想のおもしろさについて書いてきたが、このロジックはまことに東洋的で、何かが日本人には納得できる。俊成は、この「空《くう》」と「仮《け》」と「中《ちゅう》」をつかって歌の心性を説明した。

天台教学では空・仮・中の三諦《さんてい》三段階による止観を重視する。意識や心性がまず「空」に入り、ついで「仮」に出て、そのうえで「中」に進む。

当初の「空《くう》」では、世界の一切も目の前の一切も、いったんは空なりとみなしてみる。これはナーガルジュナ(龍樹)以来の空観である。一切が「空」なら何も実在しないではないかというとき、次に一切は「仮《け》」でもあると見る。ここでは言葉が肯定されていて、一切は言葉によって仮に見えていると見る。「やっぱり実在がある」というのではなく、ただ「有としてたちあらわれている」と見る。仮観にあたる。「実在」と「非実在」や、「無」と「有」を比較して説いているようにもおもえるかもしれないが、そうではない。

続いて、空観と仮観のいずれでもない「中《ちゅう》」に向かって、いまの「空」と「仮」をも読み替えていく。「空」でも「仮」でもないが、その両方の属性を孕《はら》んだところから世界を見るわけだ。これが中観になる。つまり「中」においては「空仮中」は共相《ぐうそう》する。

これが「一心三観」ともよばれる天台止観の方法だが、俊成はこのロジックをつかって、歌の道というものも一心三観に近いものがあるというふうに説明した。

たとえば歌枕である。歌枕の多くは都を離れて、これを詠んで歌を作る者もそれを聞いて感動する者も、実際にその光景を見たことがないか、仮に見ていたとしても、いまはそこにない。しかし歌とは、その面影をも共相しているもので、そこには現実のトポスや現実から生じるイメージ以上の「中」が入ってくる。そう説いた。

われわれは日常の日々では花と雪とをとりちがえはしないけれど、花が雪として降り、雪が花として舞うことは、「空仮中」の一心三観においては可能になっていく。歌もそういうものなのだ。こうして俊成以降、和歌は「心」「詞」「姿」の一心三観によって歌の世界観を広げていったのである。

敷島の道は容易に広がっていったのではない。西行や定家の登場するころになると、世の中に保元の乱や後鳥羽院の承久《じょうきゅう》の乱のような一言で説明しがたい事態もしばしばおきて、歌の世界にも難渋を突破する必要が出てきた。

たとえば定家が源実朝《さねとも》に与えたといわれる『近代秀歌』には、「やまとうたのみち、あさきに似てふかく、やすきに似てかたし。わきまへしる人、又いくばくならず」というふうに、その容易ならざる事情が訴えられていた。さらに、歌をうまく詠むことはできずとも悟ることはできるはずだという見方も提出されてくる。定家はそこを「心よりいでて、みづからさとる」と書いた。

尼ヶ崎はこうした定家の見方から、和歌がそれまで継承されてきた「詞」に新たな「型」を託《つ》けようとした試みを読みとっていく。そこに「型」と「型」の新たな結びつきを求めた歌道のようなものを感じていく。それは「型と型の関係のコノテーション（共示）」によって和歌が育まれていくという流れになっていく。このことは定家が「本歌取り」を特段に重視した理由にもなった。

さむしろに衣かたしき今宵もや　我をまつらん宇治の橋姫
さむしろや待つ夜の秋の風ふけて　月をかたしく宇治の橋姫

右が本歌で、左が定家の本歌取りである。定家においては本歌の統辞関係が解体されているのがわかる。「風・ふけて」「月を・かたしく」などという言葉の結びつき方は、かつては意味をもっていなかった言いまわしである。定家はそれをやってみせた。文脈のなかで語の機能があきらかではないものをもつということは、語の意味が既存の文脈による限定を逃れる可能性を示した。

新たな歌は古い本歌という型のなかにある。ダダイストやシュルレアリストのように好き勝手に言葉を解体して並べたわけではない。定家は本歌の型にいながらそこに使われた言葉を組み替えて、新たな関係を創出させた。型から出て型へ出たのだった。

第一七夜にものべたように、定家の時代、つまり新古今の時代、御《み》子左《こひだり》家と六条家とが「歌の家」の主導権を懸けて争っていた。定家・寂蓮らの「今の世の歌」(新風)は密宗あるいは「幽玄体」というふうに、また従来の「中古の体」「中比の体」(旧風)は顕宗というふうに見られていた。歌風が顕密《けんみつ》の宗派になぞらえられていたわけだ。

これらと離れて中立を保っていたのが歌林苑《かりんえん》の鴨長明だった。長明は歌風によって優劣を決めるのは意味がないという立場をとった。そのうえで中古体の風情主義が風情という美的現象の型に着想のすべてを懸けたのに対して、幽玄体は風情の型から見えない風情を取り出していると見た。この「風情の型から見えない風情」が、長明が『無名抄』で「詞に現れぬ余情、姿に見えぬ景気なるべし」と書いた、かの有名な「余情《よせい》」なのである。

これはそれまでの和歌では表現されていなかった「隠された心」ともいうべきものだった。長明は定家らの歌には、その「隠された心」があらわれたと見た。「詞に現れぬ余情」「姿に見えぬ景気」とはそのことである。現代人がいう余情《よじょう》ではない。

一方、定家自身は『毎月抄』において「有心体《うしん》」というコンセプトに達しようとしていた。これは詠む心のことではなく、詠みつつある心のことをいう。その心の所有者は現実の歌人でもなく、その歌に指定された人物の心でもなく、その歌の外部からその歌にやってきて、また去ろうとする心である。

そのあとはどうなったのか。本書も佳境にさしかかる。著者はいよいよ連歌師の心敬《しんけい》を持ち出してくる。冷泉派の歌僧の正徹《しょうてつ》に歌を学び、のちに「からびたる体は心敬の作にしかず」と称えられた、かの心敬である。

二条良基《よしもと》は連歌と和歌とを区別して、連歌のもつ「当座の興」に光をあてた。心敬は和歌と連歌はひとつのものであるというほうへ深まっていった。「心」「詞」「姿」は和歌も連歌も同じく胸の内にあり、連歌が多くの人のネットワークによって成立しているにもかかわらず、そのような一つの胸の内をもちうるということに気がついた。心敬が発見したのはそのことだ。

しかしこれは、心敬が発見したことの前提にすぎない。一座建立された連歌の座でも、一首一首の和歌の心は失われないという中世のコモンズの心を指摘したにすぎない。心敬が『ささめごと』で問うたのは、もっと過激なものだった。いったい自分がこれまで詠んできた歌というものは、人生の戯《ざ》れ事ではないと言い切れるのだろうかという痛烈な問いなのだ。「このさまざまの跡なし事も、朝の露、夕の雲の消えせぬ程のたはぶれ也」と書く。

心敬は歌の本来を問いたかったのである。人の心というものは仏道に言うごとく「諸行無常」「諸法無我」「涅槃寂静《ねはんじやくじよう》」にまさるものはないのだから、歌はそこにはとうてい及ばない。それにもかかわらず、歌は仏教からすれば幻のようなものを追っていながら、何かがそこに残響しつづけている。「ただ幻の程のよしあしの理《ことはり》のみぞ、不思議のうへの不思議なる」というものがある。

世の中には「よしあし」も「ことはり」もあるが、歌はそういうものにとらわれつつも、そこにとどまらないものを詠んでいく。それはしばしば「あはれ」と感じられるものになる。そうであるのなら、歌とはまさにその「もののあはれ」を残すためのものではないかと、心敬は考えたのだった。そのことを『ささめごと』では「此の道は、無常述懐を心言葉のむねとして、あはれ深きことをいひかはし」とも綴っている。

心敬は「あはれ」は詠嘆にとどまるものではなく、さらに心に深く滲《し》み入って、さらに意味をも深まらせると考えたのである。その意味の深みを心敬は「艶《えん》」と名付けた。まことに意外なコンセプトである。一番意味が深いところに、なんと「艶」があると言ってのけたのだ。いったい「艶」とは何か。それがいったいどうして無常とかかわるものなのか。「艶」はどうしてあはれでありうるのか。

そもそも「艶」は『古今集』真名《まな》序《じよ》にもあるように、中国六朝《りくちよう》の艶詞《えんし》の盛行をうけて日本に入ってきた詩歌のコンセプトで、そのころは浮華《ふか》な官能美を意味していた。それが貫之の『新撰和歌』序で「花実相兼」「玄の又玄」といった曰《いわ》く言いがたいニュアンスに入り、壬生忠岑《みぶのただみね》の『和歌体十種』では「高情体」のニュアンスに進み、さらに『源氏物語』以降は、俊成や定家によってしみじみと余情に深まっていく感覚をさすようになっていた。それを心敬は一歩も二歩も極限にもっていきたかった。

たとえば『源氏』藤袴《ふじばかま》では「月限《くま》なくさしあがりて、空のけしきも艶なるに」なのである。これはほのぼのとしている。『更級《さらしな》日記』でも「星の光だに見えず暗きに、うちしぐれつつ木の葉にかかる音のをかしきを、なかなかに艶にをかしき夜かな」なのだ。これを定家らが歌の姿の官能にまで運んだ。後鳥羽院はその定家の「詞、姿の艶にやさしさを本体《とりえ》とする」と評価した。心敬はそれをなんと、枯木や冬の凍てついた美や氷結の様子にさえあてはめようとしたのだった。

そのため心敬はみずから難問をかかえるのだが、その直後、まさに「空・仮・中」の止観のごとく、「氷ばかり艶なるはなし」とずばり言ってのけるのだ。「だって氷が一番の艶でしょう」と言ったのだ。あっというまの極限だった。

この「氷ばかり艶なるはなし」は日本の中世美学の行き着いた究極の言葉である。ここまで簡潔で、かつ最も面倒な深奥の美意識を表現しきれた例はない。あの冷たい氷が一番に艶をもつ。心敬の艶は「冷え寂び」の出現の瞬間だった。

連歌についてはいくつもの連歌論が説明を試みてきた。そのなかで「冷え」に言及している箇所は、著者によると、「寒き」の十回、「痩《や》せ」の十一回とそれほど変わらない九回の用例であるという。しかしながら心敬は「冷え」をもって極上の「艶」とした。氷こそが「あはれ」で「艶」であるとした。

のちにこの「冷え」は茶の湯の村田珠光において「冷え枯るる」と、武野紹鷗において「枯れかじけて寒かれ」というふうに極端に愛された。心敬はいったいどのようにして「冷え」や「氷」に達したのであろうか。

心敬の弟子に連歌師の宗祇《そうぎ》がいる。飯尾宗祇である。飛鳥井雅親・一条兼良・宗砌《そうぜい》・東常縁《とうのつねより》らに歌や有職《ゆうそく》故実を学んで四十歳をこえて連歌を大成した。その宗祇が師の心敬に自分の歌の批評を希望したことがあった。その判釈のしかたに心敬の考え方がよく見える。

山ふかみ木の下みちはかすかにて
　松が枝おほふ苔のふるはし

前句に宗祇は「松が枝おほふ苔のふるはし」と付けた。心敬はこれを批評して、「松が枝は、前句の木をあしらひ給候歟《か》。松が枝、こけなども打捨て給《たまい》て、ただ橋ひとすじにて、山ふかき木の下路はすごく侍べく哉」と書いた。宗祇の句には「松が枝」「苔」「古橋」という三つの句材が盛りこんである。心敬はこれを一つにしなさいと言った。他を捨てなさいと言ったのである。そのほうが深山の「すごさ」が感じられるというのだ。心敬は「心言葉すくなく寒くやせたる句のうちに秀逸はあるべしといへり」とも書いた。恐るべきかな心敬、だ。おそらくこうした推敲と引き算のすえに、「冷え」と「氷」が見えてきたのであったろう。この「冷え」や「氷」は世の中に無常を見たから見えてきたものではない。歌そのものがあはれになる瞬間に見えたものである。すべてをなくしてしまう直前にのみ残響する「艶」なのである。それを歌のなかでは「冷え寂び」という。そうじゃないですか、それ以外に何が言えますか、心敬はそう言い残したのだ。

著者はかくして、中世の美意識をあえて二つに絞るなら、「うつくし」と「冷え」に集約されるのではないかと結んだ。花紅葉の「うつくし」と、そして、氷の「冷え」である。

このあと本書は本居宣長と富士谷御杖《ふじたにみつえ》をとりあげて、宣長が「もののあはれ」を論じた視点と、御杖が歌を神道とさえよぼうとした意図をさぐる。同じように『縁の美学』においても、最終章に宣長と御杖が配置されている。

御杖については、ぼくも話したいことがいろいろある。とくに今日の芸術論や言語論でどのように語っていくか、ぼくも『フラジャイル』(ちくま学芸文庫)などで御杖の言霊論にふれたので、気にならないわけではないけれど、今夜はこれで擱筆《かくひつ》することにする。

では追伸。先日、世田谷パブリックシアターで田中泯《みん》の《透体脱落》を見たあと、ロ・ビーで尼ヶ崎君の姿を見ながら声をかける機を逃したことへの、これは出し遅れの証文だった。田中泯は道元や寺田透の言葉の奥を踊ろうとしていたのだったけれど、さて、そこに尼ヶ崎君は「艶」を見たのか、「あや」を見たのか、あるいは「有心」を見たか。今度会ったら忘れずに聞いてみたいものである。では、よいお年を！

第一〇八九夜　二〇〇五年十二月二八日

参照千夜

九九二夜：小林秀雄『本居宣長』　五一二夜：紀貫之『土佐日記』　一一八二夜：チャールズ・パース『パース著作集』　七五三夜：西行『山家集』　一七夜：堀田善衛『定家明月記私抄』　四二夜：鴨長明『方丈記』　一二一九夜：心敬『ささめごと・ひとりごと』　一五六九夜：紫式部『源氏物語』　九八八夜：道元『正法眼蔵』

第三章　連鎖する面影

大隅和雄・西郷信綱ほか編『日本架空伝承人名事典』
三浦佑之『浦島太郎の文学史』
石田英一郎『桃太郎の母』
近藤信義『枕詞論』
伊地知鐵男『連歌の世界』
心敬『ささめごと・ひとりごと』
西郷信綱『梁塵秘抄』

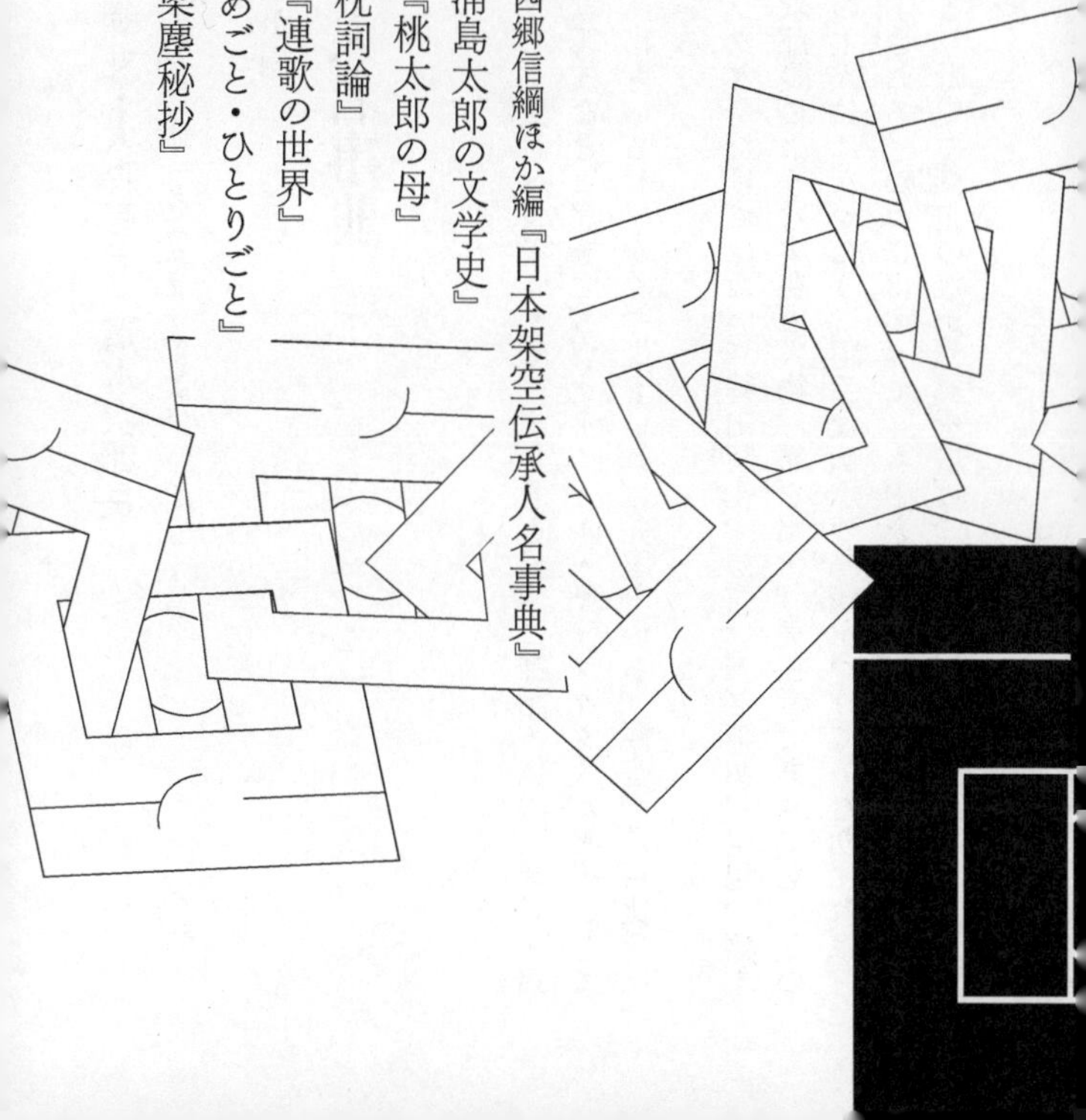

俵藤太・安倍晴明・蟬丸・大森彦七・清水次郎長
このキャラクターたちが「日本」を変えました

大隅和雄・西郷信綱ほか編

日本架空伝承人名事典

平凡社　一九八六

アの「愛護若《あいごのわか》」からワの「藁《わら》しべ長者」まで、ずらりと日本の神話・伝説・昔話・謡曲・お伽草子《とぎぞうし》・絵本・歌舞伎などに登場するヴァーチャル・キャラクターが勢揃いしている。俵藤太《たわらのとうた》もいれば彦市もいるし、かぐや姫もいれば弁慶もいる。観音、八百比丘尼《びくに》、太郎冠者《かじゃ》なども入っている。

ヴァーチャル・キャラクターだけではない。稗田阿礼《ひえだのあれ》、源信《げんしん》、安倍晴明、空也、楠木正成《まさしげ》、水戸黄門、清水次郎長のような実在の人物も顔を出す。実在者であっても、その人物がさまざまな物語の主人公になったり、勝手な伝承の尾鰭《おひれ》をつけていたりすれば、このリストにノミネートされる。かれらはすべて「もどき」としての面影領域を広げたキャラクターなのである。野史《やし》や稗史《はいし》のなかで翼を広げ、架空の冒険と失意をくりかえし、誇張された喜怒哀楽をふんだんに発揮した。

この『日本架空伝承人名事典』の刊行とほぼ同じころ、角川書店からはもっと大部の『日本伝奇伝説大事典』が刊行された。当然、すぐ入手した。こちらは人名だけが項目になっているのではなく、事象・風景・事件・作品・職能・建物などとともに人名が並んでいる。むろん実在者も入っている。

だから異類婚姻譚《たん》、宇佐八幡宮、檀風城《だんぷうじょう》、瀬田の唐橋《からはし》、殺生石《せっしょうせき》、伽婢子《おとぎぼうこ》、重井筒《かさねいづつ》などでも、スサノオノミコト、空海、比企能員《ひきよしかず》、竹中半兵衛、髭《ひげ》の意休《いきゅう》、飯岡の助五郎といった項目でも、引ける。ちなみにアは貴船《きぶね》神社に名高い「相生杉《あいおいすぎ》」ではじまり、ワは西鶴や紀海音《きのかいおん》が浮世草子や浄瑠璃《じょうるり》に仕立てた「椀久《わんきゅう》」（椀屋久右衛門）でおわっている。大事典というだけあって項目数も多いし、解説もかなり詳しい。飯岡の助五郎でいえば平凡社版の二倍の解説である。

だからぼくはこの両方を駆使して遊ぶわけで、とくにどちらのほうに編集力・執筆力の軍配があがるというものでもないが、ここでは人名にかぎってアーカイブの〝棚揃え〟をした平凡社のほうをとりあげることにした。べつに他意はない。

世の中の出来事やエピソードには、その後もさまざまなかたちで語り継がれるものがそうとうにある。それらは語り継がれるにつれ、潤色が加わり、登場人物がふえ、変貌がおこり、関連した場所やエピソードが膨らんで、ついに見違えるようなフィクションとしての一個の物語に至ることが少なくない。

レヴィ＝ストロースはそれを神話段階におけるブリコラージュとよんだけれど、ブリコラージュすなわち修繕といったなまやさしいものではないことも少なくない。まさにラディカル・エディティングになったり、時空をまたいだ相互編集《ミューチュアル・エディティング》になったりする。編集者が無名であったり、多数であったり、時代も地域もまたぐこともある。そのため正史として記述される出来事と、語り継がれるうちにまったく新たな虚構の出来事となったことが、人々の記憶のなかでは区別がつかなくなることもおこっていく。

そこへもってきて、たとえば近松門左衛門が曾根崎《そねざき》心中事件を戯曲に、上田秋成が西行を物語にしていったように、すぐれた作家の想像力がそこに加わると、これらの虚実皮膜の構造はまことにもって事実を上回るエディトリアリティに富み、燦然《さんぜん》たる光を放つことにもなるわけだった。

これは「面影の史学」ともいうべきものだ。ぼくはこういうことこそが「想像力の自由な行方」というものであると思っている。

大森彦七という武士がいた。南北朝期の伊予の国の者だが生没年はわからない。歴史上の記録も『太平記』の巻二三に足利尊氏の陣営に属して軍功をあげたというばかりで、そのほかの事歴はまったく詳細がない。

ところがその軍功が、湊川《みなとがわ》の合戦で足利方の細川定禅《じょうぜん》に従って楠木正成を窮地に追いこんだということが、この大森彦七を伝説的な人物に仕上げていくことになった。なにしろ相手が楠木正成なのである。人々の想像力が逞《たくま》しくなっていくのは当然だ。

まず、正成が窮地に追いこまれたことを、自分で恥とおもっただろうと想像する。これは天下の正成ならありうることである。正成だったら恥を忍びそうだ。だいたいこういう「～するはずだ」という庶民的な判断が、幾多の伝説的想像力のきっかけになる。ついで、その正成が亡霊となって彦七にリターンマッチをする。恥を忍ぶだけでは正成らしくない。やはりもう一度、正々堂々とした勝負をしたい。これもありうることだ。彦七もそこは譲れず、応戦をする。正成は自分を苦しめた彦七の刀をとりあげようとするが、なかなか成功しない。そこで正成の亡霊は鬼女に変身して、さらに彦七に復讐をする。正成なら復讐までは似合わないが、鬼女ならば復讐こそがふさわしい。

こうして物語は、正成の亡霊としての鬼女と勇猛果敢な彦七の呪術合戦に変わっていく。彦七は窮地に追いこまれ、辛うじて大般若経《だいはんにゃぎょう》の功徳によって救われる。もともと彦七は正成を追いつめたのだから、こちらにも分《ぶ》が戻らなければならない。だからここでは仏教説話のパターンがつかわれることになっていくのである。

やがてこの伝承は、時代物の浄瑠璃『蘭奢待新田系図《らんじゃたいにったけいず》』に発展した。こちらは近松半二・竹田平七・竹本三郎兵衛の腕にヨリをかけた合作である。明和二年に上演されている。それがまた明治に入って舞踊劇になった。福地桜痴《おうち》の名作『大森彦七』だ。舞踊として振付を得てエレガントになっているだけでなく、彦七は業平《なりひら》の移し身になっていて、またまた新たな物語イメージが加わった。ついに楠木正成と在原業平という日本を代表する二大スターがつながったのだから、これ以上の尾鰭はない。

ざっとこんなふうに伝承伝説が膨れあがって、それが作家の創作性にまで結びつくわけである。まことにもって、おもしろい。

では、もうひとつ例を出す。これはちょっと複雑になる。人名事典や伝説事典を何度も引きくらべなければならない。

逆髪《さかがみ》という名の異形《いぎょう》の女性がいた。生まれながらに髪が空に向かって逆立っている。醍醐天皇の第三皇女ということになっているが、そんな風変わりな女性はどんな記録を見ても実在しない。謡曲の『蟬丸《せみまる》』だけに登場する。逆髪はまったくの虚構の人物なのだ。

なぜこんな異形の女性が想定されたのかというと、醍醐天皇の第三皇女だという設定に妄想が渦巻いていく要因がひそんでいた。醍醐天皇の第四皇子といわれている人物に、蝉丸とよばれている謎の人物がいたのである。そうであれば、きっと逆髪は蝉丸の姉宮だろうということになる。

このことを物語にしたのが謡曲『蝉丸』で、盲目の蝉丸が逢坂山《おうさかやま》の藁屋で琵琶《びわ》を弾いているところへ、逆髪怒髪の業ゆえに遺棄されて放浪をしている姉宮が立ち寄り、薄幸の姉と弟が束の間の奇遇をよろこび、なぐさめあい、二人が名残りを惜しみながらふたたび離れていくという筋書きになっている。ここでは蝉丸は盲人の琵琶の名手として語られ、しかも捨てられた宿命を背負っているというふうになった。

とりあえず、これだけでもさまざまな因数分解や積分が可能であろう。なによりも背景には醍醐天皇がいる。この天皇は延喜帝《えんぎてい》ともいわれる名君であって、ここからさまざまな人脈や事歴が浮かびあがる。醍醐帝の子息や皇女や后《きさき》たちも物語に関与する可能性がある。

問題は第四皇子とされている蝉丸だが、「百人一首」に選ばれているほどその名を知られているのに、まったく経歴がわからない。例の「これやこの行くも帰るも別れては知るも知らぬも逢坂の関」は『後撰集』に入っていて、「逢坂の関に庵室をつくりて住み侍《はべ》りけるに」といった詞書《ことばがき》がついている。名前からいって僧体である。だから、その名前から類推すれば、「丸」という名の日本文化史が引きずり出されてくるかもしれない。盲目であること、琵琶の名手であることからも、新たな想像力がかきたてられる。盲目の琵琶法師は当道座《とうどうざ》を組んで平家語りなどにかかわっていた。そこには何十人、あるいは何百人がいた。なかには名人もいたであろう。ひょっとするとこの話には、そうした名人が所有していた琵琶の名器がかかわっていたとも考えられる。楽器流転伝説というのも世の中ではつねに噂にのぼるものなのである。泉鏡花の『歌行燈《うたあんどん》』や夢野久作『あやかしの鼓』はその手のファンタジーだ。しかし当道座は南北朝のころにさかんになったもので、醍醐時代にはそんなものはなかった。

そこで調べてみると、『江談抄《ごうだんしょう》』（平安時代の説話集）に「会坂目暗《おうさかめくら》」という者の話があって、その者は宇多天皇の皇子の敦実《あつみ》親王の雑色《ぞうしき》だったとある。名前ははっきりしないが、蟬丸か、その前身にあたる者らしい。逢坂は会坂でもあったらしい。

さらには『今昔物語集』二四に、源博雅《みなもとのひろまさ》という管弦の名手が逢坂山の盲目の蟬丸のもとに三年通って琵琶の秘曲を習得したという話が収録されていた。これはかなり劇的なエピソードで、博雅が習得した秘曲が《流泉》《啄木《たくぼく》》だとまで書いてある。『世継物語』には宇治の木幡《こはた》にいた卑しい盲目の法師のもとに童のころの博雅が百夜通って琴の秘曲を授けられたという話になっている。琵琶が琴に変化し、小町の百夜通いのような話が交じっているのだ。

人口に膾炙した架空伝承のキャラクターたちは、浮世絵師たちの格好の画題にもなった。ここに紹介するのは、幕末〜明治に異才を発揮した「最後の浮世絵師」こと月岡芳年による《大森彦七》(新形三十六怪撰より)、《蟬丸》(月百姿より)。

「大森彦七道に怪異に逢ふ図」
国立国会図書館蔵

「月の四の緒　蟬丸」　国立国会図書館蔵

こうしたことを連結させてみると、醍醐天皇に近い者で落魄《らくはく》した者が、盲目となって琵琶の名人になっていたという流れが想定できそうだ。しかし、はたしてそうなのか。

逢坂山というトポスにも、何かが生まれる要素が隠されているはずである。実はこの逢坂関は平安初期より道祖神が祀《まつ》られていて、平安京から東へ向かったときの最初の重要な関所になっていた。そこが急坂でもあったので、道祖神は「坂神《さかがみ》」ともよばれた。坂神？　そうなのである。逆髪のサカガミは実は坂神のサカガミかもしれない。しかも逢坂山は病気の者や賤民《せんみん》や下層民とも密接な縁をもつ場所で、このあたりに一種の下層民のセンターか芸能者のセンターがあったと考えられている。かれらは賤視されてしばしば〝坂の者〟とか〝所の者〟とよばれた。

どうも蟬丸があやしい。高貴の出身のくせに乞食《こつじき》のような日々を送っているし、盲目の琵琶法師になっている。しかしこれを裏がえして推理すれば、そのような盲目の琵琶名人があとから高貴の出身に見立てられていた、そのようにも考えられる。あるいは芸能者たちが自分たちのルーツを保証するために、高貴な人物を借りて仮託したのだろうとも想像できる。木地師《きじし》や轆轤師《ろくろし》たちはつねにそのように自分たちの職能が貴人との縁で起源したことを語ってきたものなのだ。

まあ、こういったぐあいにあれこれ想像を逞しくしていくと、そこに広範な「蟬丸伝説構造」といったものがあったことが浮上してくるのである。おそらくは芸能の始祖を貴人に託したくて蟬丸が延喜帝の第四皇子に擬せられたのであったろう。

最初は源博雅のような人物が逢坂山か木幡かの〝卑しい所〟で、琴か琵琶を習ったというような話があったのだ。やがてその〝卑しい所〟の者はたいへんな名人で、なぜ名人かというと高貴な生い立ちをもっているのだろうということになった。そして、その名も蟬丸ということになった。

そのうち博雅が抜け落ちて、蟬丸のもとに通う者は坂神の加護がある者だということにもなり、その坂神がいつしかカーリーヘアもどきの「逆髪」という女性になったのだ。そして、その逆髪は醍醐天皇の皇女で、蟬丸もまたその隠れた弟だということになっていったのだ……。

実際にも、逢坂関では中世になると蟬丸と逆髪を一対の男女神として習合させて「関明神」と称する信仰がおこっていた。『寺門伝記補録』ではそのように蟬丸の御霊を合祀《ごうし》したのは、朱雀天皇だということになっている。これが流れながれて、いまは大津市にある関蟬丸神社になった。

本書には、このような蟬丸伝説が近松門左衛門の浄瑠璃『蟬丸』となり、さらに歌舞伎の『蟬丸二度之出世』『蟬丸養老滝』『蟬丸女模様』『蟬丸逢坂ノ緑』『相坂山鳴神《おうさかやまなるかみ》不動』

『若緑七種《ななくさ》ノ寿』『梅桜仁《ににん》蝉丸』などに変幻していったこと、『無名抄』に「関明神の事」があることなども添えられている。

日本ではこういうヴァーチャル・キャラクターたちこそが、もうひとつの歴史、「面影の歴史」を支えてきた。今日のサブカルチャーを飾るキャラクターたちにも、そろそろ「面影の歴史存在学」がほしいところだ。

第四一五夜　二〇〇一年十一月七日

参照千夜

七五〇夜：空海『三教指帰・性霊集』　六一八夜：井原西鶴『好色一代男』　三一七夜：レヴィ＝ストロース『悲しき熱帯』　四四七夜：上田秋成『雨月物語』　九一七夜：泉鏡花『日本橋』　四〇〇夜：夢野久作『ドグラ・マグラ』　九七四夜：近松門左衛門『近松浄瑠璃集』

太郎、亀、乙姫、玉手箱
日本で一番長い変遷をとげた昔話

三浦佑之

浦島太郎の文学史

五柳書院　一九八九

書物というもの、最初からその内容が決まっているとはかぎらない。あらかたの主題や構成はだいたい見えているのだが、最初から書くことが全部決まっているような退屈な学術書や、読んでも読まなくてもいいような解説書はともかく、小説はむろんエッセイや研究書であっても、それを書くうちに著者にとっても意外なことがいろいろおこっている。名著とか良書という言葉なんて嫌いだが、読みごたえのある本というものは、だいたいが著者がそうした意外な光景に出会っていくところが読ませる。ただし、それを白状するかどうかは著者による。

本書の著者は、この「書くことによって何が見えてきたか」という経緯を白状する。浦島太郎の伝説を辿《たど》り、そこをさかのぼるという著者の問題意識と主題との姦淫《かんいん》関係が見えてきて、はなはだ愉快であった。浦島太郎とは、まさに書くことの意外性の変遷を孕んでつくられてきた昔話であったからである。

著者は、いまは千葉大学で教授をしている国文学者だ。以前から『浦島太郎をめぐる文学史』というようなタイトルの本を書きたいと思っていて、およその構成も目処《めど》もつけていたらしい。ところがいざ本格的に書いているうちに、伊預部馬養《いよべのうまかい》が創作した恋愛小説こそが、数ある浦島伝説の原型（ルーツのルーツ）だという確信に至ったという。

浦島太郎の昔話には腑《ふ》に落ちないところがいくつもある。

発端で子供たちがいじめている亀は小さな亀なのに、太郎が海中に乗っけてもらった亀は巨大なウミガメだ。これはおかしい。仮に話の都合でそうなったとしても、あんなに善根をほどこした太郎が、戻ってみたら何の報恩もなく、ただの身寄りのない老人になったというのも、納得しにくい。報いがなさすぎる。

もっと変なのは乙姫が贈った玉手箱だ。どうして「開けてはいけない箱」などが贈り物になるのか。おまけに開ければ白煙が生じて、老人化がおこる。これでは贈り物ではなく、どうみても復讐である。だったら乙姫には復讐したくなった理由がなくてはならないのだが、龍宮城でのドンチャン騒ぎからではその理由がうかがえない。ひょっとしたら嫉妬なのだろうか。それならそういうやりとりを語っておいてもらわなければ、困る。いずれにしても、乙姫はのちのち太郎を陥れようというのだから、けっこう恐ろしい女だということになる。

このように考えてみると、昔話が一般的に類型としてもつはずの「致富譚《ちふたん》」としても「報恩譚」としても「婚姻譚」としても、浦島太郎の物語はその類型からどうも逸脱しているところがいろいろ見えるのだ。もっとも、浦島太郎がこんなふうに「助けた亀に連れられて龍宮城に来てみれば」というような話になったのは巌谷小波《いわやさざなみ》の『日本昔噺《ばなし》』や国定教科書の物語がそうなっていたというだけのこと、さらに歴史を遡《さかのぼ》ると、最初からそんな話になっていたわけではなかったのかもしれない。

古代、浦島太郎は「浦島子《うらしまこ》」とよばれていた。最初の文献はそうとうに古く、『日本書紀』雄略二二年の記事の中に出てくる。

ここには、丹波（後の丹後）の余社《よさ》（与謝）の瑞《みず》の江《え》の浦島子という者が舟に乗っていたら大亀を釣った。そうしたらその大亀がたちまち女に変じ、その美しさに感極まった浦島子は女をすぐに娶《めと》って二人で海に入ったところ、そこに蓬萊山《ほうらいさん》があったのでそこの仙衆たちとともに仙界をめぐってぞんぶんに遊んだ、というふうに書いてある。

亀を助けたのではなく、最初から海上で大亀と出会ったのだ。その亀が女に変化《へんげ》したのだ。海中にあったのは龍宮城ではなく、蓬萊山である。乙姫は海中に待っていたのではなく、大亀そのものが変身したのだった。しかも海中の蓬萊山から浦島子は故郷に戻ったとも書いてはいない。よぼよぼのおじいさんになってもいない。

しかし『日本書紀』というのはいろいろ問題がある著作編集物で(そのことについてはいまはふれないが)、この記事は浦島子の〝事件〟の発端だけを書いたものなのである。それゆえ、これを補うには別の文献を読む必要がある。それが『丹後国風土記』なのだが、これは散逸して現存しない。ただ『釈日本紀』にそのぶんがくりかえされている箇所があって、だいたいはこのようであったろうということがわかる。

元々の『丹後国風土記』によると、雄略天皇の時代に丹後に筒川の島子という風流で聞こえた男がいて、海釣りをしていると五色の亀が釣れたので、その亀を舟に置いてひとまず寝ていた。さめてみると、女がいた。

女は仙女だと名のって島子を誘惑し、二人して蓬萊山に行く。島子が女の言うままに目を瞑《つむ》ると、たちまち海中の島に着いた。そこには御殿があってスバルやアメフリの精が登場し、やがてこの女は亀比売《かめひめ》という名前だとわかる。島子は家に入り両親や親族の歓迎をうけ、やがて亀比売と男女の契りを結び、結局は三年間の結婚生活を送った。

しかし島子はホームシックにかかって、地上に戻りたい。仙女は心変わりを恨み、別れを嘆きながらも、帰還を許す。帰り際、仙女は玉匣《たまくしげ》を与えて、ふたたび自分に会いたければこの箱を肌身離さず持って、開けないようにと誓わせる。ようやく島子が筒川の故郷に戻ってみると、そこは変わりはて、古老に尋ねると島子が海に出たのは三百年も昔のことだと告げた。

島子は放心状態になり、しばらくして仙女が戒めた玉匣を開ける。そのとたん、島子の若々しい姿はたちまち蒼天《そうてん》に飛んでいった。そこで「常世辺《とこよべ》に雲立ちわたる水の江の浦島の子が言《こと》持ち渡る」と歌を詠むと、仙女からの返しの歌が響いてきた……。

こういう顚末《てんまつ》である。なるほど、これなら龍宮めいているし、玉手箱も出てくる。島子が時空をスライドしているところも同じである。しかし、やはり亀が女になったのであって、亀と女は同一なのだ。また、女のほうがだんぜん積極的なのである。昔話とはそこがちがっている。

こうして著者は浦島物語のルーツさがしに出掛けるのだが、調べれば調べるほど、この物語の原型は丹波丹後の土地の伝承とはとくに深い関係をもたないし、海幸彦や大国《おおくに》主《ぬし》などの海中仙界伝説の類型そのままでもない。

そこで登場するのが伊預部馬養という人物で、どうもこの馬養がいろいろ中国の神仙物語を読んで、自分で物語を書いたと判断するのが妥当であることがわかってきた。きっとこの創作話が『浦島子伝』の原型なのである。それが『丹後国風土記』に引用されたのだった。馬養は持統朝の文書編集や律令撰定などにもかかわった人物で（撰善言司という職能）、漢詩もよくしていたようなので、『懐風藻』にも詩文が入っている。だから文才もあったのだろう。

一方、万葉歌人の高橋虫麻呂も、似たような中国神仙譚を素材にして韻文による『浦島子歌』を詠んだ。さらに時代がすすんだ延喜年間になると、『続浦島子伝記』なるものも登場する。そこでは浦島子は仙人だったとされている。

中世、これらの浦島物語は奈良絵本などで有名なお伽噺《とぎばなし》になっていく。浦島子は浦島太郎となり、いじめられた亀を救うプロローグがかぶさってくる。女も仙女ではなく、漂流して小舟で近づいてくる。蓬萊山は龍宮城に変わり、玉手箱から煙も出ることになり、太郎は鶴になって飛び去り、明神《みようじん》になるという結末になっていった。著者はこれらの潤色には、かなり仏教説話からの影響が入りこんだと見た。亀を助ける話は『日本霊異記《りよういき》』にも入っているし、明神になるのも当時の民間信仰がとりいれられている。

つまり浦島伝説は、日本のなかで最もロングタームの編集加工がされてきた伝承だったのである。だからお伽噺だけが浦島伝説を継承し、変形させたのではなかった。たとえば謡曲と狂言にも『浦島』があった。

謡曲『浦島』は亀山院の勅使がワキになり、二人の海人の恰好をした乙女がシテとツレとになって、のちにそれぞれ浦島と乙姫に変化する夢幻能である。かなりよくできている。

二人の乙女が釣りをしているので、勅使が浦島明神の場所を尋ねるという発端で、その後はシテとツレが、神功皇后《じんぐう》が女の身で釣りをしていたこと、アマテラスの天の岩戸の前で舞があったことなどを語りつつ、浦島がタブーの箱を開けたことを物語りながら舞っていく。勅使の訪問は玉手箱の中の不老不死の薬を亀山院に献上するためだったというオチもつく。

狂言のほうはもっと大胆で、とくに大蔵流の『浦島』は老人が孫と魚釣りをする設定である。釣り上げた亀を返してやって帰宅しようとしていると、海のほうから声がして、亀が恩義を感じて玉手箱をあげたいと言っている。もらって帰り、これを開けると汐煙《しおけむり》がパッとあがって老人が若返ったというのだ。さすがに狂言らしく、玉手箱を若返りの契機にした傑作パロディになっている。

このほか浦島物語は、元禄では近松門左衛門の霊異報恩の歌舞伎『浦島年代記』に、宝暦では鳥居清重《とりいきよしげ》の絵がついた青本『浦島七世孫』に、明和では黒本『金平《きんぴら》龍宮物語』に、さらに天保では、浦島太郎作や女房「みなわ」や「うにこうる」（ユニコーン）さえ出てきて、最後は玉手箱の中の資金を元手に宮津の思案橋で酒屋を開くという柳亭種彦《りゅうていたねひこ》の痛快無比の『むかしばなし浦島ぢぢい』などともなって、明治の巌谷小波の『日本昔噺・

「浦嶋明神縁起絵巻」　浦嶋神社蔵

「尋常小學國語讀本、巻三」　国立国会図書館蔵

室町時代前半に描かれた《浦嶋明神縁起》(上図)は、浦島伝説が「御伽草子」として一般化される以前の作例として貴重視されている。一方、『尋常小学国語読本』(1928年)は、現代日本人の浦島伝説のプロトタイプを決定づけた。

浦島太郎』に集約されていったのである。

　浦島太郎の物語は、日本における最も長い文芸の歴史をもっていたのだ。出発点はおそらく中国だろうが、そこから伊預部馬養や高橋虫麻呂の創作をへて、まるで「開けるな箱」のタブー破りに魅せられるかのように、次々にそのヴァージョンをふやしていったのだ。

　だから、この文芸加工の歴史は巖谷小波で終わったわけではなかったし、浦島伝説からわれわれが学ぶべきものも、小波の昔噺や「むかしむかし浦島は助けた亀に連れられて」の童謡で終わるわけはない。

　たとえば、かの幸田露伴が『新浦島』を書いた。これは浦島文学史上最も長い浦島物語というべきもので、主人公は浦島太郎の百代目の浦島次郎になっている。それなら太郎が次郎になっただけのパロディかというと、むろん露伴のことである、用意周到な神仙物語の華麗な展開がくりひろげられる。

　太宰治も浦島に魅せられた。それが太宰得意の『お伽草紙』の連作となった。太郎と亀の会話ですすむ物語は説教じみてはいない。おもいがけなく崇高なものを求める話になっている。エドマンド・バークふうに龍宮は「聖諦《しょうたい》の境地」として、乙姫は「真の上品」として描かれる。玉手箱に代わる二枚貝の貝殻も、「深い慈悲」のシンボルとして描いている。ぼくはあまり納得できないのだが、浦島太郎は白髪のおじいさんになることで、むしろ救われたのではないかという解釈だ。太宰は玉手箱をパンドラの匣《はこ》とはしなかったのだ。太郎を白髪のおじいさんにしてあげたのは、乙姫の「深い慈悲」だった。

浦島太郎型の物語は世界中にもけっこう多い。「リップ・ヴァン・ウィンクル」「イルカに乗った少年」「シンドバッドの大冒険」「ニルスの不思議な旅」などは、おおむね浦島太郎ものである。そうだとすると、ここには世界中に散らばる物語母型《ナラティブ・マザー》があったということになる。物語の方舟《はこぶね》があったということになる。

そうした母型がこれほどにヴァージョンをふやしたのは、玉手箱に「負」を想定したからである。それをどんな作用にしてみせるのか、世界中の想像力が試されたのだ。その「負」はふつうは「時間」だが、太宰はそれを「慈悲」だと捉えてみせた。はたしてそうなのか。ひょっとして「悪意」ではなかったのか。あるいは「復讐」ではなかったのか。これは案外の大問題である。

一般に、物語の母型があるからといって、その翻案がどんどん勝手なものになっていくわけではない。ストーリー（プロット）も登場人物も物語母型《ナラティブ・マザー》の影響をうける。そこで起承転結の順や時代設定や語り手を変えるのだが、そういう編集が成功するばあいは、そこに母型に発した面影が投影されているときだ。

その投影は登場人物のキャラクターだけにあらわれるのではない。物語の語り方、文彩、テクストの力にかかわってくる。ナラトロジスト（物語学者）のジェラール・ジュネットはこれらをまとめて「フィギュール」と名付けた。わかりやすくはフィギュアということであるが、もうちょっと複合的で、深みを維持している。浦島太郎の母型を探索するにも、このフィギュールを壊さない脈絡を辿る必要があった。

面影とフィギュールは切り離せない。とくに日本の歌や物語ではフィギュール（文彩的キャラクタリゼーション）がものを言った。だから日本の物語はうんと昔の昔から「もの・かたり」だったのである。

第六三五夜　二〇〇二年十月九日

参照千夜

九七四夜：近松門左衛門『近松浄瑠璃集』　九八三夜：幸田露伴『連環記』　五〇七夜：太宰治『女生徒』　一二五〇夜：エドマンド・バーク『崇高と美の観念の起源』　一三〇二夜：ジェラール・ジュネット『フィギュール』

なぜマイクロチャイルド(小サ子)を日本のじいさん・ばあさんが授かるのだろうか

石田英一郎

桃太郎の母

弘文堂アテネ文庫　一九四八　講談社学術文庫　二〇〇七

昔話や民話はどこか理不尽にできている。狼がおばあさんになりすまし、竹の中から小さな女の子が生まれ、猫が長靴をはき、森の中に迷うとお菓子の家がある。「どうして？　どうして？」と訊《き》いたところで、親たちは「だって悪い子になっちゃダメでしょ」という程度の説明しかしてくれない。おかげで子供たちは「ふーん、変なの」としか思わない。

ぼくは日本の昔話に夢中になる少年ではなかった。タヌキがおばあさんを殺して羹《あつもの》にするのも(かちかち山)、糊をなめたスズメが舌を切られるのも(舌切り雀)、茶釜に化けたタヌキが火にかけられるのも(文福茶釜)、なんだか気持ち悪かったし、因幡《いなば》の白ウサギがワニをだますのや、浦島太郎が乙姫の囚《とら》われの身になるのは納得できなかった。それでも桃太郎と金太郎と一寸法師はいっぱしの冒険ものだったので、ちょっとはたのしかったかもしれない。

多くの昔話では、「昔、あるところに、おじいさんとおばあさんがいました」とか、「あるときおばあさんが川で洗濯していると、大きな桃がどんぶらこどんぶらこと流れてきました」というふうに、ごく一般的な「とき・ところ」と顔も人格もわからない「じいさん・ばあさん」が設定されているだけで、そのほかの背景の事情や登場人物の出自や性格などはいっさい説明しない。

なぜ何丁目何番地ではなく、「昔、あるところ」でなのか。なぜおじいさんとおばあさんであって、どこの誰兵衛ではないのか。そこは問わないようになっている。そういうふうに始まるのは日本の昔話だけではない。“Once upon a time”は世界共通だ。「とき・ところ」は特定の日時や場所のことではなく、「物語が発生するトポス」そのものなのだ。けれども「じいさん・ばあさん」が最初に出てくる話はやっぱり日本に多い。これは本来は「翁《おきな》と嫗《おうな・おみな》」というもので、そもそもの昔話の成立期でも特定の人物ではないのだが、子供にとってはどうして「じじ・ばば」かがわからない。

もっと子供にとって変なのは、かぐや姫でも一寸法師でも桃太郎でも瓜子《うりこ》姫《ひめ》でも、そのおじいさん・おばあさんがすぐに子宝を授かるということだ。子供をほしがるのは親だろうに、そうなっていない。おじいさん・おばあさんなら「子」ではなくて「孫」であるはずだ。

たとえば一寸法師では、難波《なにわ》の里の翁と嫗とが住吉明神に願《がん》をかけていると、指のように小さな子が嫗に授けられたとなっていて、まるで祖父母世代から隔世遺伝するかのように未来を予感させる子が登場する。この理由は大人が読んでいてもわからない。なるほど、神様に願をかけたから子を授かったのかと得心してもいいのだが、両親ではなくてじいさんとばあさんが子を授かるのは、変である。出産能力がないはずのおばあさんに、何かの象徴作用を託したいからなのか、よくわからない。ちゃんと両親や継《まま》母《はは》がいるシンデレラや白雪姫の話とくらべると、リクツが合わない。

もちろん日本の昔話は各地の伝承がちょっとずつ異なっていて、たとえば桃太郎の場合なら、両親が花見に行って弁当を食べようとすると桃が足元にころころ転がってきて、それを綿にくるんで持ち帰って寝床においておいたら子供が生まれたという話が、岩手や秋田などの東北地方には伝わっているので、ときには両親が登場することもあったのである。

ということは、原型が「翁《おきな》・嫗《おみな》」であったとしても、実際の伝わり方にはいろいろなヴァージョンがあったのだろう。おそらく原型のほうが両親で、そのうち「翁・嫗」の母型のほうに深化したとも考えられる。

けれどもやっぱり変なのは、竹や桃や瓜の中から赤ん坊がオギャーとあらわれてくることだろう。これはどうみてもホラーだ。人類学や民俗学ではこれを「異常出生譚」というのだが、考えてみると、この唐突は「異類」の出生のようにも見える。絵本などの絵では竹や桃の中の赤ちゃんが光輝くように描いてあるので、授かった子は当然ながら人間の子供だろう、玉のような幼な子だろうとハナっから決めてかかっているのだが、それがカエルのような子やヒルコのような子でないという保証はない。さらに変なのは、幼な子が異類であるのはごく最初のうちだけで、その子がホラー映画のエイリアンのようにずっと奇怪なままに成長することは、鉢かづき姫などを除いて、めったにないということだ。たいていは成長するにしたがって見ちがえるほどの立派な大人になる（鉢かづき姫も鉢が取れると美しい）。

まだある。この異常出生した者にかぎって金銀財宝にめぐりあったり、長者になったり、お姫様に抜擢されて、社会的に大成功するということだ。つまりは立派な大人になってフツーではできないことをやってのける。フィナーレではついに〝英雄〟になってしまうのだ。

これをエリアーデ流に、「反対の一致」とみなすこともできる。異様なものが長じるにしたがって輝かしいものに変じるというのは、マイナスとプラスの反作用なのである。また、小松和彦と栗本慎一郎の『経済の誕生』（工作舎）が紹介したことだが、このような逆転を「富の秘密の解読」のアンダーシナリオだというふうにも読めないこともない。異質なものの受容こそが富の起源になるという顚末であるからだ。

しかしながら、竹や桃などの変なところから生まれてくるという話は、世界中の昔話や民話や童話にもしょっちゅう出てくることで、木の股《また》から子が生まれたり、パイナップルの中から子が出てきたり、堅い石に子が孕まれることはよくある話なのである。宋の『嶺外代答《れいがいだいとう》』など読んでいると、風が子を孕む話がたくさん出てくる。

いずれも奇怪な話ではあるけれど、出産のしくみを知らなかった時代の、また異常出産などの理由がさらにわからなかった時代のお話とそのヴァージョンとしてみれば、この異常誕生譚の背景はそれなりに納得できるものもある。けれども、そんな程度の解釈で何かが説明できるのか。

もっと変なのは、かぐや姫や一寸法師や桃太郎がまさにそうであるのだが、これら生まれ出《いで》しものたちは、なぜか特別に極小児であるということだ。マイクロチャイルドなのだ。いったいぜんたいどうして、あんなに小さすぎる子が生まれるのか。

日本ではかぐや姫や一寸法師や桃太郎だけでなく、スクナヒコナ、細男《さいのお》、座敷童子《ざしきわらし》、小泉小太郎、泉小次郎、スネコタンパコ、うんとく、ヒョウトク、五分次郎などの、小さいことを誇っているような神々や主人公たちが、ずらりと各地で活躍してきたのだった。ワタツミにも「海童」という字をあてたりもする。

スクナヒコナの場合は、虫の皮を着ているほどのマイクロチャイルドで、芋の鞘《さや》でつくったアメノカガミノ舟（天羅摩船・白蘞船）に乗って、波頭からこの世にあらわれたことになっている。波しぶきよりも小さい神なのだ。ところが出雲神話では、このスクナヒコナがオオクニヌシ（オオナムチ）と協力して「国」を作ってしまう（国造り神話）。作りおわると、常世《とこよ》に戻っていく。とすると、スクナヒコナの両親だか祖父母だかは常世にいることになる。

タニシ・カタツムリ・小さなヘビ・カニ・カエルなどの、小動物の姿をとって出生してくる極小児たちもいる。こういうマイクロチャイルドも、タニシ長者やカエル女房などの昔話がそうなっているのだが、たいていは成長して長者になったり、すばらしい女房になったりする。岩手に伝わる小ヘビ伝承では、小ヘビは鉢や盥《たらい》や杯《さかずき》で養われ、いつのまにか成長する。各地のヌカヒメ（努賀比売）伝説はこのヴァージョンだ。

マイクロチャイルドのなかには、母親から直接に生まれた極小児もいる。それがスネコタンパコで、母親といってもお母さんの臑《すね》がふくれて、そこから小指ほどの子が出てきたというのだ。けっこう不気味だ。これは松浦理英子の親指Pを知っている者でもギョッとする。

小泉小太郎というのは、どこかの首相の息子のことではなくて（笑）、信州や越後に伝わる昔話の主人公のことをいう。古寺に住む僧のところへ美しい女が通ってくるのだが、いつもすうっと帰っていくので、あるとき女の着物の裾《すそ》に糸を括《くく》りつけておいたところ、その糸が戸板の節穴から外に向かっている。訝《いぶか》ってあとを辿ってみると、川上の岩窟《がんくつ》にオロチがのたうっている。僧は恐ろしくて逃げ帰ってくるのだが、やがてオロチから小さな子が生まれ、川に流された。これを老婆が救って育てたところ、小さいくせに大飯を食う。やがて成長して体の一部に鱗《うろこ》をもつ小泉小太郎あるいは白竜太郎となって、その水域一帯を支配した。そんな話になっている。

いったい、これらの話にはどこか共通点があるのだろうか。その奥が覗《のぞ》いてみたくなるけれど、なかなかそこにアブダクション（推感編集）がはたらかない。ここまで読んできた諸君はどうだろうか。これらには実は極小児の出生とともに「水」が関与していたのである。

昭和八年、柳田国男は『桃太郎の誕生』（角川ソフィア文庫）を書いて、日本の昔話や民話にしばしば小さな子が異常出生することに着目し、これを「小サ子《ちいさこ》」と名付けた。また

桃太郎伝説ゆかりの町では、いまも桃太郎は絶大な人気キャラクターである。岡山市のマンホールの蓋（右上）、吉備サービスエリアの桃太郎（左上）、吉備津神社の絵馬（左下）、犬山市の桃太郎神社の鳥居前の風景（右下）。

『山島民譚集』（東洋文庫）において、水辺に出没する水怪、たとえば河童《かっぱ》などがどのように語られてきたかを調べ、水辺と「小サ子」には少なからぬ類縁関係があるのではないかと書いた。

これに石田英一郎が触発された。柳田の着目を発展させ、そうした「小サ子」の陰に「その母とも思われる女性の姿」が見え隠れしていることに気がついた。のみならず、そこには「母親が異常出生によって生んだ男児と交わって、種族あるいは人間の祖先となる始祖伝説」のようなものが控えているのではないかという、大胆な推理を披露した。その母子相関の結末が、なんらかの理由で幼児を「小サ子」という極小化した異類の物語にしていったのではないか。大筋、そう考えたのだ。

これが石田による「桃太郎の母」の推理だった。いいかえれば、石田が推理した「桃太郎の母」は「桃太郎のお母さん」という意味ではなかったのだ。「小サ子」の物語を生んだ「物語の母」の追求だったのである。

続いて石田が調べてみると、その母は日本にのみ君臨していたのではないことが見えてきた。アジア各地に、ユーラシア全域に広がっていた母と子の物語がどこかで日本化したものだった。ゴータマ・ブッダだって、母マーヤーの脇から出生し、マーヤーはシッダールタを産んで七日後に亡くなった。アジアにはこのような伝承がかなり広まっている。

わかりやすくいえば、太古のグレートマザーがつくりだした世界物語に登場していた原母と、その係累に出生した霊威溢《あふ》れる子孫との物語が、しだいに原初の聖なる性格を変質させ、その聖性をしだいに脱落させていったのが、桃太郎や一寸法師という昔話だったのである。

昔話から主人公の母が消えたのではない。物語という母型が消えていったのだ。忘れられてしまったのだ。いまならツヴェタン・トドロフやジョセフ・キャンベルらのナラトロジー研究によって、多くの口承文芸がいくつかの母型や類型をもっていることがあきらかになっているので、以上のようなことに疑問をもつ者は少なくなったけれど、石田はほぼ独力でこのような推理に至った。

石田はどうしてこのような推理に夢中になったのだろうか。「小サ子」の物語には「水」がかかわっていることに関心をもったからだった。

そのうち千夜千冊しようと思っていた『月と不死』(東洋文庫・平凡社)という本がある。ニコライ・ネフスキーの著書で、若き石田英一郎が大きな影響をうけた。

今夜は略歴の解説を省くけれど、石田は京都帝大の経済学部に入った社会派の学徒であった。ロシア革命の事情も知りたかったので、大正十三年からネフスキーのロシア語講座に欠かさず出席したところ、やがてネフスキーから「ツルゲーネフなんて古いもんだが、ゴーゴリはいまだに新しい」といった話から、「日本には柳田国男や折口信夫といった凄い人がいるじゃないか」といった話までを、流暢《りゅうちょう》な日本語で聞かされた。びっくりした。

とくにジェームズ・フレイザーの『金枝篇』を教えられ、少しだけだが読んでみて驚いた。いつか自分もこういう学問に取り組んでみたいと思ったのだ。

しかし卒業後は、石田はかなり過激なマルクス主義運動に傾倒し（学生時代からのマルキストであった）、自分の社会活動もその実践にあると確信する日々を送っていた。共産党の大検挙の時代になるとしばし投獄もされるのだが、そのうらマルクス主義の限界にもふれることになって、資本制出現以前の社会の重要性に気づくようになっていった。そしてしだいに、世界文化史の解読をこそするべきだと思うようになった。こうして石田は、ネフスキーが薦めたフレイザーの『金枝篇』や柳田を耽読《たんどく》し、世界読書による文化の解明に向かったのである。

昭和十二年、三四歳になっていた石田は意を決して、ウィーン大学の民族学科に入学する。世界中の馬の文化を調べることにした。馬ならば世界を文化回航できると思ったようだ。けれども二年後、ヒトラーの軍隊がオーストリアに侵入したため、石田も各地を遍歴しながらボルドー経由で帰国せざるをえなくなった（馬の研究はのちに『天馬の道』に結実する)。

日本に戻った石田は帝国学士院の民族調査委員会の嘱託になると、南樺太《からふと》や華北や内蒙古《もうこ》の実地調査に従事して、なんとか世界文化史の一端を目に焼き付けようとした。とくに張家口《ちょうかこう》の蒙古善隣協会に付設された西北科学研究所に入ったときは、その所長であった今西錦司に刺激をうけ、その若き所員の梅棹忠夫や中尾佐助たちとの談論風発をたのしんだ。

敗戦後、石田は自分の生涯を民族学に捧げることにする。そこで、日本の民族学と民俗学関係の雑誌や刊行物にとことん目を通すことにした。そのとき、かのニコライ・ネフスキーが『月と不死』という論文をとっくの昔に書いていたことにめぐりあった。それは日本列島に伝わる「若水」の伝承を解読しようとしていた画期的なものだったのである。

ネフスキーの若水研究は大きな指針を与えた(ネフスキーには柳田や折口も関心を寄せていた)。石田は万葉・古事記・風土記などをくまなく調べ、はたして月読命(ツクヨミノミコト)の伝承と若水の伝承には密接な関係があること、そこにはしばしば神変する出生児や精神成長の出来事がまつわっていること、さらにはそれが月光に照らされた水辺に出入りする異類たちの物語とも深くつながっていそうだということを〝発見〟する。とくに次の万葉歌に心を奪われた。

　天橋も　長くもがも　高山も　高くもがも
　月よみの　持ちたる変若水《おちみづ》　い取り来て
　君に奉《まつ》りて　変若《おち》得しむもの

「月よみの持ちたる変若水」には、永遠の生命を約束する何かが感知されていた。万葉の歌はそれを告げているにちがいない。石田はそう推理した。一方、日本の昔話に「小サ子」が多く、その多くが川を流れる桃やお椀《わん》と関係していたり、タニシや河童《かっぱ》やカニに関係しているのは、きっと「若水」と「小サ子」のあいだには密接なつながりがあるからだろうと仮説した。

　スクナヒコナの物語にしてすでに水界の物語なのである。小泉小太郎は生まれ落ちて川を流れたのである。ここには「水」と「母」と「子」の異常が見てとれる。こういうことを確信した石田は、やがて『桃太郎の母』をまとめると、その冒頭の献辞に「この書をニコライ・ネフスキー先生にささぐ」としるした。

　石田の母子神研究の原点にあったのは、月と水と神変異類の誕生の研究だったのである。それが、研究するうちに「桃太郎の母たち」全般に及んだ。それは石田が取り組みたかった「浩瀚《こうかん》な世界史」の渉猟の第一歩だった。

その後の石田英一郎についても、ちょっとだけふれておく。石田は四四歳で学会誌「民族学研究」の編集主幹となると、この研究メディアの場を岡正雄・八幡《やわた》一郎・江上波夫らに開きながら、世界と日本の文化史総体の見方の徹底追求に乗り出すと、つづいては柳田国男と折口信夫を長時間二回にわたって招き、有名な「日本人の神と霊魂をめぐる観念」について、大きな方向を提示することをやってのけた。

こうして昭和二六年、四八歳の石田が東京大学の文化人類学の最初の教授になっていく。日本の文化人類学の誕生だった。『文化人類学ノート』（河出文庫↓新泉社）を書いたのが五二歳、『文化人類学序説』（時潮社）をものしたのが五六歳である。

過激なマルキストは、日本の文化人類学の〝母〟になったのだ。のちに石田は日本民族学会の会長とも多摩美術大学の学長ともなるのだが、そのころの多摩美の教員をしていた奥野健男《たけお》は、「石田先生ほど学生たちに心から信頼された学長はかつていなかった。教育も学問もその責任者の人間性によるものだということを石田先生ほどみごとに実証した人はいなかった」と書いた。

石田が『桃太郎の母』に示そうとしたもの、それは「世界知と共同知と個別知」の関係を、西洋・東洋・日本をまたぐ世界読書を通してつなげていくことである。多少のフィールドワークもしているけれど、石田はそれを一人でやろうとはしなかったし、その効果よりも、多くの他者の業績を組み合わせ、総合編集することを意図した。

なぜ石田がそのようなことを考えたかといえば、これは石田自身が書いていることなのだが、昔話や神話にひそむ歴史的現在をあきらかにするには「遠い過去」をこそ「鳥の目」で見るべきだと展望していたからだ。そうであればこそ石田は日本の昔話にこだわった。そこを徹底すれば、そこには必ずグローバルな翼が折り畳まれていると踏んだ。ローカルの根がグローバルなのである。

学問研究の方法とのかかわりでいえば、石田は残念ながらレヴィ＝ストロースの構造主義の洗礼を受けてはいない。石田のほうの時期が早すぎた。したがって構造分析の手法は知らないままだった。しかしながらのちに山口昌男や小松和彦が指摘しているように、にもかかわらず石田の目はレヴィ＝ストロースそっくりだったのである。これは驚くべき編集方法の独自開発だったというべきだ。

いま、昔話の研究はナラトロジー（物語学）としても、物語行為論としても、またユング派による集合知や集団的無意識の研究としても、かなりの広がりを見せている。世界中の民話や童話の比較研究もずいぶん深化した。日本の昔話の研究も、関敬吾を筆頭に大きく前進した。

関は石田の研究に批判も加えた。石田がいう「小サ子」と「水界」の連動は物語のモチーフにすぎず、それをもって母型にはさかのぼれないのではないかというのだ。こうした批判もあるにはあるのだが、しかし石田の「物語の母」はいまもなお生き残っている。そこからはビルクホイザー＝オリエの『おとぎ話における母』（人文書院）のような「マーテル・ナトゥーラ」（母なる自然）がもたらす女性原理的なナラティヴィティも引き出せようし、また、ジュリア・クリステヴァの「アブジェクシオン」（おぞましさ）も引き出せる。

ま、そのへんのことを今夜これ以上に広げることは控えておこう。ぼくとしては、最近では桃太郎の「母」よりも「翁《おきな》と嫗《おみな》」のことが気になっているので、ここから先は郡司正勝の『童子考』（白水社）や鎌田東二の『翁童論』（新曜社）のほうでも、遊びたい。そして、世の物語編集力が昔話にもSFにも、ファッションにもコモディティにも及んでいくことを傍らから見ていたい。

第一二四四夜　二〇〇八年五月二七日

参照千夜

六三五夜：三浦佑之『浦島太郎の文学史』一〇〇二夜：エリアーデ『聖なる空間と時間』八四三夜：小松和彦・栗本慎一郎『経済の誕生』一〇六二夜：松浦理英子『ナチュラル・ウーマン』一一四四夜：柳田国男『海上の道』一六七九夜：ハマラヴァ・サダーティッサ『ブッダの生涯』七〇四夜：ジョセフ・キャンベル『千の顔をもつ英雄』一一三夜：ゴーゴリ『外套』一四三夜：折口信夫『死者の書』一一九九夜：ジェームズ・フレイザー『金枝篇』六三六夜：今西錦司『自然学の提唱』一六二八夜：梅棹忠夫『行為と妄想』三一七夜：レヴィ＝ストロース『悲しき熱帯』九〇七夜：山口昌男『「敗者」の精神史』一〇二八夜：ジュリア・クリステヴァ『恐怖の権力』三二五夜：郡司正勝『おどりの美学』六五夜：鎌田東二『神道とは何か』

いそのかみ・たまかぎる・しきたへの・やへむぐら

類想・類景・類物・類趣を呼ぶパスワード

近藤信義

枕詞論

桜楓社　一九九〇

巷間《こうかん》、百人一首が少しずつ復活しているらしい。子供のころから親しんできた者の一人としてちょっとばかり悦《よろこ》ばしい。ピアノも算数も外国語も何だってそうだけれど、とくに百人一首には子供のうちに親しんだほうがいい。「おとといの日本」と「あさっての日本」を意外な糸でつなぐ可能性がある。

子供時代に少しでも遊んでおけば、白洲正子さんのように壮年になっても仏像や和歌に打ち込める。白洲さんは「四十の手習い」とは歳をとってから慌てて新しい趣味に手を染めてみるということではなく、かつていろいろ中途半端だったことをやりなおすことなのだと言っていた。

ぼくも、そうだった。百人一首については、いまでも母の澄んだ読み声と、読み札を読みおわってぼくたちが目を泳がせているのをニコニコと見守っている姿が耳や目にのこっている。こういう記憶は小さな方舟《はこぶね》の櫂《かい》になる。

母は京都の府一（現在の鴨沂《おうき》高校）時代に全首を諳《そら》んじてカルタ大会に出たほどで、尋ねればほとんど歌の意味を話してくれたし、早くから一字決まりの「む・す・め・ふ・さ・ほ・せ」なども教えてくれた。もっとも、そんなことで何かぼくに百人一首の大事なところが身についたわけではない。

子供のころに好きになったのは取りやすい札か、何だか変な感じがする札だった。記憶があやふやだが、「これやこの行くも帰るも別れては知るも知らぬも逢坂の関」（蟬丸）とか「みちのくのしのぶもぢずり誰ゆゑに乱れそめにし我ならなくに」（源融）といった言いまわしの律動がおもしろいもの、「かささぎの渡せる橋に置く霜の白きを見れば夜ぞ更けにける」（家持）とか「夏の夜はまだ宵ながら明けぬるを雲のいづこに月宿るらむ」（清原深養父）といったイメージの残像を感じさせるものが、子供ごころに口ずさめたのだったかと憶《おも》う。

だんだんオトナになると好みも見方も変じていった。たしか三十代のころは「あひみての後の心にくらぶれば昔はものを思はざりけり」（敦忠）や「瀬をはやみ岩にせかるる滝川のわれても末に逢はんとぞ思ふ」（崇徳院）などの、時のあとさきがワンダリングする歌や、「花さそふ嵐の庭の雪ならでふりゆくものは我が身なりけり」（藤原公経）というような我が身を襲う寂寥《せきりよう》も理解するようになって、やっと「四十の手習い」も始まるわけだった。

それが五十代になると、ときどき「そこ」に戻れる歌を手元の短冊に書くようになった。能因法師の「嵐吹く三室の山のもみぢ葉は竜田の川の錦なりけり」や、良選法師の「さびしさに宿を立ち出でてながむればいづくもおなじ秋の夕暮」のような歌だ。そういうふうになったのは、『インタースコア』（春秋社）にも綴っておいたことだけれど、ぼくは「失われた十年」（ロスト・ディケード）にはけっこう充実した試みを連打していたのだが、そのぶん、茶陶や和歌や書画に〝寡黙な余裕〟のようなものを感じたくなっていたからだったろう。

歌の好みとはちがって、百人一首というしくみに関心をもつようになったのは、別の興味からだ。この百首のセットを藤原定家が生み出したのはなぜだったのかということ、その百首がどうしてここまで日本人を虜《とりこ》にしたのかということ、そのぶんここからひょっとして何かが抜け落ちていったのではないかということ、そもそも「和歌を選ぶ」という作業はアワセ・カサネ・キソイ・ソロエの日本の社会文化の何にあたっていたのかということなどが気になった。

そういうことが気になったのは藤原定家の『明月記』を読んだのちのことで、それを促してくれたのは堀田善衛の含蓄がすさまじい『定家明月記私抄』(新潮社→ちくま学芸文庫)だった。目から鱗《うろこ》がずいぶん落ちた。

そこへ尼ヶ崎彬《あきら》の『花鳥の使』(勁草書房)などが入ってきて、しだいに宣長の言説に目が届くようになると、「ただの詞《ことば》」に対する「あやの詞《ことば》」が担ってきた意義がほっとけなくなった。日本という方法はほとんど「あやの詞」のほうに、その本質が隠されていたのである。あとはけっこうぞくぞくするばかり、宗祇《そうぎ》や良基《よしもと》の試みも、談林派たちの遊び方も見えてきた。こういうことは百人一首の一首ずつの歌についての関心からではなく、たいていは日本の文芸史や遊芸史の奥に見え隠れする淵《ふち》に誘いこまれて気になりだしたことである。

百人一首はいろいろある。なかで、定家が京都嵯峨野《さがの》小倉山の山荘で撰首揮毫《きごう》したと言われる山荘色紙の百首が「小倉百人一首」として知られるようになった。そういうふうになったのは宗祇のせいだった。

何事にも「折紙付き」(古今伝授には必ず「折紙」が付けられた)が生まれることが好きだった宗祇は、小倉色紙を評価して「極め付き」とみなし、連歌師とそれにつらなる茶の湯の宗匠たちがこれを後生大事に広めていった。そこに加えて、侘茶《わびちゃ》の心は「見渡せば花も紅葉もなかりけり浦の苫屋《とまや》の秋の夕暮」という定家の歌に代表されているという価値観が確立して、そこから書としての「定家様」の流行まで広がっていった。連歌と茶の湯は、利休以前の武野紹鷗《たけのじょうおう》が連歌師だったことにも象徴されているように、ほぼつながった遊芸だったのだ。二つとも一座を一味同心にする遊芸だった。百人一首はそういう一座を組む遊芸の発端でもあった。

実際には、定家には山荘での百首の選歌以前すでに『百人秀歌』があって、そこから一条院皇后宮などの歌を取って、代わりに後鳥羽院と順徳院の〝怨《うら》み節〟ともいうべき二首を入れたものが定番になったわけで、この入れ替えはかなりドラスティックで大胆な思わせぶりだった。

けれども、なぜそうなったのかについての本格的な研究はない。そのためさまざまな憶測が生まれ、これはこれで古典ミステリーの有力な素材になってきた。

日本の歌には「類想」「類景」「類物」「類趣」が多い。ぼくはそこに「日本という方法」の一端を感じてきた。たんに類推や連想の歌などの類歌が多いというのではない。日本の表現文化や選好文化における「類《たぐい》」が追い求められてきた。

この「類」は何かというと、社会学や数理統計学や認知学でいうような、グループ（グルーピングする）、クラス（クラシファイする）、インスタンス（例示する）というものではない。日本人が好きな「類」は「分類してナンボ」なのではない。そうではなくて、まさに「類によって類を見る」ために「類想・類景・類物・類趣」に長じようとした。区別や差別をするために「類」を分けるのではなく、何かと何かを「つなげる」ために類を見た。本気で「類似による景色」を求めたのだ。

これを俗っぽくいえば「類は類を呼ぶ」が好きだったということになるのだが、どの類が何の類を呼ぶのかということに傾注する必要があった。それには「類としての見立て」に深みや広がりがなければならない。われわれの文化が「見立て」や「本歌どり」に熱心だったのはそのせいだ。それを作庭から屏風《びょうぶ》絵まで、茶の湯から浮世絵まで、俳諧から歌舞伎まで、陶芸から漆芸まで広げ、それらが職人の仕事のあらわすところを含めて類から類を呼ぶようにした。分類ではなく分出をやってのけたのである。

こうして用意されたのが、花鳥風月や雪月花のリプレゼンテーション・システム（再表象化のしくみ）であり、「座」や「興」の会合《えごう》のしくみだったのであり、「真行草」のインターフェースであり、そして枕詞《まくらことば》や歌枕や縁語というものだった。いずれも日本文化の一座建立のためのしくみなのである。

枕詞とは、いまさらながら実に意味深長な言い分だ。『枕草子』や『草枕』をはじめ、日本人にとって「枕」はなんとも不思議なメタファーになっている。歌枕、旅枕、鉄路の枕木、「夢枕に立つ」、抱き枕、落語の枕、「枕を高くする」、枕絵の異名をもつ春画、枕がえし、枕芸者、膝枕《ひざまくら》……。

そもそも寝具としての枕にして安眠のためだけのものではない。寝返りのためであり、悶々《もんもん》とした心身のお相手であり、夢の温床であって、旅寝の手枕でもある。枕は何かの入口であって、また何かの拠《よ》りどころなのだ。

歌枕は名所の手がかりであり、落語の枕は本題のための導入部なのである。日本人にとっての「枕」はイメージング・エフェクトをおこしてくれるものだった。だから枕がないと何もかもがすっぴんになりすぎる。地歌などで枕といえば三味線が手事《てごと》に移るときの曲調をいう。

折口信夫はそういう枕詞のことを「らいふ・いんできす」と言った。枕詞はライフ・インデックスだというのだ。ずばり「呪詞《じゅし》の生命標」だとも書いている。

こういう名人芸のようなことを言えるのが折口の魅力だが、そこから枕詞が無文字社会から万葉仮名で記される定型歌謡に向けてどのように定着していったかを推理しようとなると、いささか途方に暮れる。それというのも、枕詞は万葉から古今に移るにつれてしだいにその効能を薄めていったからで、早い話が百人一首では枕詞を明確につかった歌は次のような歌くらいなのである。

あしひきの山鳥の尾のしだり尾のながながし夜をひとりかも寝む
あまのはら振りさけみれば春日なるみかさの山にいでし月かも
ちはやぶる神代も聞かず竜田川からくれなゐに水くるとは
ひさかたの光のどけき春の日にしづ心なく花の散るらむ
わたのはら漕《こ》ぎ出《い》でて見ればひさかたの雲居にまがふ沖つ白波
春すぎて夏来にけらし白妙の衣ほすてふ天の香具山
田子の浦にうち出でてみれば白妙の富士の高嶺《たかね》に雪は降りつつ
侘びぬればいまはた同じ難波なるみをつくしても逢はんとぞ思ふ
ももしきやふるき軒端のしのぶにもなおあまりある昔なりけり
たちわかれ因幡《いなば》の山の峯《みね》におふる松としきかば今かへりこむ
長からん心も知らず黒髪の乱れてけさはものをこそ思へ
ありあけのつれなく見えし別れよりあかつきばかり憂きものはなし

意外に少ない。このことは、百人一首に万葉の歌が少なく(天智・持統・人麻呂・赤人・家持)、古今から新古今への流れの和歌が圧倒的だったということを物語る。

いちいち説明するまでもないだろうけれど、これらの歌では「あしひきの」が「山・

峰」の、「**ちはやぶる**」が「神・わが大君・社・宇治・氏」の、「**ひさかたの**」が「天・雨・月・光・都」の、「**しろたへの**」が「衣・袖《そで》・紐《ひも》・袂《たもと》・雪・雲・富士」の、「**くろかみの**」が「乱れる」の、「**なには**（難波）**なる**」が「み（身・実）」の、それぞれ枕詞になっている。

なぜ「足引の」が山を呼び、「千早ふる」が神を呼ぶかということは、百人一首を見ているだけではわからない。そこにひそむ由縁《ゆえん》や暗合のリクツは、記紀万葉までさかのぼる。記紀万葉の古語《ふること》そのものが枕詞とともに成立していったようなものなのだ。

古代の枕詞はおびただしい。研究者によって数え方が異なるけれど、阿部萬蔵・阿部猛の『枕詞辞典』（同成社）では一〇〇〇以上、一般向けにガイドされた内藤弘作の『枕詞便覧』（早稲田出版）でも六七八例が紹介解説されている。

そこには百人一首の選歌では浮上しなかった枕詞がいくつも動いていた。「**あかねさす**」といえば「照る・日・昼・紫・君」の枕詞、「**からころも**」（唐衣）は「着る・袖・裾・裁つ」の、「**くさまくら**」（草枕）は「旅・結ぶ・結う」の、「**たまのを**」（玉の緒）は「長き・乱る・絶える・継ぐ」の、「**ぬばたまの**」は「黒・夜・ゆうべ・月・夢」の、「**たまきはる**」は「命・世・昔」の枕詞だった。定家は、こうした古語っぽい枕詞がつく歌をあまり選ばなかったのだ。

枕詞を「まくらことば」というふうに捉えたのは、中世の半ばからのことだった。万葉研究の先達となった仙覚が『仙覚抄』(一二六九)で、「古語《ふること》の諷詞《よそへ》」として枕詞を抽出して議論したのが先駆的だ。ついで〝後《のち》の三房〟と評判された北畠親房《ちかふさ》が『古今集序註』(一三二四)に、「久堅《ひさかた》のあめとは、惣《そう》じて天を久堅といふ。久しく堅き義なり。かやうの詞《ことば》は、古語の残れるを、今の世に枕詞と名付け」と示したあたりで、やっと枕詞という言い方が定着した。

それまでは「発語《おこしことば》」とか「諷詞《よそへことば》」とか、ときに「次詞」とか「冠辞」とかと言っていた。枕詞という言い方は百人一首よりずっとあとで自覚されたのだ。ということは、枕詞のことはやはり記紀万葉に戻して、しかもその後の日本中世の方法意識を縫い取って議論しなければ話にならないということである。

近代以降、そうした枕詞について、幾つかの仮説が試みられてきた。西郷信綱は『万葉私記』(東京大学出版会)で、古代歌謡のオラル・コミュニケーションにひそむ反文法的性格に注目しないかぎりは枕詞は解けないとのべ、ボーカリゼーションとしての枕詞を浮上させた。

土橋寛《つちはしゆたか》の『古代歌謡論』(三一書房)は古代社会がもとうとした「根ざす」という願望に

言及して、枕詞が神名や地名の再生を永遠にしようとしていたことに注目し、中西進は一連の万葉集研究で枕詞を上下一体ととらえる連合表現仮説を提出した。吉本隆明は「喩」を前面に持ち出し、当時の社会にひそむ共同幻想が同格同義の「畳みかさね」を希求したのではないかと主張した。『初期歌謡論』(河出書房→ちくま学芸文庫)での仕事だが、吉本を有名にした『共同幻想論』が下敷きになっている。

一方、古橋信孝は『古代和歌の発生』(東京大学出版会)で、枕詞には共同体がもつなんらかの「始源の様式」があったはずで、それを「装う」ことこそが日本人の歴史性そのものではなかったのかと言った。神謡は枕詞がなければ支えられなかったろうというのだ。なるほど「装う」ことは必要だったろう。

折口や西郷以来の議論をまとめれば、枕詞はボーカリゼーションのプロセスの中にあった特別な言葉で、したがってすこぶる反文法的なもので、特有の名辞を喚起再生させる力をもっている。それとともに古代的共同体の始源の幻想を同格同義にするためのメタファー性に富んでいたので、どんな枕詞も総じてライフ・インデックスになっていたのだろうということだ。

が、このように解義《げぎ》したところで判然としないこともずいぶんのこる。始源的なるものを議論するのは一筋縄ではいかない。これこそ「類」をめぐる「日本という方法」の秘密にかかわっているところが、もっともっとありそうなのである。

というわけで、今年正月の千夜千冊第二弾では、枕詞をめぐった本書をとりあげることにした。

著者は国学院出身で、のちに立正大学で長らく枕詞一筋の研究をしつづけた。研究者としてはたいへん丹念に枕詞の用例に分け入っている。ぼくは二五年ほど前に読んで「あかねさす」や「ぬばたまの」や「ももつたふ」にどっぷり浸ることができた。とくに近藤信義が「葛類の枕詞」と名付けた「さなかつら」「まくずはふ」「たまかづら」といった、蔦《つた》がからまる枕詞についての論考は、のちのちまで唐草文様好きの日本人がいったんは考えてみたい「類」なので、興味深く読んだ。

けれども、本書を読んだから「枕詞という方法日本」が解けるわけではなかった。近藤の研究は微細なところに入りすぎて全貌の構図を失っているようにも思われた。それでもぼくには一つの峠を越えるきっかけになったので、本書は大きな足場のひとつなのである。

話を戻して、折口がライフ・インデックスだと言ったのは、日々の生活《ライフ》のディクショナリーあるいはレパートリーとして枕詞がつくられてきたというのではない。古代人の生命力と観念力の根幹にふれるトリガーであり、「妣《はは》が国」のインデックスであると言ったのである。
「妣が国」は折口が想定した古代観念技術王国のようなもので、古代ふうにいえば「常世《とこよ》」であり、一般的にいえば「心の内なる母国」のようなものをいう。しかし、その妣なる母国はマレビトなどの出入りする古語《ふること》で占められている。分け入っていくには何らかのインデックスが必要なのである。

　こうして枕詞はまさにわれらがマザーカントリーのイメージングの方法の秘密を解くためのコトワザ（言・技）であって、かつコトワリ（言・割）としての役割をもったのである。古来のコト（言＝事）を誘い、それをコトワリとして残すために、神授の約束が言葉づかいにあらわれたものが枕詞なのだ。

　記紀や風土記を見ると、多くの枕詞は神託のときに発せられた神名や地名の由来に関する言葉と結びついている。そこにはさまざまな配慮の事情が生きている。

たとえば「やまと」にかかる枕詞には「**あきづしま**」（秋津島）「**あしひきの**」「**しきしまの**」（敷島の）「**ひのもとの**」などがある。その一方で、『日本書紀』神武三一年の条に、ニギハヤヒ（饒速日命）が「そらみつやまとの国」という言葉を発したという記事がある。

…昔、イザナギのミコト、此の国を目《なづ》けて曰はく、「日本《やまと》は浦安の国、細才《くわしほこ》の千《ち》足《だ》る国、磯輪上《しわかみ》の秀真《ほつま》国《くに》」とのたまひき。またオオナムチの大神、目《なづ》けて曰はく、「玉垣の内つ国」とのたまひき。ニギハヤヒのミコト、天磐船《あまのいはふね》に乗りて、大虚《おおぞら》を翔《めぐ》り行きて是の郷《くに》を睨《おほ》りて降《あまくだ》りたまふに乃至《いた》りて、故《かれ》、因《よ》りて目《なづ》けて、「虚空見《そらみ》つ日本《やまと》の国」と曰《い》ふ。

この記事は「やまとの国」というマザーカントリーについての讃詞《さんじ》を蒐集している当時の編集過程を示した箇所なのだろうが、その後、このうちの「**そらみつ**」が「やまと」にかかる枕詞になった。

神武一族の天孫降臨とはべつに物部《もののべ》氏の遠祖であるニギハヤヒが天孫降臨をしたという伝承は、天皇家すなわち大和朝廷のレジティマシー（正統性）からすればあきらかに異伝である。異伝ではあるのだが、祖国をあらわす「やまと」にかかる枕詞のひとつとして、ニギハヤヒが発したとされる「そらみつ」を残しておいたほうがいいと判断する理由があったのである。むろん物部氏に対する配慮だった。枕詞には、しばしばこうした異族異種異類を慮《おもんぱか》るものがまじっている。


こうしてソラミツとかソラミツルが「国」を引き出すパスワードに昇格した。いったんそうなると、古語《ふること》が忘れ去られた後代においても、「そらみつ」が「やまと」を引き出すだけではなく、「やまと」が「そらみつ」をブラウジングし、歌詠み人たちの観念と想像力の中に「大和の空」を植え付けていったのだ。

同様に「**かむかぜの**」（神風の）は「伊勢」の、「**やくもたつ**」（八雲立つ）は「出雲」の導因になるパスワードとなった。それさえあれば、いつでも、どこからでも伊勢にも出雲にも行けるようになったのだ。「ももしきの」（百敷の）と言えば、たちまち「大宮」すなわち宮都に飛んでいけたのである。

こうした特有の地に所以《ゆえん》をもつ呪詞めいた機能を見ると、枕詞はすぐれてトポグラフィックで、アブダクティブで、かつ強力なエディティング機能をもったというふうに言える。ずいぶん痛快なものを創り出したものである。

江戸時代、国学者たちによって枕詞についての注目すべき見方がいくつか提言された。下河辺《しもこうべ》長流《ながる》は『万葉集管見』や『枕詞燭明抄《しょくみょうしょう》』で、「歌に枕詞あるは人に氏姓あるに同じ」と言った。「氏を置きて呼ぶ名の長きがごとく、古き歌のたけ高く聞こゆるは枕詞を置き、多くは序より続けるが故なり」ということで、氏と姓との結び付きのようなものだというのだ。

賀茂真淵の『冠辞考』は「枕は夜のもの、冠は日のもの」として、「ものを上におくことを冠《かぶ》らす」ように、言葉を上においたのだとみなし、「言のたらはぬときは、上にうるはしきことを冠らしめて調をなんなせりける」と説明した。この影響で富士谷《ふじたに》御杖《みつえ》は『歌袋』で、上田秋成は『冠辞考続貂《ぞくちょう》』で、枕詞は「かうふり」や「よそおひ」ではないかと見た。江戸後期の香川景樹《かげき》が『歌学提要』に「枕詞は調べをととのふる為の具なり」

としたのも、この見方の継承だった。

しかし枕詞を「調べ」に寄せるのは、ぼくにはやや肯《がえ》んじがたいものがある。その点、宣長が「枕と言ってもかしらに置くから枕」というのではなく、「すべて物のうきて、間のあきたる所を支ゆる物を、何にまくらと云へば、名所を歌枕と云ふも、一句言葉のたらであきたる所に置く由の名と聞ゆれば枕詞と云ふも、そのでうにてぞ云ひそめけむかし」と見たことのほうが、おもしろかった。

さすが宣長には「空席」を見抜く力があったのである。「不足による編集」が枕詞を発達させてきたという見方だった。

日本の古代において「空席」に充当してくるものといえば、やはり神々か、その名か、そのミコト（御言）だった。

たとえば『日本書紀』神功皇后の条に、次のような一節がある。たいへん象徴的な言葉づかいがフルヴァージョンで組み合わさっている。

…三月の壬申の朔に、皇后、吉日を選びて、斎宮に入りて、親《みずか》ら神主と為りたまふ。則ち武内宿禰に命《みことのり》して琴撫《みことひ》かしむ。中臣の烏賊津使主《いかつをみ》を喚《め》して、審神者《さには》にす。因りて千《ち》繒高繒《はたたかはた》を以て、琴頭尾《ことかみことしり》に置きて、請《ねぎまお》して曰さく、「先の日に天皇《すめらみこと》に教へたまひし誰《いづれ》の神ぞ。願はくば其の名をば知らむ」とまうす。七日七夜に逮《いた》りて、乃《すなは》ち答へて曰く、

「神風《かむかぜ》の伊勢国の、百伝《ももつた》ふ度逢《わたらひ》県の、折鈴《さくすず》五十鈴宮《いすずのみや》に所居《いま》す神、名は撞賢木厳之御魂《つきさかきいつのみたま》、天疎向津媛命《あまさかるむかつひめのみこと》」と。亦問ひまうさく、「是の神を除《お》きて復《また》神有《いま》すや」と。答へて曰く、「幡《はた》荻《すすき》穂に出し吾や、尾田の吾田節《あがたふし》の淡郡《あはのこほり》に所居る神有り」と……。

皇后は斎宮に入って神主の資格を得ると、琴を弾じ、シャーマン的な審神者を侍《はべ》らせ、祭料を積んで神懸《かみがか》りを待った。こうして七日七夜にわたる秘儀がおこなわれたという記述である。

記紀のなかでこれほど詳しく神託が降りる前後の状況を綴ったところはないのだが、ここに神の名を空席にもってくるという条《くだ》りがあり、そこにさまざまな枕詞が静かに去来したとおぼしい。「**ことかみに**」(琴頭)は神の気配の影がやってくるときの「かげ」にかかり、「**はたすすき**」(旗薄)は「穂」や「みほ」や「うら」にかかる枕詞だ。「神風の伊勢国の」「百伝ふ度逢県の」では、よく知られているように「**かむかぜの**」は伊勢を引っ張ってくるための、「**ももつたふ**」は出来事や賢きことがいっぱいになることをあらわすパスワードである。「ももつたふ」は万葉の大津皇子の「ももづたふ磐余《いわれ》の池に泣く鴨を今日のみ見てや雲隠りなむ」などに使われた。

これらの用法はごくごく初期のもので、枕詞が微妙と緊張の隙間をめがけて用いられたことが伝わってくる。

ぼくはそれを「空席」と表現したが、むろん「空隙《くうげき》」でも「隙間」でもよかった。ただそこはたいそう繊細で、かつ緊張するところなのである。そうでなければ、五十鈴宮にゐます神の名が撞賢木厳之御魂というふうには、ぴったりとやってきてはくれなかったのだ。きっと枕詞や懸詞は、このような神名や居場所に「ぴったり」をおこすための重大な「おこしことば」であり、繋辞《つなぎことば》だったのだろうと思う。

しかしこうした神がかったものと枕詞の関係は、そんなに長くは続かなかったと思われる。律令制が崩れ、藤原摂関政治が広まり、古今・新古今になっていくにつれ、神を隙間に招くための枕詞の力は、恋の情緒や無常の心理の隙間に去来するようになったのだ。百人一首はそこから派生した。

枕詞になじんでみることは、作歌術のためというより、「類が類を呼ぶ」という日本の面影の不可思議を感じるための縫い取り作業なのである。

花鳥風月や雪月花をどのように蒔絵《まきえ》や和菓子やデザイン意匠に織り込むかという作業のためにも、「日本という方法」を縁側伝いのインタースコアにしていくためのヒントとしても、また、日本語というものがどの糊代《のりしろ》によってつながっていくかという微妙きわまりないフラジリティの把握のためにも、日本の面影にアプローチする枕詞や懸詞や縁語を眺めておくことは、欠かせない。

ぼくはときどき「襲《かさね》」の色目を見たり、歳時記の言い回しの微妙に注目したりしてきたのだが、「歌語」になじんでおくことはそれらのすべてに通暁する「かささぎの橋」なのだ。

それでは以下に、ぼくがつねづね気になってきた枕詞をあげておくことにする。アイウエオ順に並べておいた。

「あづさゆみ」（いそ・いちし・ひく・ゐる・はるかに・こころ・たつ・おと・もと・すゑ・つる・つま・よる・かへる）。梓弓は神事の弓で、その弦の鳴りから多くの消息を想定させた。「いそのかみ」（ふる・そでふるかは・めづらしげなし・ふるさと）。石上《いそのかみ》神宮にまつわる枕詞で、布留《ふる》という土地の名があるので、時を経た感慨につながった。

「いはばしる」（あふみ・たぎ・たるみ・かんなびやま・はつせかは）。水が激しく音を立てるさまをあらわしている。万葉の「命をし幸くよけむと石走る垂水《たるみ》の水をむすびて飲みつ」や志貴皇子《しきのみこ》の「石走る垂水の上のさわらびの萌《も》え出づる春になりにけるかも」が有名だが、新古今の「石ばしる初瀬の川の浪枕はやくも年の暮れにけるかな」もなんだか昭和っぽくていい。

「浮舟の」は「こがる」に、「泡沫《うたかた》の」は「きえ・うき」の消え方にかかわっていく。

「空蟬の」は「よ・ひと・いのち・み・うつし・いも・やそ・から・わびし・むなし・か

れる・つね・な」にかかる。はかなさを表現するのにもってこいだ。万葉には「空蟬の世は常なしと知るものを秋風寒み偲びつるかも」とある。カラは空であって殻であり、骸でもある。ウキ・ウタ・ウツは何かが重なって響くことをいう。

儚《はかな》さにもいろいろある。「**かぎろひの**」なら「はる・たつ・もゆ」であるが、「**かげろふの**」になると「おの・あるかなきか・ほのか・ほのめく・それかあらぬか・ありやあらずや・はかなき・いはがきふち」というふうに変化する。影向《ようごう》の感覚に近い。『拾遺集』に「夢よりも儚なきものはかげろふの髣髴《ほのか》に見えし影にぞありける」とある。漱石が好きだった「**草枕**」はよく知られているように「たび・たびね・かりそめ・かりね・ゆふ」につながる。覚束《おぼつか》ないものの枕詞は他にもある。「**くれなゐの**」（いろ・うつし・あさは・ふりいで・あく・末摘花・やしほ）、「**黒髪の**」（みだれ・ながし・わかれ）、「**咲く花の**」（うつろふ）などなどだ。「**さざなみの**」もいい枕詞だ。「志賀・大津・ひらやま・なみくらやま・ながらやま・くにつ・ふるきみやこ・おほやまもり・よる・あやし」にかかるのだが、近江や淡海にかかるときは「**さざなみや**」になる。

枕は寝具であるが、「**敷妙《しきたへ》の**」といえば昔の寝具が引き出される。万葉の「つのさはふ石見の海のますらおと思へるわれも敷きたへの衣の袖は通りて濡《ぬ》れぬ」に始まっている枕詞で、「ころも・そで・いも・まくら・たまくら・いへ・とこ・くろかみ・ちりはらふ・ふさず」などに関連する。「**しなさかる**」は「こし」、すなわち越《こし》の国のための枕詞である。「**たたなづく**」は山並みなどが幾重にも重なっている様子のことで、「あをかき・にきはだ」につながる。

古代人にとって「たま」は魂であって言霊《ことだま》だった。「たま」にかかわる枕詞や懸詞は少なくない。「**たまかぎる**」が「ほのか・はろか・ひとめ・ひ・ゆふ・いはかきふち」に、「**たまきはる**」が「うち・いのち・こころ・いそ・いくよ・わ・むかし」に、「**たまくしげ**」が「あく・ふた・ふたかみ・み・みむろ・うらみ・はこ・おはふ・かけご・かがみ・かがやく・をく・あさし・ふかし」などにつながっていく。斎藤茂吉の「あかあかと一本の道とほりたまきはる我が命なりけり」は現代短歌に枕詞を折り込んだ一首として心に残る。

ぼくが好きなのは「**玉梓《たまづさ》の**」（つかひ・ひと・かよふ）、「**玉響《たまゆら》に**」（みし）、「**玉絹《たまぎぬ》の**」（さゐさゐ）、「**玉釧《たまくしろ》**」（てにとりもつ・まく）などで、とくに「**玉藻《たまも》なす**」が「うかべ・よる・なびく」とともに「かよりかくより」に絡んでいくところがたまらない。

そのほか、気になってきた枕詞に、「**つるぎたち**」（みにそふ・とぐ・ながこころ）、「**解衣《ときぎぬ》の**」（おもひみだる・さらなる）、「**時津風《ときつかぜ》**」（ふけひ）、「**とぶたづの**」（たづたづし）、「**遠つ国**」（よみ）、「なぐるさの」（投ぐる箭の＝とほざかる）、「鳰鳥《にほとり》の」（ふたりならびゐ・かづく・葛飾・おきなが）、「言《は》ふ葛《くず》の」（いやとほながく・したよこふ・ゆくへもなく）、「引繭《ひきまゆ》の」（こもる・いと・いとふ）、「吹く風の」（みえぬ・たより・あらち）などがある。いずれも興味津々である。

枕詞というものはそこに立ち会ってみないと、いったいどうしてこんな古語や歌語が連結の隙間に出入りしたのか、にわかにはわからない。しかしながら、いったんそのような連結に分け入った歌語はその後も、まことに奇妙な残響的文脈のなかで生き続けていくのである。

ぼくはかつて「ますらをの」が「たゆひ」（手結）にかかるもので、それが足結《あゆい》と一対になっていることや、また「もののふの」が「うぢ・いはせ・やそ」にかかるだけでなく、「おほまへつきみ」や「をとこをみな」を呼んでいることなど、まったく知らなかった。けれども越前若狭の多由比《たゆひ》神社の「王の舞」を見たとき、いっさいの謎が解けた。

こういうことは、いくらでもある。たとえば「やへむぐら」は植物名のヤエムグラのことではなく、「さす」とかかって、雑草の茂みと人とのかかわりを意味するのだし、「やまのゐの」は山の井のことで、山の清水を石を組んでさっと囲ったものなので「あさき」なのである。いろいろ納得したものだ。

ふりかえって、このような枕詞や懸詞《かけことば》や歌枕にそもそも関心をもったのは、折口信夫の『日本文学の発生序説』(角川ソフィア文庫)の「声楽と文学と」の三に、このように書いてあったことに甚《いた》く痺《しび》れたからだった。最後に引用しておきたい。

「一度発生した原因は、ある状態の発生した後も、終熄するものではない。発生は、あるものを発生させるを目的にしてゐるのではなく、自ら一つの傾向を保つて、唯進んで行くのだから、ある状態の発生したことが、其力の休止、或は移動といふことにはならぬ訳である。だから、其力は発生させたものを、その発生した形において、更なる発生を促すと共に、ある発生をさせたと同じ方向に、やはり動いても居る。だから、発生の終へた後にも、おなじ原因は存してゐて、既に在る状態をも、相変らず起し、促してゐる訳なのだ。」

この折口の説明は、ひたすら一つのことを強調している。いったん「そこ」におこった大事なモノ（霊・物）やコト（言・事）は、そのまま「そこ」の起源の由緒を語る面影として、どんなところにも休止なく転移できたということ、すなわちいいかえれば、どんな文脈から「そこ」にさしかかっても、その「発生」にまつわる観念技法力は衰えなかったということだ。

枕詞は面影発生の起源と由来を象徴的に保持してきた稀《まれ》なホットワードである。面影発生装置なのである。だからこそ、そうした枕詞は日本のさまざまな表現世界に出入りして、これらを自在にインタースコアしてみせたのだ。たんに何かと何かを連絡させたのではない。その発生の起源のボーカリゼーションとナラティヴィティをそのまま引きずって、インタースコアの旅をまっとうしてきたのであった。

第一五九九夜　二〇一六年一月十八日

参照千夜

八九三夜：白洲正子『かくれ里』　一七夜：堀田善衞『定家明月記私抄』　一〇八九夜：尼ヶ崎彬『花鳥の使』　一四三夜：折口信夫『死者の書』　一五〇〇夜：橋本達雄編『柿本人麻呂』　八一五夜：北畠親房『神皇正統記』　一二一五夜：土橋寛『日本語に探る古代信仰』　五二二夜：中西進『キリストと大国主』　八九夜：吉本隆明『藝術的抵抗と挫折』　四四七夜：上田秋成『雨月物語』　九九二夜：小林秀雄『本居宣長』

初折《しょおり》から名残《なごり》まで
百韻をつなげて「面影の遠近《おちこち》」を追う

伊地知鐵男

連歌の世界

日本歴史叢書　吉川弘文館　一九六七

宗祇《そうぎ》は「のきてつづく」と言った。「のく」は退くことで、その場から去ることをいう。関西では日常語でも「のきなさい」などと言う。連歌では、離れていく言葉や近寄らない一句の風情のことをいう。その離れる句を放ちながら、次に続けていくのが宗祇の連歌だ。続けるとは付句《つけく》をすることをいう。それが「のきて、つづく」なのである。

去嫌という。「去り嫌い」と読む。連歌一巻のうちに同字や同事が近接して多用されるのを嫌って、二句去り、三句去り、五句去りをあえて詠む。同じ言葉や同じイメージの言葉をわざわざ二句あけてつかい、三句あけて入れ、さらに五句をあけてから思い出すようにつかうという表現編集だ。体言止めと用言止めは続いていいが、体言体言で両句が止まるのも、去嫌《さりぎらい》とされた。

連歌にはこのような手続きがけっこうある。それぞれ感覚的で、陶冶《とうや》された言葉で説明される。

名残《なごり》という。「名残の折」のことである。連歌は一座をもって張行《ちょうこう》するのだが、いずれは、お開きになる。その終わりの折紙のお開きが名残の折だ。「のきてつづく」といい、「去嫌」といい、「名残」といい、連歌はたえずどこかが揺蕩《たゆた》っている。

連歌は百韻を一巻として、懐紙《かいし》全紙を横に半折《はんせつ》して折紙四枚に書きとめる。折紙は折目を下にして一句を二行に分けてしたためる。

第一紙が「初折《しょおり》」。その表の右端に張行年月日と場所を細字一行でしるし、句は全紙の三分の二のあたりから書き始める。表に八句、裏に十四句。第二紙が「二の折」で、表裏に各十四句ずつ、第三紙「三の折」も同じくし、第四紙を「名残の折」とみて、表に十四句、名残の裏に八句を綴る。三の裏と名残の表には、特別に「見渡し」などという綺麗《きれい》な名がついている。

連歌にはこういう規則が縦横に張りめぐらされていて、それを「式目」というのだが、そこが絶妙であって、また心地よい縛りになっている。名人級にもなると、一の折は「序」に、二の折は「破」に、三、四の折が「急」にあたるようにも詠んできた。しかし、規則はこんなものじゃない。微に入り細を穿《うが》って風韻のための縛りが考案された。それは放達怠惰から連歌を創発するための連歌師たちの工夫であった。

初心の者のために、わかりやすいところから案内するが、連歌は五七五の「発句《ほっく》」を七七の「脇句」で受け、これを五七五の「第三句」に転じて、以下を七七の短句と五七五の長句を交互に挟んで連ね、ついに百句百韻に及ぶものをいう。これがスタンダード・スタイルになっている。

その初折の第一の長句が「発句」、名残の裏の八句目すなわち一巻の百句目が「挙句《あげく》」になる。挙句の果て、一巻の終わりのお開きである。

参加者のことは会衆《かいしゅう》あるいは連衆《れんじゅう》という。四、五人から十数人集まって、頭役《とうやく》の世話のもと、宗匠と執筆《しゅうひつ》（書記役）あるいは右筆《ゆうひつ》の指南と記録によって、みんなで一巻を詠みあった。これを張行《ちょうこう》という。のちに亭主役が台頭し、張行主となった。そのばあいは脇句は張行主が詠み、第三句は相伴客《しょうばんきゃく》あるいは宗匠の次席にあたる者が詠んだ。そのうち宗匠が亭主をつとめることも多くなる。

張行するにあたっては、どこで会席をするかという選定からはじまる。二条良基《よしもと》が著した『連理秘抄』には「一座を張行せんと思はば、まづ時分を選び眺望を尋ぬべし」「大飲荒言の席、努々《ゆめゆめ》張行すべからず」などとある。

会席が決まれば、床の間に菅公天神または渡唐天神の画像あるいは「南無天満大自在天神」の名号の掛け軸をかけ、花を立てる。その前に文台と円座をもうけて宗匠と執筆が坐《すわ》る。宗匠の会釈とともにいよいよ連歌のスタートになるが、ここから懐紙の折り方、墨の摺《す》り方、筆の使い方の「持成《もてなし》」があって、発句の初五文字が復唱されるのを俟《ま》って、およそ十時間になんなんとする一座建立がはじまるのである。

これでだいたい見当がつくように、このような連歌一座の張行はのちの茶の湯にたいへん近い。というよりも、茶の湯は連歌形式をこそ真似た。侘茶《わびちゃ》をおこした村田珠光や武野紹鷗《じょうおう》は連歌師だった。

連歌は四折百韻をめざしてすすむのだが、そこに一貫した主題があるかといえば、そういうものはない。一句ずつに主題が移り、どんな趣向にも滞らないことが連歌の連歌たる風情になる。

一句ずつの前と後の句を「前句《まえく》」と「付句《つけく》」の関係という。この関係が付合《つけあい》である。前句と付句で二句一連、これが連歌の基本になっている。二条良基の裁断だった。和歌における上の句と下の句に付合関係が発展していったのだと思う。ということは、連歌は一種の〝唱和体〟というスタイルとテイストに懸けた文芸だということになる。

一例を出す。

宗祇《そうぎ》と肖柏《しょうはく》と宗長が有馬温泉で百韻を巻いたときの『湯山三吟《ゆのやま》』の初折表八句だ（わか

りやすくするために漢字になおしたところがある。こういう仮名づかい漢字づかいにも厳密な共鳴関係があるのだが、ここでは現代風にした。また見やすくするためにわざと行頭をくいちがいにしておいた)。

薄雪《うすゆき》に木の葉色濃き山路かな（肖柏）＝発句
　岩もとすすき冬やなほ見ん（宗長）＝脇句
松虫にさそはれそめし宿出でて（宗祇）＝第三句
　小夜ふけけりな袖の秋風（柏）＝第四句
露さむし月も光やかはるらん（長）＝第五句
　おもひもなれぬ野辺の行く末（祇）＝第六句
語らふもはかなの友や旅の空（柏）＝第七句
　雲をしるべの峰のはるけさ（長）＝第八句

肖柏の発句は初冬の湯山の景色を詠んだ。これはルールのひとつで、発句はその日その場に近い風物から入るものとされている。

句意は薄雪がうっすら積もりかげんなのに、紅葉の色はいっそう深くて濃いと言っている。雪と紅葉が季節をまたいでバランスをとり、それを「山路かな」と結んだ。そこで、宗長はこれに付けて「岩もとすすき」という秋の風物を持ち出し、その秋の風物を冬に持ち越して見るのも一興ですねと応えた。脇句はルール上は〝同季〟でなければならない。それで宗長は秋と冬の「あいだ」を詠んだ。

第三句は転回をしなければならない。前句には付けるが、そのもうひとつ前の句からは離れる。このもうひとつ前の句からの離れが「打越《うちこし》」である。どうするか。宗祇は前句を受けつつ、「松虫にさそはれそめし宿出でて」とやった。冬になりそうだった発句と脇句の意向を、ふたたび秋に戻したのである。これを「季移り」という。しかもまた発句の「山路」から「宿」にまで戻してみせた。

たんに戻したのかというと、そうではない。そこが宗祇の達意になるのだが、「さそはれそめし」が過去形であることで、宿を出たのは晩秋のこと、そこから、ああ初秋には松虫に誘われていたものだったが、その風情をいまもまだ聞いていたいという時を引っ張る心境にしてみせた。ここで一巡である。連歌用語でも一巡という。たった三句の付合であるが、その技芸たるやものすごい。

次の第四句は「軽み」と「あしらい」を要求される。これもルールだ。どのようにあしらうか。あしらうのにもかなりの芸能技倆《ぎりょう》がいる。そこで肖柏は「宿出でて」を宿立つに見て、「風を立つ」を連想した。連歌の王道は連想編集なのである。松虫なので夕暮れを踏襲し、そのうえで「小夜更ける」の時にした。

五句目はそろそろ加速していくところになる。そこで「袖」にあわせて「露」を縁語で入れた。これが和歌編集術に有名な「寄合《よりあい》」である。六句目は秋が三句続いたので、宗祇得意の「のきてつづく」を見せる。まずは季を去って「雑詠」として、詠み人を旅の途次にまではこぶ。そうしておいて前句の月の光の「かはるらん」を、思いも慣れない旅路の心の変わりにもちこんでいく。超絶の付句だった。

かくて七句目、肖柏は旅路の前句の「おもひもなれぬ」を旅路の不安から友と慣れ親しめない日々に変えて、ここで初折表八句では初めての〝人〟を出した。この〝人〟の出しかたを連歌では軽くして、無理をしないようにする。そして八句目の宗長。「語らふもはかなの友」は実は雲のようなもの、それが遥《はる》かな峰の向こうに見えていましたと、みごとに結んでみせた。

以上表八句は、冬二句、秋三句、旅三句の成立になっている。去り嫌いは一語も違《たが》わず、徹底されている。

とりあえず連歌の流れの見本を眺めてもらったのだが、これで肝を冷やすようでは、付合などほど遠い。たとえば、発句は言い切りも要請されていた。「山路かな」がその言い切りだ。この用法こそはのちに俳諧の切れ字になっていく。

このほか連歌にはいろいろルールがあるけれど、ここでは、本書が比較的詳細に紹介している「賦物《ふしもの》」について、以下、驚くべき連歌世界の極北極限の技芸を案内してみたい。その前に、ざっと連歌の成り立ちをふりかえる。

そもそものおこりからすると、連歌は二句一連の短連歌が最初にあって、それが次々に連なっていく長連歌に発展していった。

短連歌は、上の句の五七五と下の句の七七とを別人が詠む。院政期くらいまではこのスタイルだった。藤末鎌初《とうまつけんしよ》（藤原末期・鎌倉初期）になって、これが鎖のようにつながって、五七五に七七、その七七に五七五が付き、七七、五七五というふうに連鎖していった。これが長連歌である。短連歌なら、前句と付句の「あいだ」は縁語や掛詞などの、和歌にも常用されてきた手法でつなげていけばよかった。けれども十数句、数十句と続く長連歌では、そうはいかない。

何がそうはいかないのかというと、ここが良基や宗祇が仕立て上げた連歌の独得の考え方や感じ方になるのだが、連歌のおもしろみは展開や変化にあって、過度の調和をよろこばなかったのだ。ポエジーがしだいに移っていくこと、変移していくこと、うつろっていくことが求められたのである。

加わるに、連歌は一人が詠む歌ではない。一首を詠むのでもない。複数の連衆が次々に付合をして、五七五（上の句）と七七（下の句）をずうっと連ねていく。これを「膝《ひざ》送り」というのだが、それが歌仙《かせん》連歌なら三六句、花信風《かしんふう》連歌なら二四句、正式の百韻連歌なら百句に及ぶ。世吉《よよし》といって四四句を詠むこともある。当然、繰り返しやイメージの固着もおこる。それを避けたいのである。

やがて連歌は寄合《よりあい》の遊芸として、一座建立の文化として広がっていった。二条良基がリーダーとなった。貴族たちによる堂上《どうじょう》連歌だけでなく、民衆による地下《じげ》連歌も愉《たの》しまれた。

これらをディレクションし、仕切っていったのは連歌師たちである。宗匠とよばれた。とくに宗祇《そうぎ》の出現が大きい。

相国寺《しょうこくじ》にいたのだが、三十歳ごろに連歌を志し、宗砌《そうぜい》、専順、心敬《しんけい》に学び、東常縁《とうのつねより》に古今伝授をうけた。良基が編纂《へんさん》した『菟玖波集《つくばしゅう》』に対して『新撰菟玖波集』を選集した。その宗祇が連歌のポエジーをすばらしく高めていったのである。ぼくはいつか良基と宗祇について、何かを書いてみたいと思っている。

宗祇は連歌にも和歌同様の「長高《たけ》く有限にして有心《うしん》なる心」が漲ることをめざし、それゆえに「のきてつづく」や「去嫌」などの式目を貫いた。そこには絶妙の変化が求められた。

しかし、実際にはなかなかそこまでのポエジーは保てない。連衆の才能や感性もまちまちだ。放っておいたままでは一巻の張行はかなり勝手なものになる。実際にもそういう連歌もかなり横行した。連歌の王道は連想だとはいえ、それではただの連想ゲームがはてしなく分岐していくだけになる。

そこで、和歌や漢詩がもっていた物名《もののな》や隠名《かくしな》といったヒドゥン・ディメンションのルールを連歌全貌に浮上させることにした。それが賦物《ふしもの》という方法だった。「賦」とは「分かち配る」という意味だ。

この賦物世界がものすごい。決められた名や言い回しを分かち配って詠みこむのだが、けっこうアクロバティックになっていった。

二句一連ならば、たとえば前句に鳥の名が出てくれば、付句は魚の名をつかうというふうになる。それで終わる。この短連歌ふうの対応関係を、しかし賦物連歌では、長句（五七五）で鳥を詠み、短句（七七）で魚を詠みというふうにして、百韻すべてに交互に鳥と魚を分かち配って及ばせたのである。

一例を案内する。「花鳥《はなどり》の床に散りしくすすき哉《かな》」の前句に、「こがらしながら枯るる秋草」と付けた。定家の『明月記』にある例である。床に散らばるススキに秋草の枯れた風情を付け合わせたわけであるが、よくよく見ていただきたい。ここには魚と鳥の賦物がある。ススキは濁点をつけない中世ではスズキとも読めて、これは鱸《すずき》なのである。

付句のほうはといえば、ここには木枯《こがらし》のなかにコガラという鳥がいる！　こういうものを「賦《ふす》鳥魚連歌」といった。これは大喜利《おおぎり》や「笑点」だ。それをなんとも百韻にわたって連打しつづけたのである。そうなると大喜利ではすまない。西鶴のレベルになる。

どんな賦物が用意されてきたか、一端を紹介しておく。その技巧の曲芸におそらく茫《ぼう》然《ぜん》自失となること請け合いだ。

まず初級では賦名所連歌というものがある。「月にふるしぐれや風の音羽山」に対して「散らぬ紅葉に相坂《おうさか》の関」と応じた。相坂は蟬丸の逢坂の関だ。こういうふうに名所を次々に折り込んでいく。これはなんとかなるだろう。冠字《かんむりじ》連歌もわかりやすい。たとえば「いをねぬや水のもなかの月の秋」に続いて「ろをおす舟の初雁の声」というふうにする。頭字で「い・ろ・は・に」を折り込んで詠んでいく。これは楽なほうであるが、百韻に近づくにつれ、そうとうに大変になる。

有心無心の賦物連歌は有心と無心を何かにかこつけて詠む。ここでは、「有心」とは和歌の風尚《ふうしょう》をもつ句のことを、「無心」とは俳諧的でちょっと滑稽《こっけい》な趣向の句のことをさすと思ってもらえばよい。たとえば「えせ衣被《きぬかつ》ぎ猶ぞねり舞ふ」に「玉鬘《たまかつら》だれに心をかけつらん」というふうに応ずるわけだ。

やや中級になると、本歌取りをしつづける賦物連歌や、色を付ける賦黒白連歌などがある。「乙女子が葛城山《かつらき》を春かけて」という前句に、「霞《かす》めどいまだ峰の白雪」といったふうに付ける。葛城の黒に対して白雪の白を入れるという手順だ。ところがそれが賦五色連歌になると、だんだん怖くなる。次々に五色を連ねていく。こんな例がある。

風ぞ秋　松をばそむる露もなし（松↓青）
　女郎花《おみなえし》ちる雨の夕暮れ（女郎花↓黄）
子鹿なく末野の入り日山越へて（入り日↓赤）
　いづるか月の影ぞほのめく（月↓白）
空の色くらきは雲のおほふらん（くらき↓黒）

こうなると五色をいつも頭に浮かべ、ほとんどアタマの中をカラーグラデーション状態にして詠む。しかもその他の連歌ルールはちゃんと生きているのだから、これはグラフィックデザイナーの色指定やCGの百万色指定のようなものだ。それを言葉でやりとげるのだ。しかし、この程度で驚くのはまだ早い。

畳字《じょうじ》連歌では漢語の熟語を詠みこんでいく。「真実の花とは見えず松の雪」に、「明春さこそつぼむ冬梅」というように、真実・明春といったふだんは和歌にも連歌にもつかわない漢語を入れる。そのためふだんから漢詩文と和歌文の両方をマスターしている必要がある。これはかなり教養がいる。

さらに、手紙文や文章ふうに連歌していくものもある。「催促かしての遅参の春の夢」に、すかさず「所存の外に梅や散るらん」と付けるのだ。催促・遅参・所存が手紙用語のフィルターだ。一座はこれで一挙に候《そうろう》の気分になっていく。

こうしてついに技巧の極致があらわれる。賦回文連歌にまでゆきつくのである。例示をするのも溜息《ためいき》が出るのだが、こんな例がある。

だいたい和歌を回文にするのなんて、とてつもなくむずかしい。それを五七五とし、さらに七七とする。それにまた五七五を付ける。とてもできそうもないけれど、それをやったのだ。たとえば、前句は「なかば咲く萩のその木は草葉かな」。読みくだすと「なかはさくはきのそのきはくさはかな」となっている。この回文歌を作るだけで大騒動だけれど、次の連衆はその前句の意味に共鳴しつつ、七七回文を作るのである。「菊の枝《え》も名は花萌えの茎」（きくのえもなははなもえのくき）というふうに！　ここには「萩」に「菊」という賦花連歌の寄合さえ生きていた。

いささか驚かせすぎたかもしれない。こうした超絶技巧ばかりをあげたかったわけではないのだが、賦物の縛りによって連歌が行くところまで行ったという話をしておきたかった。本書の著書の伊地知鐵男さんが賦物に詳しいということもあった。伊地知さんは宮内省図書寮《ずしょりょう》から早稲田の先生になって、ひたすら中世連歌を研究した。汲古書院に著作集がある。

ともかくも、連歌は季節・色合い・歌枕・名物・本歌のみならず、あらゆる編集技法を駆使しての文芸だったのである。類似・比喩《ひゆ》・対照を用い、対立・付属・共振をゆらし、引用・強調・重用を散らせて、つねに連想を鍛えに鍛えぬく。編集技法に関心のある者は一度は覗いておくべき言語表現世界なのである。

なぜ連歌がこのようになってきたかといえば、そこが本書が最も重視しているところになるが、連歌は「唱和と問答」の韻文化であって、かつそのことを一座を組んで相互の参画状態にしていく遊芸であったからだった。コミュニケーションの芸能であって、コミュニティの文芸なのだ。

これほどにスリリングでエキサイティングな連歌であるのに、今日では連歌を巻いている連中はほとんどいない。連句ならば大岡信・丸谷才一・安東次男らがたびたび歌仙を巻いていたのだが、連歌は少ない。

連歌を遊ぶ人が少ないだけでなく、連歌の案内にも一般の読者にわかりやすいものがない。研究書ばかりなのである。本書も多少は初心者にもわかるようにしているようなのだが、途中から中世近世の連歌の実際の精査克明な紹介になっていった。

ぼくはたまたま帝塚山学院大学の人間文化学部のセンセーを引き受け、そこで鶴崎裕雄さんと〝同窓〟となり、宗長の研究者でもある鶴崎さんが定期的に仲間を集めて連歌を巻いているばかりか、二〇〇一年九月からは「朝日新聞」大阪版で「朝日連歌会」を紙上連載していると知って狂喜したのだが、こういうことはたいへんにめずらしい。この三月をもって鶴崎さんは定年で帝塚山をおやめになる。ぜひとも鶴崎さんに誰もが高度に遊べる連歌三昧《ざんまい》の一書をものしていただきたいとおもうばかりだ。

では、その鶴崎さんを宗匠とした朝日連歌会の一部を最後にお目にかけておく。なかなかの〝立派〟(派を立てること)である。発句は鶴崎宗匠の「遠近《おちこち》ゆ言の葉寄るや秋の天」というもの。これから始まる二一世紀の紙上連歌に寄せる熱い思いが、「遠近ゆ」の歌語をもって高らかに宣言されている。以下、主婦やら神主さんによる表八句だ。

遠近ゆ言の葉寄るや秋の天
　筑波の満ちにすだく虫の音
　　草生《お》ふる水際に月の影さして
　　　船脚速く若人ら過ぐ
流す汗夢はいづこに宿るらん

包みの中は手縫ひの浴衣
故郷の香り漂ふ縁のうち
昔登りし山のもてなし

第七三九夜　二〇〇三年三月二五日

参照千夜

一二一九夜：心敬『ささめごと・ひとりごと』　一七夜：堀田善衞『定家明月記私抄』　九夜：丸谷才一『新々百人一首』

面影を追う連歌師は
ついに「冷えさび」の絶巓に至った

心敬

ささめごと・ひとりごと

久松潜一編『中世歌論集』岩波文庫　一九三四
伊地知鐵男校注訳『連歌論集・能楽論集・俳論集 日本古典文学全集51』小学館　一九七三
湯浅清『心敬の研究・校文篇』風間書房　一九八六／横山重編『心敬作品集』角川書店　一九七二

今夜はぼくの六四歳の誕生日である。しきりに心敬のことを考えている。「遠山を墨絵に庭の枯木かな」「梅おくる風は匂ひのあるじかな」。これが心敬だ。ついで「氷ばかり艶《えん》なるはなし」と言ってのけた。氷ほど美しく、氷ほど艶《つや》やかで、余情《よせい》のあるものはない。そう、言い切ったのである。そして、このことを「冷え寂《さ》び」と呼んだ。冷え寂びることがどうして艶なのか。そのことをしきりに考えるのだ。

約三十年前のことだった。唐木順三の筑摩叢書の名著『無常』で、初めて心敬に出会った。読みすすむうちに名状しがたい衝撃をうけた。唐木はこの本の前半を「はかなし」の分析にあて、後半を「無常」の解明にあてていた。その後半は、法然の発心《ほつしん》から恵心・親鸞の浄土観、一遍の彼岸死の往生観、ついで『徒然草』の無常論ときて、最後に「飛花落葉」の心性を宗祇《そうぎ》と芭蕉まで追うにあたって、心敬をその出発にした。

なぜ唐木が心敬を出発にしたかといえば、心敬にあっては飛花落葉は草木の露のように「此世の夢まぼろしの心」のよすがだったからである。心敬はそのよすがのために、あえて「ふるまひをやさしく、幽玄を心にとめよ」と言った。唐木はそこに注目した。思い返せば、その唐木の注目がぼくの心敬との最初の出会いとなった。

これは僥倖《ぎようこう》だった。たとえばのちに篠田一士の『心敬』(筑摩書房)を読んだけれど、これなどはまったくつまらぬもので、あの篠田にしてなんたるていたらくかと思った。もしこんなものを読んだのが心敬との最初の出会いになっていたら、ぼくの心敬は十年か二十年か遅れていたことになったろう。

日本の文芸は、紫式部の前後から「艶《えん》」に注目していた。優美であって数寄《すき》なるもの、それがそもそもの艶だった。だから心敬は、『源氏物語』に綴られているものたちの「ふるまい」が艶だとみなした。そして、感情《かんせい》、面影《おもかげ》、余情を旨として、「幽玄」と「あはれ」を心していけば、それが「いみじき至極の艶」になると見た。

とくに面影だ。あとでも言うが、心敬が最も尊いものと思っていたのは面影なのである。面影が艶をつくる正体なのである。

ここまででも、充分、どぎまぎするほどの指摘だが、心敬はその先にさらにきわどい身を投じた。それは、なんと「心の艶」は「寒くやせたる」のがいいというものだ。これにはさすがに驚いた。「寒くやせたる」とは何事か。寒い？ 痩《や》せている？ 艶を寒くしろというのだろうか？ これでは引き算を一気にしてしまっているではないか。感情、幽玄、あはれ、面影、余情と追ってきて、最後の最後になって艶は「寒くやせたる」になるのか。

唐木は『無常』を書いた段階では心敬の「寒くやせたる」には突っ込んではいなかった。それ以上のことを言及していなかった。しかし唐木は放置したのではなかった。この人はそういう人ではない。必ず起点に戻ってくる。

一九七六年か、翌年のことだったろうか、『日本人の心の歴史』上下巻（筑摩叢書）では、心敬の『ささめごと』を引いてついに「冷え寂び」に分け入った。唐木が引いた『ささめごと』の次の一節は、いまや知らぬ者がない箇所になっている。

　昔の歌仙のある人の、歌をばいかやうに詠むべきものぞと尋ね侍れば、枯野のすすき、有明の月と答へ侍り。これは云はぬ所に心をかけ、冷え寂びたるかたを悟り知れとなり。さかひに入りはてたる人の句は、此の風情のみなるべし。

有名になりすぎた一節だが、その意図を汲《く》みきるのは必ずしも容易ではない。心敬は「これは云はぬ所に心をかけ、冷え寂びたるかたを悟り知れとなり」と言うのである。「冷え寂びたるかた」を心せよと言うのだ。それが「さかひに入りはてたる人」の風情というものだと言うのだ。ここまで言っていいのかというリミナルな幽境である。

さらにはこのあと、「水精《すいしょう》の物に瑠璃《るり》をもりたるやうにと云へり。これは寒く清かれとなり」とも言っている。寒いけれど、清い。それもガラスのコップに一杯の水が入っているだけの、そこに光が当たっているというだけの、ただそれだけの清冽《せいれつ》だ。それ以上の何があるかという問いなのだ。

唐木はさらに、『ひとりごと』から次の一節を引いていた。事態はついに、水から氷にまですすんでいく。

氷ばかり艶なるはなし。苅田の原などの朝のうすこほり。ふりたるひはだの軒のつらら。枯野の草木など、露霜のとぢたる風情、おもしろく、艶にも侍らずや。

少々ながら、当時の読書時のことをふりかえって解説をしておこう。唐木は『日本人の心の歴史』を、まず（1）「見れど飽かぬ」で始めたのだった。ついで、（2）万葉の「思ふ」が（3）古今の「見る」になって心で見るになっていったこと、そのため（4）「春秋がいづれまさる」を競い合わせ、（5）季節の呼び寄せが明示化され、（6）四季の彩りの配列と、（7）その部立《ぶだて》化が進捗《しんちょく》したと説明して、そこでいったんは定家の「見渡せば」などの牽引《けんいん》によって（8）「秋の夕暮」への傾斜が深まったのだが、そこから一気に転じて、（9）「冬の美」の発見に向かったのだ、と説いたのである（数字は『日本人の心の歴史』の章立て）。

ぼくはそのあたりでぜいぜい喘《あえ》いでいたのだと思う。「氷ばかり艶なるはなし」の面影がついに近くなってきたという、ぜいぜいだ。

唐木はここで明恵《みょうえ》、道元、世阿弥と連打した。明恵は「雲を出でて我にともなふ冬の月　風や身にしむ雪やつめたき」、道元は「冬草も見えぬ雪野のしらさぎは　おのがすがたに身をかくしけり」だった。

二首ともに、なんだか凄いものを詠んでいる。明恵は「風や身にしむ雪やつめたき」と言っているのに（これは当たり前だ）、それは「我にともなふ冬の月」の心だというふうにした。道元は雪野の白鷺《しらさぎ》をまるでマレーヴィッチのシュプレマティスムか、あるいは北園克衛の「白の中の白」のように見るのだが（これも当たり前だ、でもしかし）、それは我でもあって、それゆえの「おのがすがたに身をかくしけり」というのだ。そうなのだ、ここでは「すがた」が「身」を隠してしまっている！

さあ、とんでもないところへ来たぞと思うまもなく、唐木は第九章を「冬の美」とタイトリングして、世阿弥から話を一気に心敬に飛ばしていったものだった。

世阿弥の話は、むろん幽玄や「時分の花」などのことである。その当時のぼくにとってもおなじみのものであるが、とはいえ唐木はそういう話をしながら、突然に『花鏡《かきょう》』の次の一節を提示した。こういう介入は、当時のぼくにはまだ新鮮だった。

心《しん》より出でくる能とは、無上の上手の、申楽《さるがく》に物数ののち、二曲も物まねも儀理（＝筋のこと）もさしてなき能の、さびさびとしたる中に、何とやらん感心のある所なり。是を、冷《ひえ》たる曲と申す也。

心《しん》なる能の無上の上手とは、「冷えたる曲」というものである。「さびさびとしたる」で、「冷えたる」ということが世阿弥の幽玄だったのである。

そのころは『花伝書』（風姿花伝）だけで、まだ『花鏡』をちゃんと読んでいなかったぼくは、このあたりでかなり浮足立っていたのではないかと憶《おも》う。しかしすぐに、ぜいぜいはどぎまぎに変じていった。世阿弥はつづいて「凍《し》み氷りて、静かに美しく出でくるままに能をすれば、番数重なるとき、能の気色沈む相あり」と加えていたからだ。おお、おお。これはまさしく「花」から「氷」への転換だ。花に氷などではない。花がなくなって、氷だけがある。そういう花から氷への転換である。

このときぼくは、この「花から氷への転換」をのちのち誰かに説明するのは控えようと思った（たとえば中川幸夫や川瀬敏郎には話したかったけれど）。こういうことはめずらしい。ぼくはめったに入手したトピックのありかを隠さない。なのに、この世阿弥と心敬については保留した。

それにしても唐木が心敬からの出発を説くにあたって、明恵・道元・世阿弥と連打したのは痛烈だった。当時のぼくは、「さびさび」「凍み氷る」「冷えたる」「沈みたる」にひたすら右往左往するばかりだった。しかしながら唐木は平然と、これをさしずめ「寂寥相」というべきかなどと書いていた。

あれから三十年。ようやくぼくのなかにも、いよいよ心敬の本来が登場したのである。「艶」はまっしぐらに「冷え寂び」になっていったのだ。

さて、ここからは心敬の『ささめごと』や『ひとりごと』などの著作のなかの彷徨《ほうこう》と、和歌や連歌の心敬風雅のたゆたいに入りたいのだが、その前に心敬の生い立ちをかんたんに紹介して、連歌師としての作風をスケッチしておくことにする。年譜は主として金子金治郎の『心敬の生活と作品』（桜楓社）を参考にした。

心敬の七十年ほどの生涯には仏道と歌道の両面が交差していた。それは西行とほぼ同じだ。ただし、連歌師心敬を知る者にはその仏道があまり見えてはこないのだけれど、心敬自身には仏道に励んで、むしろ歌道に精進しきれなかったという晩年の回顧があった。最晩年の『老のくりごと』には「むねの内、さながら、かたみに入る水のごとく、一の露もとどまらず」とあって、仏道のために多くの時を費やしていたことをふりかえっている。

心敬が生まれたのは応永十三年（一四〇六）の紀州名草の田井庄《しょう》である。三歳で都に上ってからの詳細はないが、十五歳で清水坂の南にあった十住心院に預けられ、そこから比叡山の横川《よかわ》に入って仏道修行をした。この時代は後小松天皇時代、足利義持の四代将軍時代にあたる。応永は三五年間も続くのだが、政情はなんとか安定していた。

十住心院はしばらく心敬のステーションになった。横川の修行がおわるとここに落ち着いた。そこは管領《かんれい》畠山家の氏寺でもあった。そのため応仁の乱では心敬の立場は微妙なものとなるのだが、そのような政治とのかかわりばかりでなく、のちのち長きにわたって師と仰いだ正徹《しょうてつ》が初めて訪れてくれたのも、この十住心院だった。それが二四歳ころのことだ。以来というもの、心敬は「清岩和尚（正徹）に三十年師事」（『ひとりごと』）という立場を貫いた。

永享三年（一四三一）、心敬二六歳のとき、将軍義教《よしのり》が十住心院に渡御して毘《び》沙門《しゃもん》講をひらいた。それから二年後、北野社の社頭で将軍主催の一日一万句の連歌会が催され、心敬も召し抱えられている。将軍義教と管領細川持之《もちゆき》のもと、会衆には一条兼良や九条教《のり》満《みつ》や二条持基が並び、連歌師にも北野連歌会所奉行の承祐《しょうゆう》を筆頭に、忍誓《にんぜい》・能阿・宗砌《そうぜい》・親当《ちかまさ》らの当代一流が加わった。

お歴々が揃っているが、心敬は連海《れんかい》法師の名で日野中納言裏松義資《よしすけ》の席に連なって、第三を勤めた。連海は法名であろう。お題は「梅」だったようで、山何百韻の第三までの記録がのこっている。

万代をしらゆふかけよ八重ざくら（日野中納言）
　みどり春めく神の御さかき（藤原宗有）
朝日寺てらす宮井は長閑《のどか》にて（連海法師＝心敬）

寺と照らすを掛けたり、固有名詞を入れこんだりの、やや技巧に走ったもので、のちの技巧を捨てた心敬の詠みとはずいぶんちがっている。しかしこれをきっかけに心敬は十住心院の住持として、いわゆる歌僧時代の二十年をおくることになった。

歌僧心敬を指導しつづけたのは正徹である。今川了俊の筋にいた。ぼくはいっとき正徹にも目がなかったのだが（とくに『正徹物語』）、ここではその歌業については省く。

その正徹が何を心敬にもたらしたかは、あきらかだ。ひたすら無常を伝えた。正徹自身が無常をかこっていた。心敬が三十歳になったころの歌に、「三十《みそじ》よりこの世の夢は破れけり松吹くかぜやよその夕暮」（百首和歌）があるのだが、これは、正徹の歌が最後の勅撰和歌集となった『新続古今和歌集』（飛鳥井雅世の撰）に一首しか採用されなかったことを含めて、そのころの正徹に「はかなさ」や「無常」が忍び寄りつつあったことを継承していた。心敬は同じころ次のような歌ものこしていた。

はかなくもこのよの夢に入《いる》ひとの玉のを（緒）とめぬみじかよの空

こうして「はかなさ」を内に入れるようになった心敬は、しだいにその面影を寂しいものにしていった。それが四十代から五十代にかけてのことである。百韻連歌のいくつかから、その展開の妙をとりだしてならべてみれば、その心敬の職能力も伝わってくる。心敬の変化も見える。

うちしほれわくる裳裾《もすそ》に鴫《しぎ》ぞ立つ
　山田のはらの霧のゆふ暮（心敬）
人もなき苅田のはらに立つ鴫や
　をのがあはれを寝にもなくらん（師阿）
時雨ゆく遠山もとのははそ原
　くれなゐまではえやは染ぬる（毗親）
染めのこす峯のもみぢ葉ひさかたの
　山より北の色なしぐれそ（心敬）
泊瀬女が秋の手染のかた糸を
　こよひあはせにむすぶ露かな（心敬）
かけうへし井垣のみしめ末終に
　契りありてやなびきあふらん（青阿）

正徹は七九歳で往生した。長禄《ちょうろく》三年（一四五九）、心敬が五四歳のときである。「ことの葉はつゐに色なきわが身かな　むかしはまま子いまはみなし子」というドキッとするような歌を送っている。

何という歌だろう！　ぼくは「昔は継子《ままこ》、今は孤し児《みなご》」などとは、とうてい歌えない。あえていうのなら、かつて『日本流』(ちくま学芸文庫)や『日本という方法』(NHKブックス)で内村鑑三と野口雨情とを〝棄民論〟でつなげたときに、やっとのこと、この凍《い》てついた意味を指先でたどれた程度であった。だから、ぼくにとってはここからが本気の心敬なのである。ぼくは居住まいをただして、そう思った。

実際の心敬がどういうふうになっていったかといえば、一方で『ささめごと』を綴って連歌をゆさぶり、『ひとりごと』を綴って正徹門下を動かし、そして自身は発句に冷えていったのだ。その跡のよすがを知る『心玉集』に、こんなふうにある。

眦親が「霜の色そふかみのあはれさ」と詠むと、心敬は「櫛《くし》の歯に風も音する冬の空」とやったのだ。正頼が「露もりあかす草のかり庵」とつなげたら、心敬は「いにしへを忘れぬ山の夜の雨」と切ったのだ。いや、有名な『芝草』では、それを自分一人でやってもみせた。その一方で『ささめごと』や『ひとりごと』にどんなことを綴っていたのかは、あとでふれる。

寛正《かんしょう》四年(一四六三)、心敬は故郷の紀州に帰った。帰って氏神である田井庄のお宮に参籠し、法楽の『百首和謌《わか》』を詠進した。なぜ故郷に帰ったかといえば、都が吹き荒れたからである。応仁の乱の激突まではあと三、四年のことである。

ところが戻ってみた紀州にも、畠山の家督争いが及んでいて、心敬は「紀州十余年のみだれ」に身を乱される。「月のみぞ形見にうかぶ紀の川やしづみし人のあとのしらなみ」。ここにおいて述作することになったのが『ささめごと』だった。まさに無常の極点において綴ったのであろう。そして綴りおわると、都に帰京した。五九歳になっていた。

しばらく都をあけた心敬は、細川勝元の重臣の安富盛長が張行した「熊野千句」の宗匠として迎えられた。つづいて、践祚《せんそ》した後土御門《ごつちみかど》天皇の連歌会にも招かれた。一日二座の観桜連歌もあった。心敬はしだいに多忙をきわめるのだが、そうなればなるほどその風韻は冴《さ》えわたっていった。

このころの発句に、ぼくが好きな「梅おくる風は匂ひのあるじかな」があった。時代のほうはついに応仁文明の大乱に突入していくのである。連歌史上からいうと、このときこそ世間が心敬の凍えるような感覚の軍門にくだるのだ。「心あらば今をながめよ冬の山」。この山を面影とみなした歌はまさに道元に匹敵していよう。

六四歳がやってきた。今夜のぼくの年齢だ。

心敬は『ひとりごと』を述作し、『心玉集』を精選し、「雲はなほさだめある世の時雨かな」と詠んだ。そして、どうしたか。伊勢に向かい、大神宮に参籠すると、そのまま東国に下っていった。ここから先、心敬はただ旅ばかりの歌詠みになっていく。伊豆にも富士にも品川にも、川越にも日光にも会津にも、ついには白河の関にまで脚を伸ばした。それはもはや芭蕉の一歩手前なのである。

かくて文明七年（一四七五）、心敬は太田道灌に請われて「法華二十八品和歌」と「武州江戸歌合」の判者を務めると、そのまま一人で相模大山《さがみおおやま》に入り、そこで静かに示寂《じじゃく》してしまうのだ。七十歳だった。そのときまで、ぼくにはもう少しあるようだ。

さて、『ささめごと』『ひとりごと』である、そして連歌や発句の心敬のことである。さまようのはいくらでも果てなくなりそうなので、今夜は何かのレンズをつけて焦点を動かすことにする。

まず、以前から気になっていたのだが、心敬には「打ち消し」が効いているということが目立つ。こういうぐあいに。

古寺は松の戸たたく人もなし
散る花にあすはうらみむ風もなし
朝霧に萩の葉ぬれて風もなし

日をいたむ一葉はおとす風もなし
あさ鳥の霞になきて花もなし
世は春とかすめばおもふ花もなし
朝ぼらけ霞やちらす花もなし
散るを見てこぬ人かこつ花もなし
夏の日は草葉を夜の露もなし
神な月山里ならぬ宿もなし
雪はれて鏡をかけぬ山もなし

心敬ばかりがこういう打ち消しを詠んでいるのではないが、心敬にはこの意図がいっそう強い。ぼくはイシス編集学校の「お題」をつくるときに、「そこにないものをあげなさい」という独特のエクササイズを冒頭に組みこんでみたのだが、このように何かを歌い出したり、何かに向かうにあたって、当初に「ないもの」から始めるというのは、たいそう好きな方法の端緒なのである。最後にあげた「雪はれて鏡をかけぬ山もなし」には特段にそのことを感じる。

はたして初期の心敬にそういう意図があったかどうかは知らない。あったとすればブレヒトの〝異化〟に匹敵する方法だ。そこはどうなっていたかは予想がつかないけれど、これがいずれ「こほり」や「寒さ」や「枯れ木」の独壇場になっていくのを知ってみると、存外、このころから心敬には「欠如や欠損をめぐる美意識」が芽生えていたかとも思われる。

これはつまり「負の芽生え」の肯定というものだ。「負をもって面影をのこす」という方法だ。結局、ぼくが心敬に惚れるのは「面影を負をもって詠む」という方法に惹かれてのことだったのであるが、それはいろいろ見ていくと、けっこう早期の心敬にも萌芽していた。

その「負」や「打ち消し」にも多少つながるのは、心敬がしきりに「青し」や「にほひ」を通して、色があるのかないのかわからない境い目のようなところに歌を投じていっていることだろう。敷島の道においては、「にほひ」や「色」は匂ひ立つものであり、立ち上がってくるものである。ところが心敬の歌は、そうではない。消え残るのだ。これらは「負の手前」のものなのだ。

水青し消えていくかの春の雪
風おろす山松あおし雪の庭
露青き草葉はかうへに枯れやらで
月に見ぬおぼろは花のにほひかな

みる人を色なる月のひかりかな

これで見当がつくように、心敬の「にほひ」は「水青し消えていくかの春の雪」や「月に見ぬおぼろは花のにほひかな」をへて、「みる人を色なる月のひかりかな」のほうへ至るのだ。そして、こうなる。

松の葉に冬野の色は残りけり

ぼくには小学校四年生くらいに「木の箱にいちごの色の残しけり」と、中学生になったばかりに「赤い水のこして泳ぐ金魚かな」と詠んだ句があったものだが、これはたんに色めいただけのこと、「冬野に色」というふうにはならなかった。

心敬においては、松の葉と冬野は僅少《きんしょう》きわまりない色だけで響きあっている。それを理解するには、「みる人を色なる月のひかりかな」の感覚のまま、「松の葉に冬野の色は残りけり」に入っていくといいのだろう。心敬はこのように、二つに離れた現象内感覚を最小の共鳴で結ぶのが得意なのである。それは引き算による残部僅少というものだった。

そこで、ようやく連歌独吟ということになる。引き算がきわどい一人連歌だ。「山何百韻」や「何路百韻」から少々あげておく。

心あらば今を眺め世冬の山
　紅葉もすこし散りのこる枝
　　木枯のときしもあらく吹きいでて

こほるばかりの水ぞすみぬる
　打ちしほれ朝川わたる旅の袖
棹のしづくもかかる舟みち

世の中や風の上なる野辺の露
　迷ひうかるる雲きりの山
啼《な》く鳥の梢うしなふ日は暮れて

月にも恥ぢずのこる老が身
　吹く風の音はつれなき秋の空
　むかへばやがて消ゆる浮き霧

これらはまさしく「うしなふものの寸前」を詠んでいる。その寸前だけを詠みたくて詠んでいる。あるいは「消へるものの直前」の、それでもなお消え残って残響している「にほひ」や「ひかり」を詠んでいる。

ナッシングなのではない。ナッシング・ビーイングなのである。それが「むかへばやがて消ゆる浮き霧」なのだ。が、ここまではまだしも古今・新古今の和歌の風雅や余情の延長でも語れるものがあった。まだ余人を許さないというほどではない。それがこのあとの心敬においてはさらに冷えてくる。痩せてくる。枯れてくる。

こうなると、もはや心敬を誰かと比較することすら不可能だ。唐木順三はそこをよくも心敬以外の者と比較しながら分け入ったものだった。

それでは、『ささめごと』とその後における冷え寂びていく口調を、ぼくなりの順でつかまえておく。こんなふうなら、どうか。

まずは、この一節。「心詞《こころことば》すくなく痩せたる句のうちに秀逸はあるべし」からである。これは草稿なのだが、それがのちの決定稿では「心詞すくなく冷えたる句のうちに秀逸はあるべしとなり」というふうになる。なんと「痩せたる」が「冷えたる」に移っていくのだ。

ついでは、このことを言い換えて、「有《う》心躰《しんたい》とて心こもりたる躰、たけたかき躰とてさむくやせたる方をまなび」とのべて、「たけたかき躰」と「やせさむき躰」とを重ねてみせていく。こうなると、まったく余人には手が出ない。「たけたかき」(長高き)と「やせさむき」(痩寒き)は重ならない。のみならず、『老のくりごと』では「たけたかく、ひえほこり侍る」というふうに出していく。これらの微妙な変化さえ、集約すれば、すべからく「冷え」なのだというふうに断言していくのだった。

痩せるも有心、冷えるも有心。寒きも有心なのである。無心ではない。有心なのである。それにしても心敬は「冷える」ということをどんな意味でつかまえたかったのだろうか。次の歌を知らなくてはならない。

秋きては氷をむすぶ清《し》水《みず》かな
山深し心に落つる秋の水
日やうつる木下《このした》水のむらこほり
日を寒み水も衣《きぬ》きる氷かな
とちそひて月は入《い》るまの氷かな
下葉行くささ水寒き岩ねかな
氷りけり瀬々を千鳥のはしり水

この絶品の連打は、まさに凍てつく艶である。零下の歌謡というものだ。あえて写生的にとらえれば、これらはだいたいは「薄氷」の表象だろうということになるかもしれないが（そう主張する研究者も多い）、ぼくは必ずしもそのように限定しなくともいいと思っている。

そのように限定しないほうがいいと思える証拠の端的な一節が、やはり『ささめごと』にあった。「道に心さし深くしみこほりたる人は、玉のなかに光をたづね、花のほかに匂ひをもとむるまことの道なるべし」というものだ。「深くしみこほりたる人」というのは「凍み氷る人」ということだが、心敬はそれこそが「道心」をもつ人だというのだ。ついに人倫さえ冷え寂びたのである。それはまた、光といえば「玉」を、匂いといえば「花」を詠むようなクリシェな連中からは生まれまいとも言っている。このことについては『芝草』の自注において、さらに決定的になっていく。

しかし、さすがにそろそろこのへんが絶巓《ぜってん》である。あまりに冷えきっている。あしたは雪かと思うばかりだ。『芝草』の自句自注ではこのように絞りあげている。「木枯らしはさしもさえこほり侍れば、わが哥道《かどう》のあたたかなる方をさそひうしなひ侍れかしと也」。こう綴ることによって、自分の温かなところもいっさい払拭してみようと決断をしているのだ。

勘違いをしてもらっては困るのだが、これは非情を決断したというのではない。今夜は解説しなかったけれど、心敬は横川に学び、歌道よりも仏道に時を費やした歌僧なのである。さまざまに仏教の蘊蓄《うんちく》も傾けている。とくに三諦《さんたい》止観を中核にすえた天台教学への深まりには尋常でないものがある。仏道が慈悲に支えられていることなど、よくよく弁《わきま》えていた。それでも心敬は、自身の温もりを断とうとした。生活の日々でそうしたいというのではなく、歌において断ち切ったのだ。こんなこと、ぼくにはとうていできそうもない。

こんな歌がある。とんでもない歌だと見ていいだろう。こういう歌を中世に他の歌人や連歌師は詠んでいたのだろうか。ぼくには思い当たらない。「心を殺す春」という歌だ。「春は遠くからけぶって来る」と書いた朔太郎も、とうてい及ばない。

人の世は花もつるぎのうゑ木にて人の心をころす春かな

ああ、今夜も喘々《ぜいぜい》してきた。もう、やめよう。誕生日はやっぱり不吉だったのだ。誰かと一緒に無常をしようとおもっていたけれど、その時間さえなくなってきた。冷え寂びの面影は、やはり格別すぎている。

第一二一九夜　二〇〇八年一月二五日

参照千夜

八五夜：唐木順三『中世の文學』　一二三九夜：法然『選択本願念仏集』　三九七夜：親鸞・唯円『歎異抄』　三六七夜：吉田兼好『徒然草』　九九一夜：芭蕉『おくのほそ道』　一五六九夜：紫式部『源氏物語』　九八八夜：道元『正法眼蔵』　一一八夜：世阿弥『風姿花伝』　四七一夜：マレーヴィチ『無対象の世界』　七五三夜：西行『山家集』　二五〇夜：内村鑑三『代表的日本人』　七〇〇夜：野口雨情『野口雨情詩集』　六六五夜：萩原朔太郎『青猫』

我が子は二十《はたち》に成りぬらん
博打《ばくち》してこそ歩《あり》くなれ

西郷信綱

梁塵秘抄

筑摩書房　一九七六　ちくま文庫　一九九〇

仏はつねにいませども
現《うつつ》ならぬぞあはれなる
人の音せぬ暁《あかつき》に
ほのかに夢に見へたまふ

後白河法皇が今様《いまよう》に狂った。今様というのはそのころのポピュラーソングのことだ。狂ったというのは、当時は熱中したという意味だ。遊女たちが口ずさんでいた今様に法皇が熱中したのだから、これは珍事であった。

たんに熱中しただけでなく、後白河は少年期から今様が好きで、名のある女芸人を次々に召し寄せては自分でマスターした。ついには青墓《あおはか》（岐阜県大垣近辺）の乙前《おとまえ》という老いた遊女のところに通って（あるいは呼んで）、口移しに今様を習い、当代一の歌唱力といわれるほどにまでなった。

その今様を後白河みずから撰歌し、編纂し（むろんいろいろ手助けがあったのだが）、しだいにまとまっていったのが現在の『梁塵秘抄《りょうじんひしょう》』である。「梁塵」と名付けられたのは、今様が歌われれば、建物の梁《はり》の上に積もる百年の塵《ちり》さえ動くほどに心を揺さぶる歌だったという意味だ。どういう歌だったのか。

今様は文字通りには「当世風《とうせいふう》」（モダンスタイル）という意味である。だから端的には、今様というのはポップスとか流行歌とかと思えばいい。それでまちがいはない。が、ポップスとしては、いまどきの出来とは格段に異なる。何が異なるかといえば、歌詞のバックヤードにたくさんの神仏が控えていて、そこが広大で深遠だ。かつ言葉が徹底してよく陶冶《とうや》され、それでいてシンプリファイされた編集推敲がされている。リズムもいい。字余りもうまく入れこんである。

編集推敲されているのは多くの語り方や歌い方が錬磨されてきたからで、今様のどれひとつとして一夜でできたものではないからだ。

ただし、どんな歌いぶりだったかはわからない。メロディもわからない。『紫式部日記』には「今様はをかしかりけり」というふうに、『枕草子』には「今様はながくてクセづきたる」とあるから、ともかくもよほど気分の乗るニューポップスだったのだろうと想像できる。クセとは曲の節まわしのことをいう。伴奏はおそらく鼓や小太鼓やササラだけ、もしくは手を打った。

今様の曲節ははっきりはしない。ぼくはかつて宮内庁楽部の芝祐泰《しばすけひろ》が《蓬萊山》を復曲したものを国立劇場で聞いたことがあるのだが、そのときはどうにも間延びしすぎていて、これが今様なのだろうかと訝《いぶか》しく思ったものだ。

それよりも桃山晴衣《はるえ》の試みのほうが今様めいていると感じた。桃山さんはただ歌うだけではなく、自身、岐阜の郡上八幡《ぐじようはちまん》に住んで青墓の乙前のことを徹底して調べ、そのことをめぐる本も書こうとしている。その桃山さんのクセのほうがおもしろい。『梁塵秘抄口伝集』にも、「はかせのゆふゆふときこえるは悪しく、只一息に声のたすけなく、さらさらと常の言葉をいふ如く謳《うた》ふべし」とある。「はかせ」とは楽譜のことをいう。ようするに、かなり素直で軽快な節まわしだったのである。

今様の当時の曲節はあきらかではないのだけれど、それを含めて作詞者も一人としてあきらかではないところが、今様らしいところでもある。想像をたくましくするしかないところが、今様に接したわれわれのたのしみになる。

きっと歌い手あるいは作り手の多くは遊女であろうと思われるが、そこに数多《あまた》の語り部たちも加わったろう。そういう遊女と語り部たちが語り継ぎ、歌い継いだ文言が、七五調あるいは八五調子の独得のリズムとなって定着した。一人の才能ではここまでの今様にはならなかった。そこにとてつもない面目がある。

西郷信綱がものした本書は、もともとは筑摩の「日本詩人選」というユニークなシリーズの第二二巻に書きおろされた。山本健吉が大伴家持を、中村真一郎が建礼門院右京大夫を、丸谷才一が後鳥羽院を、吉本隆明が源実朝を書いた。このシリーズを愛読していたぼくは、やっと『梁塵秘抄』を「当時の意味の内側」から解いている一書に出会ったという感じをもった。

西郷は歴史学や人類学にもあかるい国文学者で、『梁塵秘抄』の専門家ではない。けれどもその今様読みはさすがのもので、ずいぶん堪能《たんのう》させられた。その前に読んだ『古代人と夢』(平凡社)もすばらしく想像力ゆたかなもので、この一冊にも満足した。西郷は面影の研究者でもあった。今宵はその三十年ほど前の〝読中感〟なども思い出しながら、ぼくなりの今様案内をしたい。

もともと今様には、法文歌《ほうもんのうた》、四句神歌《しくのかみうた》、二句神歌、長歌《ながうた》、旧古柳《ふるこやなぎ》、郢曲《えいきょく》、足柄《あしがら》、黒鳥《くろとり》子《こ》、伊地古《いちこ》、旧川《ふるかわ》、田歌《たうた》、初積、片下《かたおろし》、早歌《はやうた》、娑羅林《しやらりん》、権元《ごんげん》、満古《まんこ》……といったものがある。これらがいちいちどういうものであったかは略するが、『梁塵秘抄』に収録されたものは法文歌や神歌が最も多い。

法文歌は仏教的な内容を歌った今様をいう。後白河はそこそこ天台教学に関心が深かったので、日吉《ひえ》や熊野にまつわる今様を多く撰歌しているのだが、法華経もの、大日如来を詠った真言もの、浄土ものも少なくない。

とくに『法華経』については二十八品ことごとくを今様にしているのが壮観だ。そうしたなかで最もよく知られているのが、「仏はつねにいませども　現《うつつ》ならぬぞあはれなる　人の音せぬ暁に　ほのかに夢に見へたまふ」であろう。これは『法華経』寿量品《じゆりようぼん》に取材したもので、「われは常にここに住すれども云々」をもとに、これに和讃《わさん》の言いまわしを加えている。夢と現《うつつ》が往復し、出入りし、息をひそめて仏の面影を追っているのが、やるせない。

舌を巻いたのは、各種の経典の特色をそれぞれ歌い分けている今様だ。まさに〝仏典キャッチフレーズ〟として巧みに練り上げられている。こんなに古典や説話や伝承を織り込んだキャッチがつくれるコピーライターは、平成の世には一人としていない。たとえば、次の通り。

（華厳経）
華厳経は春の花
七所八会《しちしょはちえ》の園ごとに
法界唯心《ほっかいゆいしん》　色深く
三草二木　法《のり》ぞ説く

（阿含経）
阿含《あごん》経の鹿の声
鹿野苑《ろくやおん》にぞ　聞こゆなる
諦縁乗《たいえんじょう》の　萩の葉に
偏真《へんしん》　無漏《むろ》の　露ぞ置く

（般若経）
大品般若《だいぼんはんにゃ》は　春の水
罪障《ざいしょう》　氷の解けぬれば
万法空寂《まんぼうくうじゃく》の　波立ちて
真如の岸にぞ　寄せかくる

空より華雨《はなふ》り　地は動き
仏の光は　世を照らし
弥勒文殊《みろくもんじゅ》は　問ひ答へ
法華を説くとぞ　かねて知る
（法華経序品）

神歌《かみうた》も、神々の名や神社の名をあげて、これを歌い分けている。よほど遊女たちにとって、神仏は〝お仲間〟だったのだろうことを感じさせる。一首のうちにいくつもの神《かん》奈備《なび》を織りこんだ歌もある。たとえば、

神のめでたく現《げん》ずるは
金剛蔵王はちまん大菩薩
西宮　祇園天神大将軍　日吉山王賀茂上下
関《せき》より東の　軍神《いくさがみ》
鹿島香取《かんどり》　諏訪の宮

また比良の明神　安房の州《す》　滝《たい》の口
小鷹《おたか》明神　熱田に八剣《やつるぎ》
伊勢には多度の宮

ぼくは二〇〇四年から「連塾《れんじゅく》」というものを始めた。一年半にわたって「日本という方法」をめぐる八荒《はっこう》（八講と称ばなかった）をほぼ五時間ずつ語ってみたのだ。植田いつ子・金子郁容・高橋睦郎・北山ひとみ・田中泯・内田繁・福原義春・野田一夫・中村吉右衛門・山口小夜子・黒澤保樹・新宅正明・柳家花緑・岡本敏子・山口昌男・松永真理・樂吉左衛門らが聴きに来てくれた。その第二荒で、「住吉四所の御前《おまえ》には　顔よき女體《にょたい》ぞおはします」をタイトルにもってきた。

これは、今様神歌の「住吉四所の御前には顔よき女体《にょたい》ぞおはします。男は誰ぞと尋ぬれば、松が崎《さき》なる好き男」から採ったもので、住吉の女神を偲《しの》んだものが元歌である。住吉あたりにいた遊女たちとのダブルイメージが歌の外へ滲《にじ》み出ていて、忘れがたい。「連塾」ではこのタイトルにふさわしく、冒頭を椎名林檎の《罪と罰》のアヴァンギャルドな映像で始めてみたものだった。

法文歌も多様だが、神歌も多様かつ出来がいい。諸国の神さま大好き歌が多いけれど、決して神にひれ伏してはいない。それでいてどの章句にも敬虔《けいけん》な姿勢が香ばしい。

ざっとこういうぐあいに『梁塵秘抄』は集歌されているのだが、ともかくも何度読んでも、神仏習合・和光同塵、こみあげる律動がある。

今様を各所で歌い継いでいたのは遊女たちである。『梁塵秘抄』をたのしむには、この遊女たちに親しんでおく必要がある。

遊女《あそび》たちは当時は遊女とか傀儡子《くぐつ》とか白拍子《しらびょうし》と呼ばれていた。傀儡子は箱状のものに小さな人形を入れて各地をめぐり、それを出して箱の上で人形ぶりを見せ、それに歌をつけていた。だから厳密には傀儡子といえば人形遣いのことになるのだが、当時はもっと広い意味で傀儡子と呼んだ。白拍子も各地を巡遊する芸能の民で、白い装束に男の烏《え》帽子《ぼし》をつけて舞い歌った者たちをさすのだが、そのうちもっと広く女の遊民をさす呼称になっていた。

そういう遊女《あそび》たちが、ではどんな日々をおくっていたかというと、歌い、舞い、春をひさぐとともに、さまざまな神仏に祈り、神仏に遊んでいた。『梁塵秘抄』にはそういう遊女の独特の好みが示されている。

遊女《あそび》の好むもの
雑芸《ぞうげい》　鼓　小端舟《こはしぶね》

おほがさ翳《かざ》し　艫取女《ともとりめ》
男の愛祈る百大夫《ひやくだいふ》

これでわかるように、遊女は雑芸に秀でていた。鼓をもっていたことも見えてくる。大笠をかぶった艫取女の漕《こ》ぐ小端舟というものに乗って、貴族たちの舟に近づいていった光景も目に浮かぶ。

大江匡房《まさふさ》に『遊女記』というものがあり、当時の遊女が江口《えぐち》や神崎《かんざき》などの川沿いに遊女宿を営んでいたことを綴っている。小端舟はそういう河港に遊びにきた男たちを相手にするための舟だ。遊女たちはこうして男たちに春や媚《こび》を売っていたのだが、その実、心のなかで百大夫《ひやくだゆう》に祈って身の無事を案じていた。今様はそこをうたった。まさに自分たちの境遇や心境を歌っている。

百大夫は遊女や郭の女たちが信仰していた民間神のことをいう。道祖神に似たもので、陽物を象《かたど》っていた。つまりペニスである。しかし遊女たちは、一方ではわが子の行く末を案じていた。有名な今様がある。

我が子は十余に成りぬらん
巫《こうなぎ》してこそ歩《あり》くなれ

田子の浦に汐汲むと　いかに海人《あまびと》集ふらん
まだしとて　問ひみ問はずみなぶるらん　いとほしや

十二、三歳ほどになっただろう我が子が巫となって諸国を歩いていると聞いているが、田子の浦あたりで海人たちにからかわれてもいるのであろう、いとおしい、といった意味だ。あきらかに遊女の親がこの心情を言葉にしたのだと推察される。
それを五七五、七七、五五七五にまとめ、さらに五七五、五とまとめた。それだけではない。ここには「汐汲《しおく》み」という苛酷な職能をもった者たちの悲哀と強さ（それが『山椒太夫』の物語などにあらわれているのだが）、田子の浦という歌枕がもっている当時の風景（名所）の普遍性、その世界に我が子を送りこんだ遊女の家というもの、そういうことが過不足なくあらわされていて、切々たるものがある。

我が子は二十《はたち》に成りぬらん
博打《ばくち》してこそ歩《あり》くなれ
国々の博党《ばくとう》に　さすが子なれば憎かなし
負《ま》かいたまふな　王子の住吉西の宮

ここでは我が子は二十ほどになっている。男の子であろう、フリーターやヒッピーめいていた。博打をしているという噂も聞いた。前の歌もこの歌にも「歩く」という言葉が出てくる。たんに歩くことをいうのではない。行方定めず流浪するという意味だ。だから遊女が歩けば「歩き巫女《みこ》」であり、男が歩けば流浪人か博打者のたぐいをあらわした。我が子もそんなふうになっているのかもしれない。『宇津保《うつほ》物語』にも「博打不孝のもの」とある。

よほど我が子の境遇と博打者の境遇とがくらべられたのであろう。今様には博打のことを歌ったものが多い。たとえば「博打の好むもの　平骰子《ひょうさい》　鉄骰子《かなさい》　四三骰子《しそうさい》　それをば誰か打ち得たる　文三《もんさん》　刑三《ぎょうさん》　月々清次とか」、「博打の願ひを満てんとて　一六三と現《げん》じたるとか」、「法師博打の様かるは　地蔵よ迦《か》旃《せん》二郎　寺主とか」というふうに出ている。

もっと痛切なのは、次の今様だ。「嫗《おうな》の子供の有り様は　冠者《かんざ》は博打の打ち負けや勝つ世なし　禅師《ぜじ》はまだきに夜行好むめり　姫が心のしどけなければ　いとわびし」。

こうした遊女の日々をさらに比喩的に歌って、みごとなアブダクションを見せているのが、次の今様だろう。

舞へ舞へ蝸牛《かたつぶり》　舞はぬものならば

馬の子や牛の子に　蹴《く》ゑさせてん　踏み破《わ》らせてん
真《まこと》に美しく舞うたらば　華の園まで遊ばせん

西郷信綱もこの蝸牛の歌にはよほど関心をもったと見えて、それだけで一章をもうけた。「舞ふ」という感覚が遊女の日々にも通じるからである。

実際にも『梁塵秘抄』には、ほかにも「をかしく舞ふものは」と問うて、「巫《かんなぎ》　小楢葉　車の筒《どう》とかや　平等院なる水車」と続け、さらに「囃《はや》せば舞ひ出づる蟷螂《いぼうじり》・蝸牛」というふうに「舞ふ者の宿命」を結んだ今様が入っている。巫女と蝸牛がくらべられているのだ。その舞々する遊女が、いずれは「華の園」でこそ遊ぶものなのだという理想も語られている。表現は平明だが、やはり哀切が漂っている。

このような『梁塵秘抄』について、兼好法師は『徒然草』に「梁塵秘抄の郢曲《えいきょく》の言葉こそ、また、あはれなる事は多かめれ」と書いた。

今様が歌われているのを聞いたのではなく、『梁塵秘抄』という冊子を文字として読んだという感想である。すでにニューポップスとして法皇まで夢中にさせた今様は、兼好の時代にはもはや歌われなくなったか、遊女の宿にしか聞こえぬものになっていたのであろうか。少なくとも世間の噂に聞き耳をたててきた兼好にも、さすがに聞こえぬものになっていた。そこで兼好は、これは読んでもおもしろいと言ったのだ。つづけて、こうも書いている、「昔の人は、ただいかに言ひすてたることぐさも、皆いみじく聞ゆるにや」。

歌いっぱなしの歌の文句にも、昔を偲ぶ「あはれ」がよくもあらわれているものだという感心だ。「音楽の次元」としての今様が「言葉の次元」としての今様になっていた時代の感想なのだが、それがかえって今様の節まわしを知りえないわれわれが、いまもって今様を偲びたくなるのと同じ感想になっている。

ところでわれわれは「古様」と「今様」をどのように感じていけばいいのであろう。『梁塵秘抄』ばかりのことではない。どんな流行も今様であり、それはいずれ古様になっていく。そこに残るのは面影ばかり。そこをどう見るか。どう感じるか。

ぼくはかつて、神楽歌、催馬楽《さいばら》、唄《ばい》、声明《しょうみょう》、講式、朗詠に分け入ったことがある。『梁塵秘抄』に堪能してから十年ほどあとのことだ。そのとき実は、今様の大半の起源がこれらにあるのではないかと思った。

たとえば神楽歌ならば、こうである。「深山《みやま》には　霰《あられ》降るらし　外山《とやま》なる　真拆《まさき》の葛《かずら》　色づきにけり　色づきにけり」（庭火）。また、「何つけいづれそれも　や　止まり　かの崎越えて　深山《みやま》の小葛《こつづら》　繰れ繰れ小葛　鷺の頸《くび》取らろと　いとはた長うて　あかがり踏

むな　後《しり》なる子　我も目はあり　先なる子」（早歌）。

催馬楽の「東屋《あずまや》の　真屋《まや》のあまりの　その雨そそぎ　我立ち濡れぬ　殿戸《とのと》開かせ」や、「伊勢の海の　きよき渚《なぎさ》に　潮間《しおがい》に　なのりそや摘まむ　貝や拾はむや　玉や拾はむや」などにも、今様の先行を感じる。

神楽歌や催馬楽は宮廷歌謡だったので、いまでも宮中楽部の楽人たちが当時をほぼ再現して継承している。それらを聞くと、いかにも雅《みや》びなのである。さきほど書いたように、現在の今様の再現の節まわしも雅びすぎて、とうてい今様とは思えない。ということは、われわれは今様の音楽性だけではなく、身体性を失ってしまったのだ。兼好法師は「読む今様」をおもしろがったけれど、実は「聞く今様」をわれわれは喪失したままなのである。

今様は時代とともに何かを失ってきた。そして忘れられていった。ヒットソングやポップスの宿命かもしれない。そのため歌いっぷりがわからない。唄《ばい》、声明《しょうみょう》、講式、朗詠などは仏教音楽であるだけに、いまだに寺院のなかで朗唱されているものが多く、だいたいの歌いっぷりがわかる。そこにはあきらかに仏教音楽としての濃い特色をもっていることが実感できる。しかし今様はそういうものとも異なっていたのだろうと思う。だから忘れられていったのだろう。

あるとき、『閑吟集《かんぎんしゅう》』を読む機会があった。『梁塵秘抄』から三〇〇年ほどたったのちに流行した小歌を集めたもので、大和節、近江《おうみ》節、田楽節、早歌《そうが》、放下歌《ほうか》、狂言小歌などが収録されている。どんなものかというと、たとえば以下のようなものをいう。

月は傾《かたぶ》く泊り舟　鐘は聞こえて里近し　枕を並べて
お取梶《とりかじ》や　面梶《おもかじ》に　さしまぜて　袖《そで》を夜露に濡れてさす

忍ぶ身の　心に隙《ひま》はなけれども
なほ知るものは涙かな　なほ知るものは涙かな

こうした小歌も節まわしは残っていないけれど、謡曲や早歌やその後に流行した隆達《りゅうたつ》小歌《こうた》などからさまざまな推理ができて、だいたいはこういうものだったろうという見当がつく。

おそらく今様は、この小歌や隆達小歌ともちがっている。ということは今様は、宮廷歌謡の神楽歌や催馬楽とも、仏教的な声明や講式とも異なるヒットソングだったわけで、それは時代がすぎても古様とならなかったものなのだ。ただ復活しなかっただけなのだ。

今様は、江戸時代にも明治時代にも復曲しなかった。今日なお復活していない。せめてその面影を真近かにしたいものである。北原白秋が、こう詠んでいた。「ここに来て梁塵秘抄を読むときは金色光《こんじきこう》のさす心地する」。

第一一五四夜　二〇〇六年九月十一日

参照千夜

一五六九夜：紫式部『源氏物語』　四一九夜：清少納言『枕草子』　一三〇〇夜：『法華経』　三六七夜：吉田兼好『徒然草』　一〇四八夜：北原白秋『北原白秋集』

第四章 ニッポンを感じる

ドナルド・キーン『百代の過客』
渡辺京二『逝きし世の面影』
ウィリアム・バトラー・イェーツ『鷹の井戸』
アレックス・カー『美しき日本の残像』
ロジャー・パルバース『もし、日本という国がなかったら』
李御寧『「縮み」志向の日本人』

日本人が日記に託したこと
キーンさんが日本に読みとったこと

ドナルド・キーン
百代の過客
金関寿夫訳　朝日選書　全二巻　一九八四

どんな本との出会いも、自分で行く先を決めて買った切符に従って、どこかの「あてど」へ踏み出していく旅立ちである。言葉と画像でできた車窓の風景が次々に変じ、著者やら登場人物やら見知らぬ多くの人物と乗りあわせ、たいていは章や節の通過駅があって、本から本への乗り換えもあり、こちらも疲れたり気分が変わったりするから途中下車もあり、宿泊や逗留《とうりゅう》も待っている。読書とは一身百代《はくたい》の過客《かかく》になることだ。

本書を買ったのは、当時はよく行っていた渋谷の東急プラザ五階にある紀伊國屋書店だった。その前はやはり渋谷の大盛堂を愛用し、その次は東急文化会館のユーハイムの上でプラネタリウムの下にあった三省堂に遊んだ。そのころは住まいの横浜から東横線で東京に入って山手線に乗り換え、高田馬場で降りて早稲田に行くという日々だったので、もっぱら渋谷が踊り場だったのである。

どの書店で買っても本は同じだと思ってはいけない。その一冊をどの服装で、どんな寒い夜に、どの棚から抜き出したかというアトリビュート（属性）がちがってくると、本の顔付きも変わる。それは見知らぬ温泉のどこかの旅館にいつごろ入って、最初に窓外にどんな景色を見たのかということにあたる。


十数年前の春の彼岸前。渋谷紀伊國屋。新書を買いに入った。そういう買い方をするときもある。文庫を買うとか、雑誌を買うというのはよくある買い方だろうが、そのときは新書を物色した。ちょっと視点が異なる本を読みたい。新書にはそういう企画が多いし、本屋を覗《のぞ》いてみないと新書のラインアップはわからない。

書棚にはめぼしいものがなかったのだろうか、選書や双書の棚に目が泳いで、本書に出くわした。ドナルド・キーン『百代の過客』。朝日選書の上下二冊。

朝日新聞連載中にもときどき読んで気になっていたものだったが、そうか、いよいよ本になったのかと手にとった。連載ものが本になるというのは、次々に枝葉を伸ばしていた樹木に季節の鳥がやってきて、新たに見ちがえるような花や果実が出現したようなもので、なんだか見とれてしまうものである。そのころは嬉しい本を買ったときは、他の必要そうな本はがまんして買わないようにしていた。さっそく東急プラザ二階のフランセで、ゆっくりと目次を開いた。

キーンさんは、戦時中に戦場に遺棄された兵士たちのノートを翻訳する仕事について いて、日本人兵士の日記とアメリカ人兵士の日記に著しいちがいがあることに気がつい た。日本人が状況よりも内面を吐露している傾向があるのにくらべ、アメリカ人は状況 メモとメッセージが多い。そのうち日本の古典的日記を読むようになって、世界中でこ れほど日記に内実をかけている民族はいないのではないか、ここには何か日本の秘密が あるのではないかと確信するようになった。

さらにキーンさんが驚いたのは、芭蕉の『奥の細道』と曾良《そら》の随行記を比較するとよ くわかることなのだが、あの芭蕉ですら必ずしも実際におこったことを書いてはいなか ったことである。「あらたふと青葉若葉の日の光」の日光を訪れた日は雨だったし、芭蕉 は中尊寺金色堂のことを綴っているのに、曾良は実際には当日は金色堂を開けてくれる 人がいなかったので、二人ですごすごそこを立ち去ったと書いている。

こういうことから、どうも日本人の日記はたんなるドキュメンタリーではなく、むし ろ重要な文学なのではないか、フィクショナルな作品になっているのではないかと思う ようになったというのだ。

そもそも日本の日記文学の劈頭《へきとう》を飾る貫之《つらゆき》の『土佐日記』にして、「男もすなる日記《にき》といふものを女もしてみむとてするなり」であって、強烈なカムフラージュとチェンジアップをかけている。読者を操っている。当時の慣習なら貫之は漢文で書くべきところを、仮名と和歌を入れたくて女に身をやつしたのだが、こんなことは海外の日記ではめったに考えられないことだとキーンさんは驚くのだ。

こういう指摘をいろいろもらいながら、ぼくは不案内の日記の繁みに入っていった。日本がバブルに沸き立ち、ゴッホに大枚をはたいていたころだ。ぼくは日記を通して百代の過客となり、読書を通しての百代の過客でありたかった。

それにしてもちょっと変な感覚だった。バーナード・ルドフスキーに四谷市ケ谷を案内されているようなというか、オギュスタン・ベルクに北海道開拓史を聞きながら屯田《とんでん》兵《へい》の足跡を辿《たど》っているようなというか、青い目のおじいさんに歌舞伎の格別の説明をうけているようで、粛然とはするのだが、どこか擽《くすぐ》ったい気分なのである。

案内している日記はべらぼうに多い。驚いた。

円仁の『入唐求法《にっとうぐほう》巡礼行記』にはじまって、五六首の歌を織りこんだ貫之の『土佐日記』、三〇〇首をこえる歌とともに女の自画像を率直きわまりない感情で綴った『蜻蛉《かげろう》日記』、歌を日記にしてみせた『和泉式部日記』、失敗作ではないかという『紫式部日記』、事実よりも夢の中でおこったことを大切にして物語想像力ノートとなった『更級日記』

というぐあいにすすんでいく。ここまでは、まあ当然の定番だ。

ついで藤原高光《たかみつ》日記ともいうべき『多武峰少将物語《とうのみねしょうしょうものがたり》』、八四歳の老女が夢にも現《うつつ》にも脳裏から離れない息子のことをのみ主題にした世界文学史上類例のない『成尋阿闍梨《じょうじんあじゃりの》母集《ははのしゅう》』、二つあわせて読むと堀河・鳥羽・崇徳の時代がレリーフされる藤原長子《ちょうし》の『讃岐典侍《さぬきのすけ》日記』と藤原宗忠《むねただ》の『中右記《ちゅうゆうき》』……というふうに、平安期の日記群をまとめる。

王朝の女房たちによる日記は世界文学史上でもめずらしい「日記文学」といわれるものであるが、これは仮名表現の連続的起爆でもあった。

日本人の日記は最初は天皇や貴族が漢文で書いた。宇多・醍醐・村上の『三代御記《ぎょき》』、藤原実頼《さねより》『清慎公記《せいしんこうき》』、藤原師輔《もろすけ》『九暦』（九条殿記）、摂関家や藤原氏などの「家の日記」などがある。いずれも漢文で、紙が貴重品だったので具注暦などの暦の余白や裏側に書いた。

やがて万葉仮名から女文字《おんなもじ》として平仮名が工夫されると、貫之が女房に偽装して仮名日記を綴り、これがあっというまに王朝文化の表現力として広まった。それを女房たちがことごとくリプレゼントした。こんな例はロココの時代のフランスにもなかったと、キーンさんは感嘆する。

ただここから百年ほど、『建礼門院右京大夫集《けんれいもんいんうきょうのだいぶしゅう》』や健御前《たけごぜん》（建春門院中納言）の『たまきはる』まで、日本には女性による日記が登場しない。キーンさんはその理由をちゃんと考えるといいと書いていたが、その後に何かの説得力のある見解が出たのだろうか。

　このあとも手を抜かない。定家の『明月記』を筆頭に、公家日記としてはめずらしい倭語《やまとことば》による『源家長日記』、増基《ぞうき》法師の『いほぬし』(庵主)、源通親《みちちか》の随行記『高倉院厳《いつく》島御《しまご》幸記《こうき》』と『高倉院昇霞記《しょうかき》』、日本語がいよいよ音読みを引きこんで変質しつつあることを示す『海道記』、日本人の絆《ほだし》の何たるかを考えさせる『信生法師《しんしょうほうし》日記』などが案内される。

　まさに高速の百代過客列車だ。珠玉のような日記が次々に紹介される。定家の『明月記』が治承四年から五六年にわたる時代社会を剋明に反映していたということは、堀田善衛の深い感慨を借りるまでもなく、日本の〝宝物〟といわれるにふさわしい。もっとも冷泉家の時雨亭《しぐれてい》文庫で国宝になっているのは、中身のせいばかりではない。定家流とよばれる書風が好まれて、連歌会や茶の湯の断簡や掛軸に愛用されてきた。

　定家と交流のあったのが源家長である。後鳥羽院に出仕し、いろいろ院のお伴をした。長柄《ながら》の宿で橋の桁材《けたざい》をめぐって交わしたやりとりと歌など、エピソードや歌人の噂などを好んで綴っている。『海道記』は四六駢儷体《しろくべんれいたい》のリズムと対句《ついく》が有名で、ぼくの父がおもしろがって読み上げてくれたことがある。いっとき鴨長明が書いたと言われたこともあったけれど、いまはまだ作者不詳の日記だ。
『信生法師日記』は宇都宮朝業《ともなり》が出家してから綴ったもので、前半は都を出て鎌倉に赴いて頼朝の墓参をしたり、信州の姨捨山《おばすてやま》に旧友の伊賀光宗を訪ねて善光寺に参ったりしたこと、北条政子が没したニュースを知ってまた鎌倉に戻ったことなど、日本人の旅が「面影と絆」で成立していることを伝える。後半はほぼ歌集になっている。日本の日記はスタイルにとらわれない。

次にキーンさんは、芭蕉が決定的な影響をうけた『東関紀行』、阿仏尼《あぶつに》の『うたたね』『十六夜《いざよい》日記』に入る。『海道記』『東関紀行』『十六夜日記』は、文学史でも〝中世三大紀行文〟と言われてきた。中世の日本人がどのようなルートで名所や事蹟や人物を偲んだか、よくわかる。『海道記』の著者は伊勢路を通って鈴鹿山を越え、『東関紀行』の綴り手は不破関《ふわのせき》を訪ねて美濃路を通ったのである。のちに芭蕉が旅路のルートにこだわったのは、この中世の旅人の面影の求め方が影響していた。

中世の紀行文には書き手の「顔」が見える。「貌《かお》」と綴ったほうがいいだろう。キーンさんの案内も飛鳥井雅有《あすかいまさあり》の『春の深山路』などの日記、「をかし」を綴った『弁内侍日《べんのないし》記』と「あはれ」を綴った『中務内侍日記《なかつかさのないし》』のいわゆる姉妹日記、二条が後深草院との交情を絶妙に綴った『とはずがたり』、日野名子《めいし》の『竹むきが記』とつづく。これらには、すでに「やまとごころ」の心映えのある貌が見えている。なかでは出家前の阿仏《あぶつ》の『うたたね』と二条の『とはずがたり』が、キーンさんにも、ぼくにも極上である。

下巻は室町の坂十仏《さかじゅうぶつ》『太神宮参詣記』以降、江戸幕末の佐久間象山《しょうざん》『浦賀日記』と川路聖謨《としあきら》『長崎日記・下田日記』まで。宗長や幽斎や芭蕉をのぞいて、ぼくがまったく読んでこなかった日記の数々がさらに五〇冊以上並んでいる。げにドナルド・キーン、何者なるぞ。

気になって繙《ひもと》くことになったのは、まず二条良基《よしもと》の『小島《おじま》の口ずさみ』と正徹《しょうてつ》の『なぐさめ草』だった。良基のは美濃の小島を訪れた印象記である。正徹も尾張と美濃のあいだを流れる墨俣川《すのまたがわ》を描写しているが、連歌師という言葉の職人が道々の景色や出来事から何を書きとめるか、すこぶる興味深いものがある。

二人が共通して見ようとしていることは、根底ではゆるぎない。それは「風雅の直《す》なる交ひ」なのだ。この「直なる」というところが、その後、われわれが「風雅」や「幽玄」を〝概念〟として理解してしまってから、すっかり忘れていることだった。

キーンさんも書いていることだが、和泉式部も宗長も芭蕉もべつだん目新しいことをしたいという魂胆があるわけではない。古人が求めるところの面影をひたすら辿って求めたい。眼目はそこなのだ。「先人によって見逃された風光に初めて着目する野望は、毛筋ほども持ち合わせなかった。それどころか、昔の歌に詠まれた所でなければ、いかに壮麗無比の風景であろうと、芭蕉の感興を唆《そそ》ることはなかったのである」。

この面影を辿るという感覚をたんに「本歌取り」とか「古人を偲ぶ」というふうな説明にしてしまっては、かえってわかりづらい。むしろピアニストがクラシックのバッハやショパンを弾きたいという感覚、あるいは聴衆もそれを何度も聞きたいという感覚を持ち出したほうが近い。ピアニストも聴衆もとんでもなく新奇なもので度肝を抜きたい、抜かれたいと思っているわけではなく、新しい知性と技法が微妙にはたらいていることを感じたいわけなのだ。

そこに歌枕の作用というもの、花鳥風月というもの、旅の漂泊というもの、時の景気というものが加わって、さらに和歌や俳諧の律動を添えて胸を衝くとき、日本人は日記にさえ「風雅の直なる交ひ」を綴りたくなったのである。そうでなければ「辛崎《からさき》の松は花より朧《おぼろ》にて」とはうたえない。

下巻の後半では、貝原益軒の『西北紀行』、白拍子《しらびょうし》の武女らによる『庚子道《こうしみち》の記《き》』、荻生徂徠《そらい》の『風流使者記』があることが目をひく。

とりわけ益軒の『西北紀行』が、芭蕉が『奥の細道』を綴っているちょうどそのときに丹後・若狭・近江を廻っていた記録であったことには、そうか、アナザージャパンはこういうふうに出現していたかというような発見がある。それは『井関隆子日記』の著者が〝江戸時代の清少納言〟とよばれるほどの日記をつけていたということより、ずっと重要だ。

ぼくを慌てさせたのは、なんといっても山崎北華《ほつか》が蕉風すたれつつあるころに綴った『蝶之遊《ちょうのあそび》』である。北華は俳諧史にもあまり顔を見せない奇人ともいうべき人物で、芭蕉に倣って大半の「奥の細道」の足跡を歩き、そこで次から次へと芭蕉の句を「胡蝶《こちょう》の夢」にしてしまったのだ。

たとえば、こんな調子だ。「そぞろ神の、物につきて心を狂はせ、道祖神の招きに逢ふて、取るもの手につかず、股曳《ももひき》の破を綴り、笠の緒をつけかへて、三里に灸するより松島の月先心に懸りしと、翁の書き給ひけるぞ誠にして、我にもそぞろ神のつき、……今年、元文三の年、弥生末の二日、笈《おい》背負ひ、草鞋《わらじ》しめて白河の関越へむと志す。燕に今日往来をば習ひけり」。

北華は武士だが、死んだと偽って狂文を出すような遊び人である。『蝶之遊』の全文が諧謔《かいぎゃく》であって見立てになっている。完璧な「もどき」なのである。これは慌てる。なんというのか、あえていうのなら日本にはイタロ・カルヴィーノを俳諧にする奴がいたんだという狼狽なのである。

こうして『百代の過客』の過客となったぼくの遊書歴書倣書の旅は、案内から歴史へ、歴史から土地へ、原著から引用へ、引用から滞在へ、また夜が明けるとそこから言葉の確認へ、そこからまたまた芭蕉に戻るというような、次から次へとたどる「ぼくの細道」になったわけである。

キーンさんは日本語がペラペラで、日本人より日本の古典に詳しい。そればかりか浄瑠璃《じょうるり》三味線の上原誠己《せいき》を養子にしたような日本贔屓の人だ。「鬼怒鳴門」という名刺ももっている。永井道雄・三島由紀夫・安部公房とはすぐ親しくなった。

出自は一九二二年のニューヨークのブルックリンである。十六歳でコロンビア大学に入り、マーク・ヴァン・ドーレンの授業で中国人学生と親しくなったのをきっかけに、まずは中国語と漢文に浸るようになっている。一九四〇（昭和十五）年、アーサー・ウェイリーが訳した『源氏物語』を読みはじめて、びっくりした。すぐに漢字とともに日本語に関心をもち、角田柳作《つのだりゅうさく》のもとで日本思想史を研究し、アメリカ海軍の日本語学校に通う。太平洋戦争期には情報士官として日本語の通訳を務めるとともに、捕虜の訊問にも当たった。日本語に詳しくなった。

そんなこんなでコロンビア大学に研究拠点をおきつつ、途中に京都大学の大学院にも学び、今熊野で下宿もした。永井道雄と刎頸《ふんけい》の友となったのはこのときだ。永井から中央公論社の嶋中鵬二《ほうじ》を紹介されて、こちらも昵懇《じっこん》になった。キーンさんの本が中公に多いのはこのためだ。

ともかく日本文学にも日本文化にも精通している。『日本人の美意識』『日本語の美』（中公文庫）、『日本人の質問』『二つの母国に生きて』（朝日文庫）は必読である。キーンさんには、たくさんの日本人以上の面影日本がたゆたっている。

第五〇一夜　二〇〇二年三月二十日

参照千夜

九九一夜：芭蕉『おくのほそ道』　五一二夜：紀貫之『土佐日記』　四八六夜：ルドフスキー『建築家なしの建築』　七七夜：オギュスタン・ベルク『風土の日本』　二八五夜：和泉式部『和泉式部日記』　一五六九夜：紫式部『源氏物語』　九二五夜：建礼門院右京大夫『建礼門院右京大夫集』　一七夜：堀田善衛『定家明月記私抄』　四二夜：鴨長明『方丈記』　九六七夜：後深草院二条『とはずがたり』　四一九夜：清少納言『枕草子』　一〇二二夜：三島由紀夫『絹と明察』　五三四夜：安部公房『砂の女』

幕末の外国人が見た面影日本は
いまや「異文化」になってしまったのか

渡辺京二

逝きし世の面影

葦書房 一九九八 平凡社ライブラリー 二〇〇五

誰が日本を見捨てたのか。何が日本を見殺しにしたのか。

それがはっきりしないうちに、一つの文明が滅んだのである。一回かぎりの有機的な個性としての文明が滅んだのだ。それを江戸文明と呼ぶか徳川文明と呼ぶか、歴史学はそんなふうには日本の近世を見ていないから、呼び名はどうでもいいのだが、しかしそのように呼びたくなるほど、われわれにとっての大きなもの、つまり日本文明の最も芳しいところが、喪失してしまったのだ。「逝きし世」となったのだ。

バジル・チェンバレンは「あのころの社会はなんと風変わりな、絵のような社会であったか」と述べて、でも「古い日本は死んでしまった」と書いた。チェンバレンには、「日本には貧乏人はいるけれど、貧困は存在しない」と見えたのに、そのうち日本も、富国強兵・殖産興業をもって、わざわざ富裕階級とともに貧困階級をつくりだしてしまったのだ。そのためチェンバレンは、自著の『日本事物誌』（平凡社東洋文庫）を、古き日本のための「いわば墓碑銘たらんとするもの」と位置づけた。

　司法省の顧問として明治五年に来日したジョルジュ・ブスケも、『日本見聞記』（みすず書房）に、「日本人の生活はシンプルだから貧しい者はいっぱいいるが、そこには悲惨というものはない」と書き、日本人に欧米諸国の貧困層がもつ野蛮さがないことに驚嘆した。そのうえで、それらがしだいに失われていく日本を哀惜《あいせき》した。日本アルプスを〝発見〟したウォルター・ウェストンも同じだった。「日本が昔のように素朴で美しい国になることはけっしてあるまい」と、『知られざる日本を旅して』（新人物往来社）に綴った。

　日本に惚れた多くの外国人は、その後の日本の欧米化を残念がったのである。渡辺京二もまさにそのような感慨をもって、本書を叙述した。「文化は残るかもしれないが、文明は滅びる」。そこを哀惜した。

　仮に羽根つきや凧《たこ》あげは残ったとしても、それはかつて江戸の空に舞っていた羽根や凧ではないものなのだ。蕪村の空（「凧《いかのぼり》きのふの空のありどころ」）は、そこにはない。渡辺は、正月の羽根つき・凧あげをいまの子供たちがプラスチックにしているからといって、それを「日本文化の継承」だというふうに〝錯覚〟することは、いさぎよく文明の滅亡を語り、それを「逝きし世の面影」だろうとみなすことよりも、ずっと苦痛であると感じた。

本書は、その渡辺の苦渋とともに読まなければ、なんにもならない。発売以来、「こういう本こそ待っていた」と迎えられた一方で、「あまりにも過去の日本に対する懐旧に堕している」という批判も出たのだけれど、ぼくはまずは、『日本事物誌』も『ベルツの日記』(岩波文庫)も、モースの『日本その日その日』(講談社学術文庫)も読んでいない日本人が、本書によって文明的愁眉《しゅうび》の問題に気づくことを、むしろよしとしたい。

安政のころから日本を頻繁に訪れるようになった外国人たちが、どのように日本を見たかということについては、現代の日本人にはほとんど信じられないようなことがひしめている。

自然の景色の美しさを称賛しているのなら、おおかたの予想がつく。そうではなく、たとえば港町そのものに、また、そこからちょっと離れた郊外の美しさに、かれらはほとほと目を奪われた。当時の日本人にとっても、その時期の版画や写真を見せられた現代の日本人にも、そこまで美しいとは思えなかったかもしれないのに、だ。

たとえば、『エルベ号艦長幕末記』(新人物往来社)のラインホルド・ヴェルナーは、長崎が、「世界三大美港のリオデジャネイロ、リスボン、コンスタンチノープルよりずっと美しい」と書き、万延元年に通商条約締結のためにやってきたプロシアのオイレンブルク使節団のベルクは、その長崎の「郊外の美しさは譬《たと》えようもない。どこに足をむけてもすばらしい景観だった」と絶賛した（『オイレンブルク日本遠征記』雄松堂書店）。プロシアの商人リュードルフも下田に来て、「郊外の豊饒さはあらゆる描写を超越している。日本は天恵をうけた国、地上のパラダイスであろう」と書いた（『グレタ号日本通商記』雄松堂出版）。地上のパラダイスとまで言われると、まことにおもはゆい。

安政六年に初代駐日イギリス大使として着任したラザフォード・オールコックは、その三年間の日本見聞記『大君の都』（岩波文庫）を読めばわかるように、必ずしも日本に甘くはなかったのだが、それでも随所で日本の景観の美しさには心底驚いている。それも、たとえば小田原から箱根におよぶ道路の「比類のない美しさ」に目を奪われた。オールコックは田園と日本農業のありかたにも唸《うな》った。「自分の農地を整然と保つことにかけては、世界中で日本の農民にかなうものはない」と書いた。これはオールコックがライバル視したタウンゼント・ハリスも同じで、ハリスはやはり水田のみごとさに驚いたあと、「私はいままで、このような立派な稲、このような良質な米を見たことがない」と兜《かぶと》を脱いだ。

幕末維新の外国人たちが感心したのは、景観だけではない。子供たちの自由なふるまい、女たちの屈託のない素振りと姿、日用雑器やおもちゃや土産物の細工のすばらしさにも目を見張った。「デイリー・テレグラフ」の主筆で、『亜細亜の光』（岩波文庫）を書いたエドウィン・アーノルドは、「日本の最も貧しい家庭でさえ、醜いものは皆無だ。お櫃《ひつ》から簪《かんざし》にいたるまで、すべての家庭用品や個人用品は、多かれ少なかれ美しく、うつりがよい」と講演でのべた。

フランス海軍の兵卒として慶応二年に来日したスエンソンは、日本の家が「いつも戸をあけっぱなしにしている」ことにびっくりし、行水などをする女性たちがあけっぴろげであることとともに、その開放感がいったいどこからくるのかを考えこんだ（『江戸幕末滞在記』講談社学術文庫）。イギリス公使館の書記官だったミットフォードは、そうした日本を「おとぎの国」「妖精の国」（エルフランド）とよぶしかなくなっている。

スイスの遣日使節団長だったアンベールは、日本が何百年にもわたって質素でありながらつねに生活の魅力を満喫していることに、驚くとともに感銘をうけている。ルドルフ・リンダウの『スイス領事の見た幕末日本』（新人物往来社）には次のようにある。「何もすることもなく、何もしていない人々は、日本では数多い。かれらは火鉢のまわりにうずくまって、お茶を飲み、小さなキセルを吸い、満足な表情で話をしたり、聞いたりしている。そこには日本人のやさしい気質と丁寧な人づきあいとがあらわれている」。

熊本に入って徳富蘇峰らに影響をあたえた英語教師のリロイ・ジェーンズは（その影響

が熊本バンドとなった）、日本では乞食《こじき》でさえ節度あるふるまいをしていると驚いた。大森貝塚の発見でも知られるエドワード・モースが『日本その日その日』に、いつもそこいらに置きっ放しにしていた自分の持ち物や小銭が一度も盗まれなかったことを、何度も書いていることは有名だ。

こうして、日本について一〇冊以上もの感想や記録を綴ったウィリアム・グリフィスは（理化学教師として越前藩に招かれた）、「きっと日本人は二世紀半というもの、主な仕事を遊びにしていたのではないでしょうか」と冗談まじりで書いたのだ（『明治日本体験記』平凡社東洋文庫）。

本書は、幕末維新の日本に滞在した外国人の感想記のみを素材にして、失われた日本の面影を案内するという方法に徹している。日本側からの目はいっさい紹介されない。渡辺の感想も、ほとんどない。

この方法が、はたして日本社会や日本文化の研究として妥当であるかどうかなどということは、渡辺はまったく意に介さない。渡辺はあえてこのような方法をとったのだ。ぼくもそのつもりでしか本書を読まなかった。

日本人がそうした「失われた日本の面影」をどう見ていたかということは、だから別の本で当たったほうがいい。とくに日本人による日本人論だ。これはかなり奇妙な分野をつくっているのだが、そして渡辺が大嫌いな分野なのだが、海外の目と比較するには手っ取り早い。たとえば南博の『日本人論』（岩波現代文庫）や築島謙三の『「日本人論」の中の日本人』（講談社学術文庫）などなどだ。ぼくも気分がのれば、それらをいつかとりあげたい。

というわけで、本書はきわめて特別仕立ての本になっているのだが、それがかえって凡百の議論を忘れさせ、日本の面影に浸れるような結構になった。たとえば、かつての日本が「貧乏であっても貧困ではなかった」かどうかということは、経済指標などでは測れない。いくら欧米諸国やアジア諸国と比較しても、そんなことの説明はつかない。そういう「振り切り」を見せてくれるのである。

ぼくは一九六七年から一九七三年くらいまで、「夏はソーメン、冬はいなりずし」という日々をおくったが、その途中で結婚し借金をして「遊《ゆう》」を創刊した。そんなぼくのまわりにお金のない連中ばかりが集まってきて、それでも一緒に仕事をしたいというふうになっていった数年間は、いまふりかえれば「最低の経済生活」だったけれど、「最も恵まれた日々」だったと思い出すことができる。

そんなことは当然のことなのだ。安政期から明治中期までの日本に、貧困や苛酷があったのは当然である。むろん盗みもあったし、忌まわしい犯罪もあった。白土三平の

『カムイ伝』（小学館コミック他）に如実なように、村落での圧政も少なくはない。けれども、その当時はまだ、それらを含んで広がる日本の類いまれな生活意識があったのも事実なのである。だから、問題は経済生活論でも衛生論でも失業問題でもないのだ。

そこに「面影」として共有できる「日本」があったかどうかということなのだ。ところがその面影日本を認識できる目が、ある時期をさかいに急速に失われていったのである。渡辺が書きたかったことは、それだけだった。

すでにタウンゼント・ハリスの通訳として安政の日本を見たヘンリー・ヒュースケンが、次のように書いていた。「いまや私がいとしさをおぼえはじめている国よ。この進歩は、ほんとうにおまえのための文明なのか」というふうに（『日本日記』岩波文庫）。

長崎海軍伝習所に請われて教育隊長となったリドル・カッテンディーケも、「日本はこれまで実に幸運に恵まれていたが、今後はどれほど多くの災難に出会うかと思えば、恐ろしさに耐えない」と書いた（『長崎海軍伝習所の日々』東洋文庫）。カッテンディーケに伴った医師のポンペは『日本滞在見聞記』（雄松堂出版）に、日本に開国を強要したことは、「社会組織と国家組織との相互関係を一挙にうちこわすことになる」と自省をこめた。

勝手に土足で座敷に上がってきて、この言い草はないだろうとも言いたくなるが、ここはとりあえず謙虚に耳を傾けておいたほうがいい。ポンペは、開国後の日本、とくに幕末の日本人がすでに堕落しつつあることを実感していたのだった。それなら、かれらは古きよき日本のどこを絶賛したのか。日本を訪れた外国人たちが、たんなる異国情緒や、エドワード・サイードのいうオリエンタリズムによって、日本を美化したにすぎなかったのかどうかということだ。

安政五年に、日英修好通商条約を結ぶためにエルギン卿《きょう》とともに来日した艦長オズボーンと秘書オリファントの感想記がある。

そのなかで、オズボーンは「男も女も子供も、みんな幸せそうで満足しているように見える」と書き、オリファントは「個人が共同体のために犠牲になる日本で、各人がまったく幸福で満足しているように見えることは、まったく驚くべき事実である」と書いた。オリファントはさらに、「日本人は私がこれまで会ったなかで、最も好感のもてる国民で、貧しさに対する卑屈や物乞いのまったくない唯一の国である」という感想をのべた。

いずれも『エルギン卿遣日使節録』（雄松堂書店）に収録されている言葉で、この言いっぷりに注目したのは、ぼくもよく知っている京都大学の横山俊夫だった。横山はこのような「日本贔屓《びいき》」は十分に熟考したものでなく、正確な比較をしたものでもなく、たんに旅行者や滞在者が自動筆記のように感想を綴ったものだと結論づけた。

オズボーンが江戸に上陸したその日の感想に、「不機嫌でむっつりした顔には一人も出会わなかった」などと書いているものを読むと、ぼくもきっとその程度のことだろうと感じるのだが、しかし渡辺は、それを言い出してはダメだと踏んばったのだ。その批評を持ち出してはいけないというのだ。とくに青木保のように、そういうことから「文化の翻訳不可能性」を引き出すのは、もってのほかだと言うのである。かれらには、オリエンタリズムを差っ引いてもなお余りある日本観察があったと思うべきだと、渡辺は断定するのである。

先にも書いたけれど、オールコックの『大君の都』は必ずしも日本に甘くはない。そこには、日本を訪問した外国人の多くがこぞって日本を「楽園」扱いしていることを批判した箇所が少なくない。

東洋的専制主義が、中国とともに日本に満ちていることも指摘した。とくに知的道徳においては、日本がヨーロッパ十二世紀のレベルにとどまっていることを容赦なく指弾した。それにもかかわらず、オールコックは日本を見て、「ヨーロッパ人が、どうあっても急いで前に進もうとしすぎている」ことを実感せざるをえなくなり、「アジア人がしばしば天上のものに霊感をもとめている」ことに驚き、そこに「ヨーロッパ民族の物質的な傾向に対する無言の抗議」があることに気がつくのだ。そして、いささか都合がよすぎる反省ではあるが、次のように日本の役割について綴った。

「これらは、ヨーロッパの進歩の弾《はず》み車の不足を補うものとして、そしてまたより徹底的に世俗的・合理的な生存を夢中になって追求することへの無言の厳粛な抗議として、この下界の制度のなかで、ひとつの矯正物となるかもしれない」。

何をオールコックはえらそうなことを言っているのかと思いたくもなるだろうが、また日本の役割が「無言の抗議」にあるなどと見ることに、どうしようもないアングロサクソン的な傲慢の態度を感じたくもなるだろうが、しかしそれでも、オールコックは当時の日本に脱帽するところがあったのだ。問題があるとすれば、そのことを「無言」ではなく、「有言」として、日本が世界に示さなかっただけだということになる。

以下はちょっとした感想だ。

いったい「見捨てる」とか「見殺しにする」とはどういうことなのだろうか。そのことを問うてみたい。価値がわかって必要を感じていながら見殺しにすることが、見捨てることであって、黙殺することであるとするのなら、欧米列強は、アジアを見捨て、日本を見殺しにしたのである。

カール・ポランニーが、欧米社会から自立した市場システムは、欧米社会に矛盾を激化させるよりなお速く、きっとアジアの途上国を見殺しにするだろうと予測し、イヴァ

本書には、幕末〜明治に外国人たちによって描かれた、当時の日本人の暮らしを伝えるスケッチが多数掲載されている。「たんなるオリエンタリズム」では括れない、繊細な観察眼がうかがえる。

ン・イリイチが「資本の本性」と「利潤の自由」という観念の実行こそ、どんなヴァナキュラー（辺境的）な地域をも変質させ、見捨てることになるだろうと分析したことは、「逝きし面影」の放棄をとっくの昔にみずから選択して体験せざるをえなかった日本の近代史からすると、その主張さえ遅きに失したというべきなのである。

しかし、実際のところは日本を見捨て、日本を見殺しにしたのは日本人自身であったのだ。イリイチは「資本市場主義のプラグをさっさと抜きなさい」と言ったけれど、かつてそのプラグを入れることすらしていなかった日本は、いったんプラグを入れるとその快楽に痺《しび》れ、三つ四つどころか一〇〇のプラグを入れっぱなしにした。厚化粧をし、ハイテクに走り、かつての大事なことを次々に忘れた。

これではいまさらプラグを入れたことを、そのプラグを抜きがたくなったことを憂いてもしょうがない。日本人は何もかもを見て見ないふりをして、いまなお日本を見捨て、日本を見殺しにしつづける。問題があるとしたら、ただひたすらそのことにある。

もはや欧米を詰《なじ》ってもムダである。たとえば文化人類学が「異文化を自国の文化コードで読み解いてはならない」と言っているじゃないかなどと、その程度のことを知識人が言い出したところで、なんの力もない。

渡辺京二が本書を上梓《じょうし》したのち、ジャーナリストや書評家たちから、「あれはただ、昔の日本はよかったと書いただけじゃないか」と批評されたことがある。渡辺は静かに反論した。『荒野に立つ虹』(弦書房)に収録されている。

渡辺が述べたことは、かつて日本には「親和力」があったということ、それは文明であって、かつその文明は滅んだのだということ、だからこれらをわれわれは「異文化」として新たに解釈しなくてはならないということだった。

幕末の外国人たちが見た日本は「逝きし世」だったのである。逝っちまったのだ。それなら、その逝きし世の面影はもう戻らないのか。そのままでは戻らない。渡辺は「異文化」として学ぶべきものだと言う。つまりは、いまや「面影日本」の本来的な研究と再解釈と、そしてそこにひそむ方法を感知することだけが、一挙に、そしてただちに要請されているだけなのである。

ぼくがかつて、四国の四国村で「日本再発見塾・おもかげの国」(古田菜穂子プロデュース)を一年ほど続けたのも、NHKの八回の人間講座を「おもかげの国・うつろいの国」と題したのも、それを『日本という方法』(NHKブックス)にまとめたのも、いまは「連塾」で、その「ニッポン」をもう四年にわたって語り続けているのも、まさにそのことだった。

日本人は、日本の歴史が「近代」のところで極端に分断されたことを、もう少し知ったほうがいい。その切断の前後を海外の滞在者による記録だけで埋めればいいというわけではない。渡辺も本書ではその案内作業にみごとに徹したが、ほかのところでは、近代以降の日本が西郷や北一輝によっても、吉本隆明や谷川雁によっても蘇生《そせい》できなかったことに、多くの思索と執筆を費やした。もって知るべきである。

第一二〇三夜　二〇〇七年十月十五日

参照千夜

三八二夜：ウォルター・ウェストン『日本アルプス』　八五〇夜：蕪村『蕪村全句集』　一一三九夜：白土三平『カムイ伝』　九〇二夜：エドワード・サイード『戦争とプロパガンダ』　一五一夜：カール・ポランニー『経済の文明史』　四三六夜：イヴァン・イリイチ『シャドウ・ワーク』　一一六七夜：西郷隆盛『西郷隆盛語録』　九四二夜：北一輝『日本改造法案大綱』　八九夜：吉本隆明『藝術的抵抗と挫折』

像がいちばん近しいものになっている。しかしイエーツの生涯はなまやさしいものではなかった。何度も鷹の井戸のそばにまで辿りつきながら、鷹が舞い上がって自分を嘲《あざわら》っているのを見ている。

ウィリアム・バトラー・イエーツには多様な蒼穹《そうきゅう》ともいうべき「抉《えぐ》られた世界像」が示されている。その発芽は、ダブリンとロンドンの最も感じやすい世紀末のなかにある。イエーツは新生アイルランド運動とケルト神話とモリスやワイルドらとの交流を通した神秘主義とともに、その多感な青年期をおくった。

時期が時期、場所が場所だっただけに、それだけでも十分な青春だったはずだが、一八九〇年には英国心霊協会に、さらには「黄金の暁《ゴールデン・ドーン》」教団に入って、自身の魂の移動や浮上や転換の行方に好奇な目を凝らした。イエーツは現実の時と場だけにはいられなかったのだ。

こうしたイエーツと神秘主義の結びつきは夙《つと》に有名だが、それがいわゆる心霊術的なオカルティズムなのか、光と闇を深めるケルトの神秘的な心性にもとづくものなのか、生涯にわたって劇的な恋愛をつづけた女性たちとの愛の深淵によるものなのか、それともイエーツの傷つきやすい詩魂のせいなのか、多くの可能性があまりにも複相的に組みこまれ、泡立ち、逆巻いていて、どのように名付けられることをも拒否しているかのようである。

とくに背の高い美女モード・ゴンとの出会いは決定的だったらしく、何度も求婚して断られ、それがために五二歳までを独身で通した。やっと結婚したときは二七歳年下の女性を選んでいる。


民族主義者なのか、神秘主義者なのか、政治活動者なのか文学活動者なのか、叶わぬ恋ばかり追ったのか、失恋が好きだったのか、時代に先んじているのか、時代に背を向けているのか、わからない。それがウィリアム・バトラー・イエーツなのである。

卓越した詩人であることはまちがいないにしても、自動筆記を試みたり、能に埋没したり、すべてを月のヴィジョンに託したりで、その方法は一様ではない。ながらくろくなイエーツ論がなかったのも、この摑《つか》みがたい幻視癖のせいであろう。

しかし、このような複合的な活動と好奇心と熱情をもった詩人を、ぼくはただの一枚のレッテルさえ貼らずに滔々《とうとう》と語りあう日々をもつべきではないかと、ずっと思ってきた。とくに日本人はイエーツを語るのがよい。こういう揺れ動きつづけながら、誤解をしようとおもえばすぐに放逐できそうな詩人の魂をこそ、大きく内包する「余情《よせい》」をわれわれはもつべきなのである。それはイエーツが能を含んだぶん、能の国に生まれたわれわれがイエーツを含まなければならない「ほど」というものだ。

いまさらいうまでもないことだが、イエーツの『幻想録《ヴィジョン》』（ちくま学芸文庫）は、二十世紀において最初に月知学を告げる最も重要な宣言の一冊だった。そこには『月の沈黙を友として』という有名な透徹がある。

このことについては『ルナティックス』（作品社）でさんざん書いたことなのでくりかえさないが、われわれの思考や表現にはどこかで月か、月にあたるような何の役にもたたない領分をもつべきなのである。それがぼくが名付けた月知学というもの、すなわちルナティックスというものである。

このルナティックな領分を魂や想像力の裡《うち》にもっていないと、われわれはついつい現実の場から逃避をしたくなる。自分でそこがいいと感じてそこにやってきたのに、別の現実がそろそろほしくなって、そこへ逃げたくなる。むろんどこかの「ほか」や「べつ」の現実を巧みに選んだところで、またそこが自分にふさわしくないという気になるのは必定で、結局は現実からの総撤退をいずれ迫られる。

イエーツが拒否したことはまさにこのことだった。ときに鷹のごとく高く舞い上がり、ときに井戸のごとく深く沈潜していくところなど、もともと現実などにはありはしないのだ。「うつ」と「うつつ」はウツロヒによってしか、つながらない。そうだとすれば、それは魂や想像力の奥に想定される「月の山水」でなければならず、その「月の山水」

というものを、日々の現実を通して、どのように多様に、多彩に描いておくかということなのだ。

そこは「現実の役にはたたない領分」でもあって、何かの拍子に照らされてキラリと光ることはあるにせよ、やはり決して「自分では光ろうとはしない月的なるもの」なのである。イエーツの、この「舞い上がる鷹」と「沈みこむ井戸」とのルナティックな呼応関係こそは、ぼくがこの十年ほど追いかけてきた日本数寄の、隠れた次元というものに似通っている。

それにしても、なぜわれわれはわざわざガイジンに示唆されて日本を〝再発見〟するのだろうか。たんに発言が目立つからなのか。それもある。忌憚がないからか。それもある。しかしぼくが見るに、それ以上にかれらの目には「組み合わせ」があった。フェノロサやハーンやタウトを嚆矢《こうし》に、マルローやルドフスキーに至るまで、かれらは領分や専門にこだわらなかった。そのぶん日本数寄が浮上するのである。

日本の知識人は、利休と清元と土方巽を一緒に見ないのだ。西行と晶子と都倉俊一とウォークマンを組み合わせて見ないのだ。感じたものをテクストだ、思想だ、記号だ、表象だと言っているわりに「好みの言葉」にしていないのだ。これはやむをえないことなのではない。あえてわれわれは九鬼周造や木下杢太郎《もくたろう》や吉井勇を継ぐべきなのである。

それならイエーツの鷹に導かれてしまうのも、ときにはいいのではないか。今夜は、そうも言ってみたかった。

第五一八夜　二〇〇二年四月十五日

参照千夜

七九四夜：アン・チザム『ナンシー・キュナード』　七五夜：岡倉天心『茶の本』　一三〇六夜：観世寿夫『世阿弥を読む』　四〇夜：オスカー・ワイルド『ドリアン・グレイの肖像』　九七六夜：土方巽『病める舞姫』　七五三夜：西行『山家集』　六八九夜：九鬼周造『「いき」の構造』　九三八夜：吉井勇『吉井勇歌集』

四国の山峡の祖谷《いや》に
日本の美しさのすべてを見た

アレックス・カー

美しき日本の残像

新潮社　一九九三　朝日文庫　二〇〇〇

坂東玉三郎とアレックス・カーは二歳ちがいである。パリで親しくなって、ニューヨークの公演ではアレックスが通訳をした。二人のあいだには約束がある。「お互いにコニヨシェンティにはならないようにしようね」というものだ。コニヨシェンティはイタリア語からきた言葉で、物知りではあっても何も作れない連中のことをいう。二人にふさわしい。

ぼくもアレックスと知りあって長いけれど、しばらく会ってない。夜の湯島の聖堂で川瀬敏郎の花籠《はなかご》と篝火《かがりび》に照らされて大きな屏風《びょうぶ》に書をものし、そのあと玉三郎らに囲まれて談笑した夜から会っていないのだと思う。聞けば、もう日本には未練がないとか、日本はダメになったとか言って、最近はタイにいることのほうが多いらしい。

その感じはぼくに親友の武田好史をおもわせた。武田とアレックスも以前からの友人で、二人とも〝住みかた名人〟である。おもしろいところを見つけるとそこに引っ越し、好きなように改造してしまう。お金はかけないが、独得の見立てで住処《すみか》をつくる。

有名な話だが、アレックスは四国の奥地の祖谷《いや》に風景と民家を見つけ、ここにはまだ「ほんとうの日本」があると確信して、そこに好き勝手な住処をつくってしまった。徳島県と高知県と愛媛県の境目にあるタバコの葉を唯一の産物とする秘境の一軒家だ。一九七三年のこと、一二〇坪の土地代が三八万円、家賃はタダ。もっともこの土地代はその後の二十年間で約半分に下落する。バブルにさえ見放された土地だった。

エール大学で日本学を専攻し、オックスフォード大学で中国学を修めたアレックスは、孔子の「知者楽水・仁者楽山」を祖谷の自然に、「数寄の心」を日本の民家に求めて、この生活に挑んだのである。

本書はそのアレックスが祖谷、京都、東京、亀岡などの住処を拠点に、いまなお入手しうる「面影日本」をどのように求めたのかという闘病記ともいうものだ。闘病記というのは、「日本という病気」との正面きっての闘いといった意味だ。

アレックス・カーは六歳のときにナポリにいた。父君はアメリカ海軍の弁護士だ。アレックス少年は「お城に住みたい」と希《ねが》っていて、父親をつかまえては「お城に住みたい」を連発した。閉口した父親はこう言ったらしい。「世界のお城をみんなおさめているヌスバウムさんという大地主がいるから、大きくなったらヌスバウムさんからお城を借りなさい」。

少年は以来、ヌスバウムさんと会うのを楽しみにして過ごす。九歳のときにワシントンDCに住むことになったら、変わった学校に行かされた。小学生にラテン語と中国語を教える。ラテン語はともかくも中国語はとても不思議だった。少年は心の中のお城として中国の山中を想い描くようになる。

そうしたら十二歳のとき、父の転勤で日本に住むことになった。横浜の本牧《ほんもく》にあったアメリカ海軍基地のハウスだった。東京オリンピックが開催された一九六四年のことで、日本は急ピッチで高度成長をめざしていたけれど、それでも瓦屋根は美しく、市電に乗ると着物姿の女性たちがいて、まだ下駄の音がしていた。アレックス少年の中国への夢は、こうして日本への夢に変わっていった。

母親が日本在住の外国人グループに参加していたようだ。葉山の宮内庁所有の別荘、吉田茂の旧邸宅、三崎海岸の外国人用別荘などに連れていってもらった。

門から入ると石畳がある。玄関はそんなに大きくないのになんだか風情がある。畳がとても美しい。障子をあけると窓の外の景色が向こうのほうまで開いている。そういうところを案内してくれる人の所作がすばらしい……。アレックス少年はこれが「お城」だという気になっていく。

一九六九年、憧れてエール大学の日本学部に入った。けれども教えてくれる「日本学《ジャパノロジー》」は近代日本の政治と経済、アメリカの研究者たちの日本人論、タテ社会のこと、欧米の「石の文化」と日本の「木の文化」の比較、「甘えの構造」のことなどばかりで、とてもがっかりした。おもしろかったのはヴィンセント・スカリー先生の美術歴史学やジョナサン・スペンス先生の中国学だった。

ともかく日本語を勉強することにした。当時のアメリカの大学では"Jordan"というエレノア・ジョーデンとハナコ・チャプリンが外交官を教育するためにつくった教科書があって、日本語のスピーチ・パターンを何度も何度もくりかえして学べるようになっていた。いささか退屈だったがガマンした。おかげで日本語に強くなった。漢字も読めるし、だいたい書ける（書も嗜《たしな》む）。

しかし、こんな日本が「僕のお城」なのか。日本はつまらない国なのか。アレックスは三年生のときに、自分の目で「お城」を確かめたくて日本一周をする。

夏の二ヵ月の日本一周で、北海道から鹿児島の指宿《いぶすき》まで回ってみて、日本人の親切なところ、日本の自然が体に合うように美しいことに心を打たれた。いまでもアレックスはそのときの日本の山や川や森を思い出すと涙ぐむ。

夏の日本一周は四国の善通寺で終わった。最後の日、善通寺で知り合った友人が「あなたが気にいりそうなところへ連れていこう」と言い、バイクで四国の奥に入ることになった。そこが祖谷《いや》だったのである。日本で一番深い峡谷にある集落が待っていた。仙人がいるようだった。心を奪われた。探していた日本があった。アレックスは卒業論文の調査研究テーマに祖谷を選び、しだいに誰よりも日本の山峡と民家に詳しくなっていく。

このあとオックスフォードで中国語と中国学と書と山水画を学び、世界で最も自信に満ちたアカデミック・アプローチを身につけるのだが、日本への憧れは切れることがなかったようだ。一九七七年にはついに京都亀岡の大本《おおもと》に就職をする。

大本は宗教組織ではあるが、出口王仁三郎《おにさぶろう》このかた布教活動より芸術活動を重視してきた教団である。亀岡に本部があった。ここでは詳しくふれないが、のちにぼくも親しくなったデイヴィッド・キッドによって大本アートスクールが開かれていて、日本の遊芸の全般を外国人が学べるようにもなっていた。ライアル・ワトソンもここの出身だ（いずれキッドさんの本も千夜千冊したい）。

こうしてアレックスは一方では大本に、他方では祖谷の民家のリノベーションに、そのほかの時間は京都・奈良などの神社仏閣めぐりを課していったのだ。

けれども、そこには何かが欠けていた。七〇年代の日本は列島の全体が改造され、街も商店街もまるごとアメリカナイズされつつあったのだが、それに対抗できる力が日本には見当たらない。日本は何かを失ったのか、それともまちがった方向に走っているのか。どちらも当たっているような気がしたが、こんな日本では困るのだ。そんなとき出会ったのが、歌舞伎とそのステージクラフトだった。

友人と京都南座の顔見世《かおみせ》に行ったらしい。中村雀右衛門が「藤娘」を踊っていた。別世界がそこにあった。ハネたあと友人と近くの「開化」という喫茶店に入ったら、マスターが「顔見世はどうでした？」と聞く。夢心地だったと言うと、「この隣の方がこれから雀右衛門さんのところに行かれるから一緒に行ってらっしゃい」と勧めた。南座の楽屋に行ってみた。六十歳近い雀右衛門の流し目が色っぽい。付き人が小皿を出すと、顔の白粉《おしろい》と口紅の紅を柔かい手で混ぜるとそれを筆につけ、「花」という一文字を書いてくれた。そのあと鬘《かつら》、衣裳、化粧を落として「じゃーね」と言うと、白いスーツとサングラスで部屋を出ていった。

またしても夢を見ているようだ。プルーストの『失われた時を求めて』で、主人公がゲルマント侯爵夫人からハンカチを振られて誘われているようだったと、アレックスはこのときのことを思い出す。

こうして河原崎国太郎と坂東玉三郎と、玉三郎のお母さんの藤間勘紫恵《かんしえ》たちと、アレックスは付き合うようになる。そんななか、とくに歌舞伎がつくりあげるステージクラフトの絶妙にぞっこんになっていった。こんな芸能はない。花道、大道具、小道具、定式幕、衣裳、身ぶり、だんまり、清元、長唄のすべてがステージクラフトなのである。ここには日本の面影の集大成がある。

アレックスが歌舞伎と仲良くなったのは、かけがえのないことだったろう。能や茶や花にはまってもよかったが、歌舞伎には複数の人と美を組み上げていく構成力がある。とりわけ「傾《かぶ》く」と「擬《もど》く」がアレックスの滋養になっていった。

本書にはアレックスが細部にわたって惚れ抜いていった「日本」の数々が断片的に登場する。アレックスはアート・ディーラーの仕事も始めたので、さまざまな書画骨董《こっとう》に詳しく、それらにまつわる話もとてもおもしろい。

けれどもその日本が日本の本来を取り戻せそうにないことに、アレックスは苛立《いらだ》ってもいる。本書にはそのことがしばしば洩《も》らされる。日本はもはや残像しかもっていないのではないか。「いま、ここ」(be, here, now) の日本にはそれを復活させる力がないのではないか。アレックスは自分で「お城」を日本につくるしかないだろう。それにはどうしたらいいのか、そこに腐心をするようになっていた。

本書の標題は「残像」である。アレックスが求め、辿りついた「美しい日本」がすでに残照であることを告げている。その残照が日没してしまえば、日本はただの「中くらいの経済大国」なのだ。そんなところに居てもしょうがない。武田好史は日本を深いところや細かいところで見ているので、タイやベトナムに行っても、また帰ってくる。アレックスはそうではなくて、本書を書いていた当時から、ほんとうに日本に失望してしまったようだ。だから、本書にはその失望をなんとか振り払おうとしている姿が、随所に出入りする。

岐阜で「織部賞」にまつわるシンポジウムに熊倉功夫や川瀬敏郎や田中優子らとともに来てもらったときも、しきりに「日本」への不満が噴出していた。その理由は本書を読めばすぐわかるが、たとえば大宇陀《おおうだ》の松源院は奈良の奥山で最もおもしろい塔頭《たっちゅう》であるけれど、これは一九七九年に大徳寺の大亀老師が庄屋を借りうけて改造したものなのだ。日本人は誰もこの作分に感応していない。このことをどう語ればいいのかもわからない。それは石川丈山《じょうざん》の語り方がわからないのと同様に、日本人失格なのだ。

たしかにアレックスの言うとおりである。ぼくも『日本流』『日本数寄』（ちくま学芸文庫）を二〇〇〇年に著して、この問題のあれこれにかなり詳しくふれてみた。反響はとてもあっさりしたものだった。日本人は日本の見方を忘れてしまったのである。われわれは「歌を忘れたカナリヤ」になってしまったのだ。

その後、アレックスには、玉三郎も司馬遼太郎も日本に残ることを勧めていた。しかし、アレックスは日本をあとにした。このことは必ずしも痛哭《つうこく》なことではないが、いかにも寂しいことだった。裏千家にジョン・マギーという人物がいて、この人がつくる住処もすぐれた作分をもっていた。調度のカナリヤに歌を蘇らせていた。ぼくも青葉台で催した「玄月會」に招いたことがある。けれども、そのジョンも二十世紀末の日本を捨ててカナダに帰っていった。すでに何人ものアレックスが日本から出ていってしまったのである。

いやいや、べつだん外国人の味方をつけて日本に文句をつけようというのではない。アレックスも本書のなかで何度も書いているのだが、日本は日本人自身が日本解釈を変えないかぎりは、ただただ地盤沈下するだけなのだ。アレックスは織部賞のシンポジウムで言っていた。「観光地になった京都や奈良に騙《だま》されてはいけません」「京風料理屋のお琴のバックグラウンドミュージックを排除しなければいけないよ」「和風旅館の日本趣味がおもしろいのですか」「おばさんの茶の湯やお花は日本なんかではないんじゃないですか」。

〔追記〕アレックス・カーはその後『犬と鬼』（講談社）を著して日本の決定的なまちがいを抉《えぐ》るとともに、ふたたび日本にも回帰して（亀山・京都・四国）、新たな「再生」にとりくんでいる。ぼくはハイパーコーポレート・ユニバーシティのメンバー三五人を伊勢神宮に連れていくにあたって、この案内人はアレックスしかいないと思って、この一行を掠取してもらった。

第二二一夜　二〇〇一年二月一日

参照千夜

一〇一夜：ライアル・ワトスン『スーパーネイチュア』　六一四夜：中村雀右衛門『女形無限』　九三五夜：プルースト『失われた時を求めて』　一〇四六夜：熊倉功夫『後水尾院』　七二一夜：田中優子『江戸の想像力』　九一四夜：司馬遼太郎『この国のかたち』

2013年の1月、ぼくが主宰するハイパーコーポレート・ユニバーシティの伊勢合宿のために、アレックスに特別案内人を引き受けてもらった。下宮・内宮をまわったあとは、おかげ横丁のとある和室を借り切って、みんなでアレックスとともに書を遊んだ。

枕草子・小鹿田焼《おんたやき》・賢治・荷風、
床の間・寺山・井上ひさし、みんな交ぜたい。

もし、日本という国がなかったら

ロジャー・パルバース

坂野由紀子訳　集英社インターナショナル　二〇一一

井上ひさしの傑作劇中歌のひとつに「もしもシェイクスピアがいなかったら」という歌がある。「もしもシェイクスピアがいなかったら、バーンスタインは《ウェストサイド（物語）》を作曲できなかったろう」「もしもシェイクスピアがいなかったら、文学博士になりそこなった英文学者がずいぶん出ただろう」「もしもシェイクスピアがいなかったら、女は弱いなんていう、誤解は生まれなかったろう」などと続く。《天保十二年のシェイクスピア》の中の合唱曲だ。幕開けでも大団円でも唄われた。

本書はその流れで「もしも日本という国がなかったら」なのである。それでどうなのかというと、著者は名だたる井上ひさしの兄弟分なので、もしも日本がなくなったら、世界はうんとつまらなくなっているだろう、と言うのだ。

たしかに、もしも日本がなくなったら富士山もサクラも見られない、もしも日本がなかったら落語のオチがわからない、もしも日本がなかったら「あのー」と言うだけの不思議な挨拶が聞けなくなるし、ウォシュレットはこれ以上工夫されなくなるだろう。もしも日本がなかったら俳句の切れ字が変になり、世界の小型車はうんと不便になっていくだろう。もしも日本がなかったら、以心伝心がなくなって、おしぼりが出なくなるだろうし、即席ラーメンの変わりだねが途絶えてしまうにちがいない……。日本よ、ずっとずっと元気でいてほしい、そういうラブコールだ。

本書はたいへん愉快な本だった。ガイジンによる日本贔屓の本はアーネスト・サトウからエズラ・ヴォーゲルまでかなりあるけれど、なかでも出色だ。理由は五つある。一、書き手のロジャー・パルバースという才能豊かな男のジンセーがそうとうおもしろい。二、全国を回っているだけあって、日本の社会文化を切り取る目がしっかりしていて、しかも柔らかくて適確だ。三、日本語と英語の表現比較の仕方がいい。四、有名無名をこきまぜて、付き合った日本人がよかった。五、日本に対してだけではなく、民族に対してなんともいえない慈愛がある。

パルバースの日本贔屓はけっこう深い。日本文化をめぐる数々の〝読み〟もかなり鋭い。ぼくとしては、昨今の日本人がパルバースのようにわが日本を自慢できるかどうかのほうが、心配だ。

パルバースは、もともとはロシア・ポーランド系の血をもったロサンゼルス出身のアメリカ人である。けれどもアメリカ人とも日本人ともポーランド人とも、いっとき国籍をえたオーストラリア人ともいえる。経歴としてはUCLAからハーバードの大学院をへて、当時のベトナム戦争に血道をあげるアメリカに嫌気がさして、ワルシャワ大学とパリ大学に留学した。その後、ソ連に入ったときに、よんどころない事情に巻き込まれて一九六七年に日本に来た。

それからは日本に移り住んでいるが、国籍は途中でオーストラリアとなった（オーストラリアにも住んでいた）。劇作家でも演出家でもエッセイストでもあるが、いまは東京工業大学の世界文明センター長というお堅い職にある。ぼくと同い歳である。

よんどころない事情というのは、こういう顚末《てんまつ》だ。二十歳前の一九六四年にソ連に行き、二年後にNSA（米国学生協会）の奨学金でワルシャワに留学した。そこで東欧的な演劇にめざめたまではよかったのだが（スタニスワフ・ヴィトキェヴィチに首ったけになっている）、予想もつかない変な事件に巻き込まれた。それでNSA会長から「いますぐロンドンに行ってほしい」という電話が入ったのである。

やむなくロンドンに行ってみた。さっぱり事情がのみこめなかったが、実のところはNSAはCIAが後ろ盾になっている国際的学生派遣組織であって、パルバースは冷戦下でロシア語とポーランド語を流暢《りゅうちょう》にあやつるCIAのスパイとしてでっちあげられたらしいのだ。

気がついたときには、もう遅かった。アメリカの大手新聞がCIAの尻尾《しっぽ》切りの犠牲者としてニュースにしていた。ル・モンドも「CIAスパイ容疑のロジャー・パルバース、ワシントンDCにて帰任報告」を記事にした。これではアメリカにいられない。

こんなおかしな事件で二三歳のときに日本に来たのだが、持ち金はたった二〇〇ドル、それでも決行した。このとき知人から紹介されたのが若泉敬という日本人だった（若泉がどういう人物かはあとで説明する）。

若泉はロジャー青年を温かく迎えてくれた。自分が勤めている京都産業大学を紹介し、若泉のボスにあたる学長の荒木俊馬も、ロシア語とポーランド語の専任講師としてパルバースを迎え入れた（荒木俊馬はぼくが高校時代に首ったけになった赤くて分厚い天文学事典の著者だ）。

こうしてパルバースは京都洛北の深泥池《みどろがいけ》近くの小さな家に住み、すぐに日本が好きになった。借景で有名な円通寺に惚れ、日本語を習得して（パルバースの語学習得能力はおそろしく速い）、オスロ大学から京大に留学していたスールンと結婚し、そのまま日本人になじむ日々をスタートさせた。結婚時の仲人も円通寺の住職だったようだ。そのあたりの事情を綴った『日本ひとめぼれ』(岩波書店)という本もある。

で、若泉敬であるが、この人は国際政治学のセンセイだった。東大法科在学中の昭和二七年に国連アジア学生会議の日本代表になったりもしている。大学院はロンドン・スクール・オブ・エコノミクスで(だからロンドンにも知己が多かった)、そのあとはジョンズ・ホプキンス大学の高等国際問題研究所(SAIS)で研究員をしていた。そのときマイク・マンスフィールドやディーン・アチソンやウォルト・ロストウらのアメリカ政治を代表する日米安保派と知りあった。ピカピカのエリート秀才だったのである。

その後、京都産業大学に招聘《しょうへい》され、トインビーやハーマン・カーンを日本に招いたコミュニケーターとして活躍し、他方では防衛庁の防衛研究所などにもかかわっていた。カーンはそのころ世界で一番の未来学者で、ランド・コーポレーションで軍事研究にも携わっていた。

もっとも、若泉のことはこれだけではわからない。彼の名は、いまでは日本の外交史に関心がある者にはよく知られているだろうように、実は佐藤栄作首相がニクソン大統領と沖縄に関する密約(いわゆる核持ち込み密約)を結んだときの同行特使だったのだ。佐藤とともにニクソンやキッシンジャーなどと亙りあった唯一の日本人だ。

しかし若泉は、このことも知る人ぞ知るところとなっただろうが、この密約が日本に核持ち込みをゆるしてしまったという事実に、その後ずっと沈黙を守りながら苦しんだ。そして一九九四年、沈黙を破って驚愕の一書『他策ナカリシヲ信ゼムト欲ス』（文藝春秋）を遺書のように書くと、八重山諸島の石垣島でいったん心を鎮め、故郷の福井県の鯖江《さばえ》で青酸カリをあおって自殺してしまったのである。

　パルバースはそういう後半生を背負うことになる若泉と、ごくごく若いころに出会ったのだ。奇縁であろう。

　さて、パルバースの日本についての〝読み〟である。日本社会、日本文化、日本語、日本文学、詩歌の引用の仕方、特定の日本人に対する注目ぐあいなど、あれこれ含めてとてもいい。

　古典、渋み、陶芸、ポップカルチャー、浪曲、京都、八重山諸島、下北半島、西鶴の好色、浮世絵の魅力、日本語の「の」の使い方、一茶の軽ろみ、絵金《えきん》の地獄絵、与謝野晶子のエロティシズム、子規の俳諧、熊楠の民俗学、宮沢賢治の童話、杉原千畝《ちうね》の良心、坂口安吾のアウトサイダー感覚、ハリウッドの早川雪洲、井上ひさしのすべて、大島渚の問題映画づくり、白石かずこの詩人としての生き方、岸田今日子の役者っぷり、鶴見俊輔の思想、清川虹子の演技、筒井康隆の笑いのSF、つかこうへい劇団、扇田昭彦の劇評、宮崎駿のアニメ、オウム・サリン事件、土井勝の料理法、プリクラ、イッセー尾形のパフォーマンス、和歌山カレー事件、3・11のこと、いずれにも画竜点睛《がりょうてんせい》を欠いていない。

一例をあげる。たとえば、パルバースは「一楽《らく》、二萩、三唐津」をとりあげ、欧米のジョン・キーツが言うような「完全無欠な美」と、日本人が好む「諸行無常」とをみごとにくらべてみせる。

英語では「完全無欠」は〝complete perfection〟である。けれどもパルバースは楽茶碗は「完全有欠」というべきもので、その名状しがたい「不完全さ」こそが完璧なんだと絶賛する。この見方がいい。まさに長次郎の茶碗にも当代の吉左衛門の茶碗にも「有欠」がある。織部なら「敢然補欠」というものだ。

とはいえ残念ながら、こういう〝読み〟を日本人がほとんど理解していないことのほうが問題で、ぼくはパルバースを持ち上げれば持ち上げるほど、奇妙な気持ちになっていく。慚愧《ざんき》に耐えないというか、情けないというか。

だからパルバースが、大分の日田の小鹿田《おんた》や小石原《こいしばる》の窯元をたずねて、バーナード・リーチばりに茶碗や徳利を愛で、天竜川と合流する遠山川の谷間の「霜月まつり」に見とれて堪能してましたとか、その祭りを見ながら、宮沢賢治の「四方の夜の鬼神をまねき／受益もふるふこの夜さひとよ」の詩句を思い出していましたと言っていることを、

「ロジャー・パルバースって知ってる？　パルバースってね、小鹿田に行ってぞっこんになっているんだ」と、ぼくの周辺の誰かに伝えようとしては口を噤《つぐ》んでしまうのだ。

こういう話にひそむ〝ジャパンウェアな価値観〟を、いったい昨今の日本人が持ち合わせているのかというと、悔しいことにそんなレベルには達していないと思わざるをえない。そもそも「一楽、二萩、三唐津」すらもが目にもアタマにも入っていないのではないか。まして小鹿田の「飛び鉋《かんな》」など……。

パルバースの日本をめぐる見方には、ぼくがお薦めしたい日本がいろいろ爆《は》ぜている。このことは、三十年来の友人のアレックス・カーが惚れた日本や、最近仲良くしているエバレット・ブラウンが見ている日本にもあてはまる。ブラウンとは『日本力』（パルコ出版）を共著した。何にせよ、誰にせよ、こういう見方が日本を実感するにはどうしても必要なのだ。

パルバースはそれをやってのけている。根尾の淡墨桜《うすずみ》を見物し、長浜の曳山《ひきやま》狂言に見とれ、山形の黒川能を堪能した。陸中海岸の宮古から久慈の風情を船の中で感じたときは、白くて美しい小久慈焼の茶碗を買って、その後の日用の器にしているのだ。

いや、そういうことは日本好きなガイジンならきっとガイド片手になんとかするだろうと思うなら、それはとんでもない料簡ちがいだ。

花巻をたずねて賢治にぞっこんになると、そのまま賢治の詩歌に親しみ、その詩歌にふんだんにつかわれている擬声語（オノマトペイア）にあこがれて、ついに賢治を「宮ざわ賢治」と呼ぶことにしただなんて、また、大阪の朝日芸能社で筑波武蔵の浪曲に出会ってからはこの浪曲師が住む河内天美《あまみ》に通って《野狐三次《のぎつねさんじ》》をマスターすると、三ヵ月後には〝ロジャー武蔵〟を名のるセミプロはだしの浪花節《なにわぶし》語りになっていただなんて、これは尋常ならざる格別きわまりない御仁なのだ。

そこいらの日本人が感得している日本ではない。いやいや、日本の多くの知識人にもこういう日本文化は身についていない。パルバースを得た日本は幸いなのである。「もしもパルバースがいなかったら、日本はもっとつまらなくなっていた」！

なぜ日本人は日本を見る方法を失ってしまったのか。日本の社会文化の多様性をつぶさにたのしんでこなかったからだろう。

悪口になるようで申し訳ないが、中根千枝に『タテ社会の人間関係』（講談社現代新書）がある。たいへんなベストセラーになった。ところが副題は「単一社会の理論」なのである。日本社会が縦断型になっていて、タテどうしでは競争せずに、ヨコどうしで争うようになっている特質を炙《あぶ》り出したもので、昭和日本のひとつの典型を析出した。パルバースは、そうではない。日本を単一民族と見るのも単一文化社会と見るのもまちがっているとみなす。

当然である。岡田英弘の『日本史の誕生』（ちくま文庫）や小熊英二君の本を読まれるといい。似たようなことは『吉田茂とその時代』（中公文庫）や『敗北を抱きしめて』（岩波書店）の日本学者ジョン・ダワーも「日本はＪＡＰＡＮではない、ＪＡＰＡＮＳなのだ」と言い切っていた。そのほうが、ずっと日本っぽい。

日本を一つの日本や一つの民族の記憶と記録で語れるわけがない。日本は縄文弥生のはなっから一途《いちず》で多様なＪＡＰＡＮＳなのだ。天皇と幕府は並列していたし、その美意識も「あはれ」であって「あっぱれ」なのだ。少なくとも、網野善彦がせめてアイヌ・東国・西国・琉球の四つの地域史で日本を語らないと話にならないと言っていた通りなのだ。

そのことをパルバースは自分の目と足と舌でしっかり確かめたようだが（ぼくよりずっと日本中を旅している）、本書のなかではその体験をいかし、日本には少なくとも五つの独自文化が成り立っているとみなしている。東北、江戸東京、大和・京都、北九州、沖縄、この五つだ。おもしろい見方だったので紹介しよう。少し、ぼくなりの説明も加えておいた。

おおざっぱにいうと、東北は「比類のない神秘性」をもっている。だいたいあそこには座敷童子《ざしきわらし》がいる。賢治・啄木・太宰・寺山の日本だ。パルバースはその東北を、今日の若者がとくに啄木あたりから学ぶといいのではないかと言っている。賛成だ。ぼくも啄木が「時代閉塞《へいそく》の状況」を凝視していたあたりの心境を、ことに読んでもらいたいと思っている。「どんよりと　くもれる空を見てゐしに　人を殺したくなりにけるかな」だ。

江戸東京は親子どんぶりのような「拝借文化」をもっている。世界中から日本中から拝借してきたもので成り立っている。そのごちゃまぜ力があまりにも強大なので、列島各地は「地方」扱いをされ、東京は一極集中のセンターにのし上がっていった。そのぶん地方者は東京で一旗揚げるしかなくなった。けれどもその上京者たちももちろん拝借文化のうちなので、いつだって親子どんぶりの「具」として取り替えられてしまうのである。

　ちなみにパルバースは、もしニューヨークの連中がシカゴやロスやサンフランシスコやダラスを「地方」などと呼んだら、かれらはニューヨークに戦争を仕掛けるだろうと言っている。

　大和文化は、風景と文物と人物を仏教化する文化と、大陸の影響をフィルタリングする能力とをもってきた。そこには古代グローバリズムをいちはやく審美化する独自の装置があった（ぼくはそのことを最近は〝NARASIA《ナラジア》〟と名付けた）。大和力はそもそも漢字を万葉仮名として使ってみせたのだ。奈良にはそういうソフトウェアが漲《みなぎ》っている。

京都はそれらをうんとソフィスティケートして、もっと言うのなら女性化してきた。京都は簾《すだれ》のような文化力なのだ。そして『枕草子』のように、世の中のものを「選んで」「好み」に徹していけるミヤコ感覚をつくりあげた。いわゆる「雅び」のインターフェースというものだ。パルバースは書いてはいなかったけれど、そこにあるのは公家文化の本性だ。

北九州はその根底に、中国文化と朝鮮半島の文化の両方の歴史を反映できる装置をもっている。なんといっても、ここから倭国が始まったのだ。さらに海を越えてきた八幡神や禅宗の名残りが各所に波及した。それが卓袱《しっぽく》やとんこつラーメンや辛子めんたいこにもなっている。パルバースは北九州の子供たちが韓国語を学び、韓国の子供たちが博多弁や長崎弁を話すようになることを期待する。

沖縄は日本・中国・ポリネシア・東南アジアを同時にスクリーニングする力をもっている。それは八重山上布《じょうふ》や宮古上布にあらわれている。そのうえで沖縄には内地人をヤマトンチューと呼べる度胸がある。いまだ日米基地問題で悩んではいるけれど、沖縄人には自己主張力があるので、きっとそのうち突破するだろう。ちなみにパルバースは石垣島から西表島《いりおもて》へ、さらに三十分かけて鳩間島《はとま》にも行き、滞在している。

以上は必ずしも特異な見方ではないけれど、大きく日本を摑まえていて悪くない。とくに東京を世界各地からの「拝借文化のどんぶり」と捉《とら》えたところがよくできている。日本人が自国民を単一民族とみなして英訳するときは、"racially homogeneous" とする。人種的に単一であるとか同一であるという意味だ。けれどもここには "ethnically" という意識がはたらいていない。こういうグローバル感覚ではよろしくない。パルバースは東北や北九州を "ethnically" に見たいのだ。日本人が日本を海外にくらべて特別視しようとすると（いわゆる日本特殊論にはまると）、この「一途で多様」な見方を忘れてしまう。JAPANSでなくなっていく。どういうふうに忘れ、歪《ゆが》めてきたかは、そのうち南博の『日本人論』（岩波書店）などをとりあげて千夜千冊したい。

それにしてもパルバースは、日本各地の民族的な土地感覚を摑むのがうまかった。まさにエスニカリーだ。

これは和辻哲郎のいう「風土」に近い摑まえ方だろうが、一般的には風土は英語では "climate" なのである。しかしパルバースは、日本人の風土感覚や風土文化力の特色はむしろ "acclimatized" というもので、「アクライマタイズド（順化/馴化）している」とか「風土する」といった能動的な感覚をもっていると見たほうがいいだろうと進言する。

このことは、かつてオギュスタン・ベルクが風土を“milieu”と捉え、そこに「通態性」(trajectivitet)というフランス語をもってきたことに匹敵して、たいへん興味深かった。日本人の風土感覚は、自然や風景と身体感覚が感得しているものを切り離さないという意味で、「風土する」なのだ。「石山の石より白し秋の風」(芭蕉)、「夕立やかみつくやうな鬼瓦」(一茶)。

日本が文物をアクライマタイズドできているのは、日本人が「平時に協同性を練習できている」からではないかと、パルバースは見ている。

欧米では協同性は有事においてこそ称えられる。9・11でニューヨークの消防団が称えられたのはそのせいだ。そこでは軍隊における勇気や友情が近似的な前提になっていることが多い。《ダイ・ハード》《リーサル・ウェポン》《マトリックス》、みんなそうだ。ところが日本では平時の協同性に、なんともいえない厚みがある。小津安二郎なのである。NHKの朝ドラなのである。それは「ぬくもり」「礼儀ただしさ」「以心伝心」などでできていて、そこにはたえず「みんなのおかげ」という意識がはたらいている。パルバースは日本の会社の工場労働者たちの多くが「みんなのおかげ」を感じていることに驚いた。

それなら、これは一種の“altruism”(利他主義)なのだろうか。たしかに利他主義のような気もするが、主義でも利他でもないようだ。あえて日本語訳をすれば「愛他」というふうになるのだろう。それよりも「気配り」や「控えめ」というものがはたらいていると見たほうがいいのではないか。

日本では一人よがりや自慢が嫌われる。パルバースもそこが日本人のいいところだと思っている。だから「気配り」や「控えめ」が好まれるのだが、これが英語にしにくい。どんな英語になるのだろうか。ちょっと難しいけれど〝self-effacement〟ではどうか。そう、提案する。〝face〟を外に向けてちょっと消し去るという意味だ。

ぼくにはこのセルフ・エフェイスメントという英語の妥当性を判断はできないが、パルバースがこの言葉を推している理由は、なんとなくはわかる。おそらくはこの場合の〝face〟は顔というより「面」に近く、日本人なら「面影」「面目」「面白い」「面倒」「面《めん》子《つ》」「面はゆい」などと使うときの「面」感覚になる。

もっとも、パルバースは日本の〝altruism〟には多分に大乗仏教が作用していることを指摘していない。最近は五木寛之がしょっちゅう強調していることであるけれど、日本人の「他力《たりき》」はあきらかに日本的大乗仏教の影響なのである。このこと、念のため付言しておく。

こうしてパルバースは　本書の第九章では以上のことをまとめて、「日本の文化は〝ふるまい〟に表れる」というふうに解読してみせた。

これもかなりイイ線だ。〝ふるまい〟は「振舞」と書く。振《フリ》も舞《マイ》も舞踊の用語のように思えるかもしれないが、もともとは神々が降臨するとき人間の側のほうが魂を振られる状態になったりすることをさしていた。「舞う」は中世までは神と人とが一緒になって踊りだすほど共感しあうことをいう。

しかし『源氏物語』や『和泉式部日記』にすでに頻出するように、日本語としての〝ふるまい〟は神の去来がそこにおこっていなくとも、そのような神の面影のもとに人々が身におぼえのある行動をすることをさすようになっていた。そこには「神に憚《はばか》る」という意味での「遠慮」(reserve)のようなものがはたらいていたのである。

遠慮そのものなのではない。遠慮のようなものだ。「はばかる」であり、「かしこまる」なのだ。それが日本人独特の〝ふるまい〟になっていった。なぜ、そんなふうになれるのか。パルバースは第十章ではそのことを、「日本ではあらゆる場所が〝舞台〟である」とみなすことで納得する。かつてアレックス・カーが、日本はステージクラフトになっていると言ったことに近い。

まさにそうだと思う。玄関、座敷、床の間、座布団の置き方、扇子使い、ドアの開け方、お辞儀の仕方、電話の取り方、お見送り、打ち水、旅館の仲居さんの振舞、高校野球の挨拶……。日本人がこれらを重視できるのは、いずれもそこが「小さな舞台」であるからだ。舞台と言ってわかりにくければ「場」や「座」の力だと見ればいいだろう。日本の「みんなのおかげ」は「場」と「座」にもとづいていた。ぼくもそのことを、「もてなし」「ふるまい」「しつらい」は三つがひとつとしてかかわりあっていると言ってきた。「場」と「一期一会」と「座」とが連動してきたわけだ。

他方、パルバースは本書のなかで、日本人が自分たちの優秀な特色に気づいていないことに、ときどき呆《あき》れている。さもありなん、だ。

たとえば「日本人はオリジナリティが乏しい」という批評があるが、こんな批評を日本人が受け入れすぎていることに、呆れる。これは引っくりかえすと「日本人はものまねばかりする」ということになるのだが、こんなことを容認する必要はない。

そもそも一国のオリジナリティとは、その国の過去のあらゆる文化を再発見、再発明、再創造することにある。こんなことは、欧米のみならずどの国にもあてはまるジョーシキだ。のみならず、その国が外からの思想や文化を適度に受け入れ、それを編集していく能力にこそ、その国の独自のオリジナリティがあらわれることも、むろんジョーシキだ。

日本が漢字文化を受け入れつつ仮名文化を創出し、宮沢賢治が北上川の西岸河畔をイギリス海岸と名付け、ラジオ電気技術を導入しながらトランジスタラジオを考案できたことこそ、まさにオリジナリティだったのである。

なぜ日本人は日本にオリジナリティが乏しいなどと思いすぎたのか。明治以降、外国の文化を外国人が誇り高く自慢したり強調したりすることに、うっかり跪《ひざまず》きすぎたのだ。敗戦後の民主主義日本では、もっとそうなった。

江戸時代まではそんな卑屈なことをしていなかった。各自がみんな「分《ぶん》」をもっていた。身分の違いも本分の違いも、気分の違いも平気だったのだ。それがうっかり卑屈になったのは、海外の列強が日本をコケにしたからなのではない。日本が勝手に卑屈になったのである。

もうひとつ、日本人がオリジナリティの実態を取り違えた理由がある。それは本気のオリジナリティは、かなり多くが反逆者や破壊者や奇人や変人や、つまりはアウトサイダーにもとづいているということを、いつからか日本人が直視しなくなったからなのだ。このパルバースの指摘は、よほど日本人が心したほうがいいだろう。

言うまでもないことだけれど、たとえば空海、後醍醐天皇、世阿弥、利休、芭蕉、北斎、岡倉天心、北大路魯山人《ろさんじん》、勅使河原蒼風《てしがわらそうふう》、イサム・ノグチ、寺山修司、美輪明宏は、すべからくアウトサイダーなのである。それは、アウグスティヌス、ウィリアム・ブレイク、ジャン・コクトー、ヴァーツラフ・ニジンスキー、パブロ・ピカソ、トルーマン・

カポーティ、J・G・バラード、アンディ・ウォーホルらがアウトサイダーであったことと、まったく同じだ。

　けれども昨今の日本では、これらを〝スター扱い〟することはあっても、そこに反逆の気分や時代を破る方法があったことを、ちゃんと評価しなくなっている。そのため空海〜北斎〜天心〜寺山を一緒に語れなくなった。イタリアのデザイナーがダンテとアルマーニを一緒に語ることは、ドイツの音楽知識人がアマデウス・ホフマンとフルトヴェングラーを自慢することは、基本の基本の基本なのに、日本はそれができなくなった。

　こうしてパルバースは、日本人があまりに〝insular〟（内向き）になっていることを心配する。自国の文化を海外に向けて自信をもって語れないまま、産業的なグローバリズムの波にだけ乗ろうとしていることに危惧《きぐ》を向ける。

　このことは逆に、英語を駆使できるようになればグローバルになれると思いこんでいる日本人ビジネスマンの傾向にも色濃くあらわれている。パルバースはそのことも心配してくれる。そんなことではムリなのだ。どうしても英語に堪能になりたいというなら、日本人は次のことを英語で語れるようになるべきなのだ。

　たとえば多様な「の」の使い方である。『銀河鉄道の夜』の「の」は何か。〝of〟ではない。〝Night of the Milky Way Train〟では「汽車に所有された夜」になってしまう。

“Night on the Milky Way Train”であろう。ぼくが同時通訳の会社「フォーラム・インターナショナル」を八年間ほどあずかったときも、この「の」の問題を重視した。日本語では「秋の田の仮庵の庵の苫をあらみ」の「の」はすべて異なるし、「明日の朝のお父さんのメニューのことなんだけどね」の「の」も、みんな違うのだ。ということは「森の音楽」と「音楽の森」との意味の違いを、「日本の北斎」と「北斎の日本」との違いを、われわれはしだいに忘れてしまっているということになる。

これはどうしても取り戻すべき日本語の本分だろう。いま、イシス編集学校の「守」コースで〈「の」の字の不思議〉というカリキュラムを入れているのも、このせいだ。できればこれに「切れ字」のおもしろさも加えたい。

パルバースは次のようにも指摘する。日本人はやたらにデザインという言葉が好きなようだが（たしかにそうだ）、でも「会社のデザイン」とか「社会をデザインする」とか「デザインとヴィジョン」などと言いたいなら、日本文化がどのようにアジアの象徴性や制度を“to design”してきたのかを感じたほうがいい、と。また江漢《こうかん》や源内がどのようにヨーロッパの美術様式を“to design”してきたかということを、もっと深く摑まえたほうがいい、と。空海も利休も北斎も、長沢節《せつ》も山本耀司《ようじ》も三宅一生《いっせい》も、その“to design”をやってのけたのだ。耀司はそもそもが「安吾」で、一生はそもそもが「お米」なのである。

こんなふうに日本人が「日本を英語する」のがヘタなのは、英語のセンスがないからではなくて、日本語をちゃんと理解しようとしないからである。あるいは日本語に誇りをもっていないからだ。パルバースは普段語の「ですね」「だな」「じゃないか」「だろうね」のニュアンスの違いや、小さい「っ」が使われている「さっと」「やっぱり」「ひっそり」「たっぷり」「ばったり」「きっぱり」「ざっくり」といった言葉を、もっと大事にするべきだと言っている。

言語は民族の信号であり、暗号である。それなら日本語の素材や風味にも通じていたい。これらのことについては、パルバースの『日本語インサイド・アウト』(日本翻訳家養成センター)や『驚くべき日本語』(集英社インターナショナル)などを読まれるといい。そこには「リンガ・フランカ(世界語)としての日本語」のことが誇らしく述べられている。

アメリカ人のパルバースから日本語のことを教わるよりも、英語のことをちゃんと知りたいというのなら、『ほんとうの英語がわかる』(新潮選書)や『英語で読み解く賢治の世界』(岩波ジュニア新書)などもあるので、それらを読んでもらってもいい。ただしそこでも「英語がわかること」と「日本語がわかること」がまったく同レベルの文化力にもとづいていることをどどっと知らされる。

このことをもっと実感したいなら（そうなってほしいけれど）、徒然草や世阿弥や谷崎や荷風や三島などを、シャレた五行英語で案内してみせた『五行でわかる日本文学』（研究社）を覗いてみるのがいいだろう。まさに日本語のようなシャレた英文が綴られている。

それにしても、まあ、パルバースはよくぞこれほどに日本を理解できたものである。本書やその他の本を読むかぎり、きっと井上ひさしや大島渚に親しんだことが大きかったように思う。

井上ひさしについては、一九七四年あたりからの師事だったようで、いくつもの作品を英訳しただけではなく、いっときは井上一家をオーストラリアに移住ないしは長期滞在させたくて尽力したりしている。大島渚についてはパルバースが《戦場のメリークリスマス》の助監督を頼まれたことが縁で、その後もずいぶん大島に協力をしたようだ。

ところがこの二人を通して学べた大好きな日本が、その後に変質していった。八〇年代に入ってからだろうが、地上げや借入超過とともに新人類や「おたく」が広まって、日本は消費過剰時代に突入していったのだ。メディアもメーカーも広告業界もかれらをやたらにもてはやし、日本が誇れるものはマンガ・アニメ・スシ・カラオケだという自負だけが目立つようになった。

パルバースはこの流行をいたずらっぽく「ＭＡＳＫ現象」（マンガ・アニメ・スシ・カラオケ）

と名付けている。つまりは、日本に史上初めての〝わがままで衛生無害な自己中心世代〟が登場してしまったのだ。

これでは日本に貧困の差別、セクハラ、いじめ、幼児虐待、草食化、鬱《うつ》病が蔓延《まんえん》してもおかしくない。パルバースには、そう見えた。バブル崩壊のあとに、これらが広がっていったのは当然だった。日本人は〝reticence〟（控えめ）を忘れてしまったのだ。

パルバースは「失われた二十年」の日本がめざめるには、次のことが必要だと実感している。ひとつ、若い世代は自分の満足感などに浸らずに他者を理解するように努めること、ひとつ、メディア（とくにマスメディア）が日本の真の問題に目覚めること、ひとつ、クリエイターやアーティストが社会問題を大きくとりあげること、この三つだ。

これらはあらためて見直すと、まさに井上ひさしと大島渚がとりくんだことだった。もうすこしさかのぼれば、坂口安吾や井伏鱒二が、鶴見俊輔や日高六郎が問題にしてきたことだった。こうしてパルバースは本書の最後に、絞りにしぼった提言をする。日本人は〝buck the system〟に向かうべきなのではないか、ということを。

この英語は「体制に刃向かう」という意味だ。〝to buck〟は馬が背を曲げて跳ね上がることをいう。〝system〟とはデファクト・スタンダードな体制のことだ。体制を蹴り上げてみる。この気力が必要なのである。儲けることばかりにうつつを抜かしていてはいけない。仮りにビジネスに徹するとしても、文化力に富む経済文化力を心掛けるべきなのだ。「もしも日本がなかったら、世界はうんとつまらなくなる」のだから、日本人よ、自信をもって体制に刃向かいなさい、コンプライアンスなんかにとじこもるのはやめなさい。そう、ロジャー・パルバースは言うのだ。

以上、まったく同感だ。

第一五四五夜　二〇一四年五月二十日

参照千夜

九七五夜：井上ひさし『東京セブンローズ』 六〇〇夜：シェイクスピア『リア王』 七〇五夜：トインビー『現代が受けている挑戦』 六一八夜：井原西鶴『好色一代男』 七六七夜：一茶『一茶俳句集』 四九九夜：正岡子規『墨汁一滴』 一六二四夜：南方熊楠『南方熊楠全集』 九〇〇夜：宮沢賢治『銀河鉄道の夜』 八七三夜：坂口安吾『堕落論』 九一九夜：ローレンス・オルソン『アンビヴァレント・モダーンズ』 一五九一夜：ジョン・キーツ『エンディミオン』 二三二夜：アレックス・カー『美しき日本の残像』 一〇一一夜：岡田英弘『日本史の誕生』 七七四夜：小熊英二『単一民族神話の起源』 三二七夜：ジョン・ダワー『吉田茂とその時代』 八七夜：網野善彦『日本の歴史をよみなおす』 一一四八夜：石川啄木『一握の砂・悲しき玩具』 五〇七夜：太宰治『女生徒』 四一三夜：寺山修司『寺山修司全歌

集』四一九夜：清少納言『枕草子』八三五夜：和辻哲郎『古寺巡礼』七七夜：オギュスタン・ベルク『風土の日本』九九一夜：芭蕉『おくのほそ道』八〇一夜：五木寛之『風の王国』一五六九夜：紫式部『源氏物語』二八五夜：和泉式部『和泉式部日記』七五〇夜：空海『三教指帰・性霊集』一一八夜：世阿弥『風姿花伝』七五夜：岡倉天心『茶の本』四七夜：北大路魯山人『魯山人書論』七八六夜：田中一光構成『素顔のイサム・ノグチ』五三〇夜：美輪明宏『ああ正負の法則』七三三夜：アウグスティヌス『三位一体論』七四二夜：ウィリアム・ブレイク『無心の歌・有心の歌』九一二夜：ジャン・コクトー『白書』一〇九九夜：ニジンスキー『ニジンスキーの手記』一六五〇夜：ベルナダック&デュブーシェ『ピカソ』三八夜：カポーティ『遠い声 遠い部屋』八〇夜：J・G・バラード『時の声』一一二二夜：アンディ・ウォーホル『ぼくの哲学』九一三夜：ダンテ『神曲』九一八夜：フルトヴェングラー『音と言葉』一五四三夜：長沢節『弱いから、好き。』三六七夜：吉田兼好『徒然草』六〇夜：谷崎潤一郎『陰翳礼讃』四五〇夜：永井荷風『断腸亭日乗』一〇二二夜：三島由紀夫『絹と明察』一二三八夜：井伏鱒二『黒い雨』

扇と風呂敷と桃太郎
日本人は小さく包んで、大きく育む

李御寧（イ・オリョン）

「縮み」志向の日本人

学生社　一九八二　講談社学術文庫　二〇〇七

たたむ・よせる・つめる・けずる。盆栽・生け花・床の間・四畳半。一寸法師・桃太郎・牛若丸。パチンコ・トランジスタ・ウォークマン。日本人はなぜ「小さきもの」が好きなのか。枕草子と俳句の国の文化を、どう語ればいいのか。イ・オリョンが韓国文化と比較して大胆に読み砕いた。たいへん話題になった。アジア人によるジャパノロジーを画期したともいわれた。

李御寧（以下はイ・オリョンと表記）の著書は、本書の前にすでに『恨《はん》の文化論』（学生社）が日本語に翻訳されていたのだが（のちに改題され『韓国人の心』（学生社）となった）、イ・オリョンの名がとどろいたのは本書からだった。その後も『ふろしき文化のポストモダン』（改題後『「ふろしき」で読む日韓文化』学生社）や『俳句で日本を読む』（改題後『蛙はなぜ古池に飛びこんだか』

学生社）といった、興味をそそる本が次々に連打されていったけれど、なかでは本書『「縮み」志向の日本人』がつねにロングセラーを続けてきた。

本書を読んだ当時の印象でいうと、いろいろ点眼してもらったような、眼をぼちょぼちょ洗ってもらったような指摘がつまっていた。その点眼打率は、二六四夜に紹介した金両基の『キムチとお新香』（中公文庫）をはるかに上回る。

主眼は日韓の社会文化をめぐる比較なのだが、それだけではなく、日本社会や日本文化の特徴も実に鋭く摘出していた。日本の長所と短所の案配もいい。その視点から、日本の知識人による日本社会文化論にも容赦なく注文をつけた。それがウケた。

たとえば、韓国には「若衆宿」のようなものはないのだから、日本は中根千枝がいうようなタテ社会ではなく、むしろヨコ社会ではないかとか、土居健郎は日本人の「甘えの構造」を指摘し、それによって日本人の依存心を強調したけれど、むしろ日本人がよくつかう「大丈夫」とか「裸一貫」に注目して、日本人の意外な自立心を強調してみてもいいのではないかとか（韓国には大丈夫という言葉も裸一貫という言葉もない）、そういう注文もつけたのである。

が、大半は日本や日本人のなかに「縮み志向」を見いだす作業に徹している。まだ本書を読んでいない諸君のために、かんたんな案内をしておく。ただし、ぼくの補足と異論も加えておこう。

当初、イ・オリョンは日本の昔話に一寸法師や桃太郎や牛若丸といった「小さな巨人」がよく出てくることを訝《いぶか》しく思っていた。韓国の昔話にはこういうヒーローはいないからだ。韓国にいるのは腋の下に鱗《うろこ》がはえている巨人チャンスウであり、巨岩のような弥勒《みろく》たちなのだ。

もっといえば「小人」という言葉もない。韓国語には「拡大」をあらわす言葉はあっても、「縮小」をあらわす言葉がない（らしい）。韓国語のワンはキングサイズという意味で、ワン・デポは特大の杯、ワン・ヌンは大きな眼、ワン・ボルは熊ん蜂をあらわすのだが、この逆が少ない。

けれども日本語には縮小をあらわす言葉がいろいろ多く、またとても大切にされている（と著者は感じた）。「ひな」「まめ」「小屋」「小豆《あずき》」「小夜更《さよふ》けて」などだ。だいたい何かをつくりあげることを日本では「細工」という。そのうえに「小細工」という言葉もある。これはどういうことなのか。

そう思っていろいろ日韓を比較してみると、ごはん茶碗なども韓国のサバルにくらべて日本のごはん茶碗はかなり小さいし、ボリョと座布団も大きさがちがう。これはひょっとして、中国や朝鮮で日本人や日本のことを古来「倭人《わじん》」とか「倭国《わこく》」とよんでいたことと関係があるのかという気になってきた。また日本人がよく「島国根性」だといわれてきたことと関係があるのかとも推測した。

その後、イ・オリョンは世界の説話を調べて小人伝説はどこの国にもあり、中世の韓国にも二、三の昔話があることを知るのだが、しかしさらに日韓を比較していくと、やっぱり日本には縮小をめぐる美意識やリトルサイズに関する感覚的な根本思想があるように思われた。

日本神話にはスクナヒコナや、粟《あわ》の茎にはじかれて常世《とこよ》にわたった小さな神のような話がけっこう多く出てくる。江島其磧《えじまきせき》の読本《よみほん》ベストセラー『魂胆色遊懐男』には大豆《まめ》右衛門が出てきて、フランソワ・ラブレーのガルガンチュアが巨大志向をもっているのに対して、やたらに芥子粒《けしつぶ》ほどの小人になりたがっている。これはのちのトランジスタ志向やウォークマン志向につながるものも感じる。

これはどうも、日本では「小さいものには特別の魅力がある」ということではないのか。調べてみると、『万葉集』で最もたくさん歌われた花は「萩」である。一四一首にのぼる。どうしてあんな小さな花の密集が好きなのか。中国や韓国では萩はめったに詠まれない。加えて日本人は「藤」も大好きだ。小さな粒のような花が下に向かって垂れていく。考えてみれば「桜」の花もとても小さい。おそらく日本では「うつくし」は「くはし」(細し)なのである。

中国や韓国の小説にくらべて、日本の小説に〝短編〟が多いのも気になってきた。短編小説どころか、掌篇《しょうへん》小説なんてものもある。岡田三郎、武野藤介《とうすけ》、川端康成が得意とした。中国にも短編小説はあるものの、古来、『三国志』や『西遊記』や『水滸伝《すいこでん》』などの大河小説こそが王道だった。

こうして、イ・オリョンは日本の縮小志向の代表的な例が俳句にあらわれていることに気がつく。韓国にも「時調」(シジョ)という短詩型はあるけれど、これは俳句の三倍ほどである。俳句はたった一七文字だ。世界で最も短い文芸型なのだ(俳句については、のちに『蛙はなぜ古池に飛びこんだか』でさらに徹底した分析を加えている)。

極小主義。日本にはこれがあるのではないか。ミニアチュアリズム。日本人はこれが好きなのだ。日本には極端ともいうほどの「縮み志向」があるようなのである。本書はこんな推理をものしたのである。

理由を考えてみた。イ・オリョンは、とりあえず六つにおよぶ「縮み志向」の型を分類した。入籠《いれこ》型、扇型、姉さま人形型、折詰弁当型、能面型、紋章型である。必ずしもぴったりこないものもあるが、何を言いたいのか、わかるだろうか。

入籠型は日本人が好きな「込める」という意識をフィーチャーさせている。たとえば啄木の「東海の小島の磯の白砂にわれ泣きぬれて蟹《かに》とたはむる」という歌だ。広大な東海の荒波から蟹のような小さなものに視線が急激にズームインされている。一気に縮小されている。その効果を支えているのは、三一音二四文字の短歌のなかに「の」がたくさんつかわれていることによる。四つの名詞が「の」だけで連結されている。「の」を込め、「の」による入籠《いれこ》のイメージをつくっている。

こういうことは韓国語にも韓国の詩歌にもあまりない。日本人は「の」の作用によって何かをあらわそうとしているにちがいない。啄木には「春の雪　銀座の裏の三階の煉《れん》瓦《が》造りにやはらかに降る」もある。東京・銀座・裏・三階というふうに狭めた視野が雪になる。それが「の」によってつながっていく。これは「箱の箱の箱の…」という「入籠の感覚」なのだろう。

次の扇型とは、扇子のように折りたためるものを日本人が好むことをさす。扇子だけでない。着物もたたむ。

洋服までハンガーに吊《つ》るさずにたたんでいた昭和前半史があった。しかも扇子は儀礼にもつかうし、日本舞踊にもつかう。落語では箸《はし》になったり櫂《かい》になったりする。大相撲では呼び出しがこれによって東西の力士を招く。扇は何にでも見立てられるのだ。

このような扇的発想も韓国にはないらしい。そのうえ日本人は折り畳み傘やカップヌードルのような、世界中の誰もが考えなかった「縮み商品」も発案してしまう。

三つ目の姉さま人形型とは、ネーミングはいまひとつわかりにくいのだが、わかりやすくいえばミニチュア志向ということだ。清少納言の『枕草子』このかた、たしかに日本人は木形子《こけし》や盆栽や模型やフィギュアが大好きだ。ただイ・オリョンが、このミニチュア志向こそが「仮名」を生んだとか、挨拶を「どうも、どうも」と省略するようになったとか説明しているところは、いささか納得がいかない。

折詰弁当型については説明はいらないだろう。日本には王朝期に貴族たちが野遊びをしていたころからずっと、また農民が野良仕事をしていたころからずっと、行器《ほかい》、曲げわっぱ、破籠《わりご》、提《さ》げ重《じゅう》、重箱などの弁当型の纏《まと》め方が目立ってきた。ポータブルな持ち運び自在の弁当が発達しただけではなく、そこに何をどのように詰めるかという工夫がされた。小さな間仕切りもした。その工夫は小学生の弁当やコンビニ弁当にまでつながっている。いまでもどこの料理屋やレストランでも、お昼は松花堂弁当や光悦水指《みずさし》弁当や利休弁当である。駅弁となれば、九〇パーセントが折詰幕の内になっている。かつて栄久庵憲司《えくあんけんじ》が「幕の内弁当の美学」とよんだのもこのことだ。

そこでイ・オリョンは日本人はきっと「詰める」のも好きなのだろうとみなした。そう見れば、会話のなかでも「見詰める」とか「詰めが甘い」とか、また「張り詰める」「大詰め」「詰め込み学習」などという言葉がしょっちゅうつかわれる。「缶詰」という呼称も日本っぽい。

五つ目の能面型は、能面のように無表情だということを言いたいのではない。能面はむしろ多様であって、そのヴァージョンには驚くほど劇的な表情がこもっている。

ここで能面型というのは、日本には「動きをとめる美意識」が徹底しているというのだ。いいかえれば「動きを縮めている」と言いたいのである。たしかに北斎の波や広重の雨は、みごとなストップモーションになっている。

それどころか日本文化の多くの遊芸や武芸にも、ストップモーションがはたらいている。歌舞伎の見得《みえ》、お茶のお点前《てまえ》、剣道の仕草、相撲の仕切り、弓の準備、書道の呼吸、小笠原流の礼法などは、まさに「動きをとめる美意識」によって支えられている。イ・オリョンによれば、日本人が中間表情を重視しているのも能面型に入るのではないかという。

紋章型とは「凝る」ということだ。日本人は凝り性なのだ。それをなぜ紋章型というのかというと、イ・オリョンには家紋や旗印や馬印がおもしろいらしい。日本酒のラベルもヨーロッパのワインにくらべてずっと多様で豊饒に見えるのだという。とくに韓国の社会文化とくらべると、日本の紋章には特徴があるらしい。

韓国では「族譜」というものがあって、そのちがいによって系譜的に人を見る。家系というよりも血族だ。それに対して日本の紋章はおおむね「家」を単位にしている。血がつながっていても家が分かれれば、別の家紋が自立する。それが半纏《はんてん》にも暖簾《のれん》にも染められる。そしてやがては「組」に発展し、さらには「名刺」になっていった（名刺の流行は万延元年にアメリカに派遣された新見正興の名刺に始まった）。イ・オリョンはそれを紋章型と名付けたのだった。

もっとも、それがどうして「凝る」に関係するのかはいまいちわかりにくい。紋章ならヨーロッパのワッペン主義もかなりのものだと思えるからだ。

以上が日本の縮み志向の六型なのである。

さまざまな日本的特徴を総合的に並べたて、それを系統に分けて文化人類学的に分類したとは思えないが、かといって気まぐれな思いつきでもなく、日本を知る外国人研究者独特の勘のようなものがはたらいている。いじわるでもない。むしろかなり好意的な見方だといっていいだろう。

イ・オリョンはソウル大学で国文学を修め、梨花女子大学と国際日本文化研究センターの客員教授を務め、さらに韓国最初の文化大臣を歴任した名うての文化学者である。

後には韓国文化勲章も授与された。日本研究も筋金入りなのだ。なかでも俳句については、自分でもはまってしまうほどの偏愛ぶりだ。

だから日韓のどちらかに軍配を上げようとはしていない。できるだけ両国の文化を見渡して、かなり際立つ違いに注目することに徹してみただけなのだろう。そこに浮上したのが「縮み」だったのである。それゆえこれらの六型を通して、日本の書店に文庫本があふれていること、三省堂のコンサイス辞典や旺文社の豆単がロングセラーであること、カラオケルームがあんなに小さいことなどを好ましく例証してもいた。

しかしでは、日本人がなぜこのような「縮み」を好んだのかということになると、以上の六型だけの説明では必ずしも論証できたというふうにはならない。不足も目立つ。そこでイ・オリョンは日韓の比較を適当にやめ、本書の後半では日本の側から「縮み」の検証をするようになっていく。ふたたびぼくなりに整理してみよう。

一言で説明すれば、日本では「引き寄せ」が重視されてきたということだ。万葉古今このかた雪月花を愛《め》でるにあたって日本人は、花は手折り、雪は少量を盆に活《い》け、月も外で眺めるよりも蔀戸《しとみど》や御簾《みす》ごしに見ることを好んだ。自然と全面的に対峙《たいじ》して観照するのではなくて、その美の一部をスクリーニングして引き寄せた。

イ・オリョンは書いていないけれど、これを「いけどり」とも「寄物陳思《きぶつちんし》」ともいう。

日本に借景の慣習があるのも「引き寄せ」や「いけどり」による。

そこでふたたび日韓をくらべて、韓国は〝車輪〟でそこへ向かおうとするのに対して、日本は〝綱〟で引き寄せているという、やや強引なメタファーを用いた。李《り》奎報《けいほう》の『四輪亭記』に、山の麓《ふもと》をめぐる四方六尺の車輪のついた亭子《あずまや》を夢想する場面が出てくるのを引いて、韓国人はおおむねそこへ行くことのほうを選ぶのだというのだ。これに対して日本人は、万葉の「多胡《たご》の嶺《ね》に寄せ綱はへて寄すれども」の東歌《あずまうた》に代表されるように、あるいはまた出雲の「国引き」神話にあるように、美しいものや麗しいものを引き寄せたがる。それは「車輪」と「綱」のちがいではないかというのである。

強引だが、なるほど、そういう面もあるかもしれない。ソウルの秘苑と京都の桂離宮をくらべてもこのことは如実だ。秘苑は自然の景観のままに見る者をすっぽり包みこむけれど、桂離宮は景観が区切られて見えるようになっている。

かくして引き寄せの美学は、当然ながら引き寄せたものを小さくしていくとも見なければならない。また引き寄せたものがいくつもあれば、それらを巧みに配置することにもなる。これが桂離宮などの回遊式庭園を発達させた。

このことはさらに次のことを生んだとも説明できるだろう。それが枯山水の石立てなどに象徴される石庭の美につながっていく。いくつもの石を持ってきて（引き寄せて）、庭とする。しかもそれらを巨山や大海とみなしてしまう。小さくしながら、大きなイメージを思い浮かばせる。このことを「見立て」という言葉で説明しなかったのは意外だが、これはまさに「見立て」という方法なのである。

ついでにいえば、石立てによる引き寄せや見立ては、花立て、すなわち生け花（活花・立花）にも転用された。室町期の華道書『仙伝抄』は、花を立てるときは「沢辺、河、入江などの風情も立てるべし。野は野のものを立て、山は山のものを立つる、それぞれのごとくなるべし」と指南した。また生け花のための枝ぶりには、「陰、陽、嶺、岳、滝、市、尾」を感じるようにと指南した。

まさに「それぞれのごとくなるべし」という見立てであり、同時にそれらは「ごとしの縮景」、「らしさのシミュレーション」になっていったのである。曾呂《そろ》利新左衛門が六尺の鉢に桜を盛って吉野山に見立てた例を引くまでもない。こうして、石庭で姿を消した花は生け花となり、さらには盆栽になったのだ。

ぼくが感心したのは、このような傾向を「それゆえ日本の縮みの歴史はハサミの歴史でもあったのではないか」と指摘していたことだ。利休が庭の朝顔をみんなちょん切って一輪だけを床の間に飾った例もある。江戸後期の池坊専定《せんじょう》の『挿花百規』に椿の葉を六枚半まで剪《き》った例もある。これらはいってみれば日本のハサミの美学でもあったのである。

見立てにハサミが使われたばかりではない。立体裁断をしてこなかったキモノの裁縫の歴史も、折り紙の発達も、そして盆栽も、まさに日本のハサミの大活躍だった。三宅一生はこのことに注目して「一枚の布」をコンセプトにした。いやいや俳句の「切れ字」も〝言葉にハサミを入れた例〟だったのかもしれない。

二十年以上前の本書が「座」の文化や「数寄」の文化に注目していたことも特筆すべきことだった。

侘び茶や草庵や「囲ひ」（茶室の古い呼称）のこと、躙口《にじりぐち》や床の間の花器や茶掛けの小ささのこと、露地や飛び石が「市中の山居」の縮景であることなど、とくにあらためて紹介することもないけれど、それなりに十分な説明をしようとしていた。また、一期《いちご》一会《いちえ》の思想を「時を切る」ものとして、あるいは「人生は散るもの」としてのハサミにつなげようとしているのも、好もしかった。「寄合《よりあい》」の文化をさきほどの「引き寄せ」につなげて、「寄席」や「寄せ鍋」と比較しているところもおもしろい。

なかで「取り合わせ」に言及して、寄合も取り合わせも寄席も同じではないかと暗示していたのは、ぼくなら「アワセ・カサネ・ソロイ」と説明してきたところだが、それにしてもよくぞ日本文化に〝寄っていった〟ものだった。

ざっとは、こういうことである。

総じて、よくぞ日本文化の特色に介入したというべきだろう。しかし、しかしながら、こんなふうな数々の説明には長けたイ・オリョンも、そのイ・オリョンを読んだ日本人も、なかなかうまく説明できないことがある。

それは、これほどに「縮み」を愛した日本人が、いったいなぜ「軍事大国」や「経済大国」をめざしたのかということだ。多くのジャパノロジストが疑問をもつのは、この点なのである。

そもそも日本が「縮みの民族」の歴史をもってきたのかどうかということが、問われる必要がある。古代においては朝鮮半島とその海域に拡張を求めていたのだし、一〇三八夜に詳しく書いたように、秀吉の大陸進出の野望はそうとうなものだった。満州事変以前でも、日本は日清日露を通して植民地をほしがり、日韓併合を完遂していた。

もし日本に「縮み志向」があるのなら、日本はしっかりとした「小国主義」をもってきたはずなのだ。しかし、内村鑑三や石橋湛山《たんざん》を除いて、どうもこのような小国思想ははっきりしてこなかった。ぼくは宮沢喜一時代に「経済大国」や「生活大国」の合言葉が打ち出されたとき、呆れてしまったものだ。

仮に、それでも日本文化の多くは「縮み志向」をもっていたとして（鎖国をその例に入れるとして）、それを「縮み」という表現で説明できるのかということもあろう。実は本書にはその後いくつもの批判が寄せられたのだが（著者は反論に答えもしたが）、その多くは日本人は「縮み」という言葉自体をたいして愛していないということだった。むしろ「縮みあがる」とか「縮こまる」といった卑小なイメージをもっている。

ぼくはこういう批判はどうでもいいと思っている。「縮み」と言わずに「小さきもの」とか「盆景感覚」といえばすむのかという程度の問題だ。したがって「縮み志向」という用語が妥当かどうかは、このさい議論する必要はない。難問はあくまでも、日本には小国思想がなぜ育まれなかったのかということなのである。

この難問は、できればこれからの日本人がすべからくとりくんだほうがいいのだが、ぼくなりにはすでに見当がついている。

それをいまは暗示的に言っておけば、日本がおかしくなるときは、結局「取り合わせ」の方法や「数寄の方法」を見失ったときなのである。ひたすら海外のサイズをそのまま呑《の》みこもうとしているときなのだ。そのままにロールとルールとツールをまるごと鵜《う》呑みしようとしているときなのだ。これはいまなら「グローバリズムの陥穽《かんせい》」とも片付けられようが、この言い方だけでは説明にはなるまい。

外からのものを受容しようとしていること自体が、問題なのではない。そんなことは古代このかたやってきたことなのだ。そうではなく、それらの〝編集〟をしなかったときが問題なのである。内外の文物や制度や思想を取り交ぜ、組み合わせ、数寄のフィルターをかけなかったことが問題なのだ。

たとえば科挙《かきょ》をそのまま取り入れたら、どうなっていたか。科挙は中国のような巨大な人口と縁故をかかえた大国にはふさわしくとも、日本には必要のない制度だった。それなら、同様に、植民地も必要がなかったはずである。たしかに飢饉《ききん》や農村部の窮乏はあったけれど、それを満州で補えるかといえば、そんなことも不可能だったはずなのだ。

内村や石橋が反旗をひるがえしたのは、そこなのだ。戦火を交えることのすべてを否定するわけではない。闘うこともときには必要だ。けれどもそれが国内社会の矛盾の解消になるかといえば、そんなことはこれまでの戦争の歴史を見れば（百年戦争からナポレオン戦争をへてナチスまで）、容易でないことはあきらかなのである。

かといってそういう戦争を仕掛けられなくなった戦後憲法を抱いた日本という国が、代わって経済の大国や生活の大国をめざしていればいいのかといえば、これでは露地も躙口《にじりぐち》もへったくれもないことだ。俳句の切れ字もないことだ。

いまの日本は「面影」と「余白」を失っている。大半をグローバルでデファクト・スタンダードな制度にしようとしているために、かつての「面影」と「余白」が消えて、むしろさまざまな局面で衝突をおこしている。

過剰なのである。導入も過剰、反応も過剰、留保も過剰なのだ。すでにそうなってしまったからと言ってはいけない。導入してしまったものも、あきらめてはいけない。もう一度、組み直すべきである。こういうときには「縮み志向」というよりも、もっと大胆で高速な「編集志向」を発揮するべきなのである。

既存のしくみでは面影を近しくできないし、余白はつくれまい。かつて枯山水が生まれたのは、禅の方丈の前庭という禁忌の場所だった。庭などつくってはいけなかったタブーの場所なのだ。そこに白砂と石で庭を組んだのは、山水河原者《せんずいかわらもの》の力と才能を借りた禅僧たちだった。その庭はかつて誰も見たことがないものだった。韓国にも山水画や小さい庭はあるものの、それらは中国模式の縮小なのである。『山水思想』（五月書房→ちくま学芸文庫）に詳しいいきさつを書いておいた。

このような発想と入れ替えと、小さなタブーへの挑戦が必要である。日本人が「縮み志向」になる前には、つねにこうした「中国離れ」とタブーへの挑戦もあったのだ。

第一一八八夜　二〇〇七年六月六日

参照千夜

四一九夜：清少納言『枕草子』 一二六四夜：金両基『キムチとお新香』 一五三三夜：フランソワ・ラブレー『ガルガンチュアとパンタグリュエル』 五三夜：川端康成『雪国』 四三八夜：楊定見・施耐庵・羅貫中『水滸伝』 一〇三八夜：笠谷和比古・黒田慶一『秀吉の野望と誤算』 二五〇夜：内村鑑三『代表的日本人』 六二九夜：石橋湛山『湛山回想』

追伸

面影フィルターが動いている

日本については、これまでいろいろなことを書いたり話したりしてきたけれど、本エディションでは「面影をうかがう日本」をめぐる千夜千冊を選んだ。枕草子、西行、定家、方丈記、徒然草、心敬《しんけい》などの、ぼくが大好きな日本を代表する文筆・詩歌や、浦島太郎や桃太郎などの昔話の不思議、枕詞や連歌のスキルなどを披露してみたが、第一章で「常世《とこよ》、鳥居、正月、翁《おきな》、稜威《いつ》」という五つのキーコンセプトを提示しておいたことを、構成意図の手摺《てす》りにしていただくとありがたい。多くの日本文化論にはこの五つが欠けていたからだ。

面影とは何か。俤とか於母影とも綴る。なんだか漠然としていて、おぼつかないものに感じるだろうが、必ずしもそうではない。おぼつかないからかえって鮮明に想起できるということもある。徒然草に「名を聞くよりやがて面影は推しはからるる心地する」とあるように、面影とは、大事な「もの」や「人」や「こと」がその場にないのに（いないのに、失っているのに）、それなのに当のイメージが懐かしくも、深くも、さまざまな価値観の選択をともなって浮かんでくることをいう。日本人は万葉のころからこのような面影を思慕した。

笠女郎《かさのいらつめ》に「陸奥《みちのく》の真野の草原《かやはら》遠けども面影にして見ゆといふものを」という、大伴家持に贈った歌がある。実際の陸奥の真野は遠いけれども、そこに赴任していった人の面影はかえってよく浮かんでくるという意味だ。その家持にも、坂上大嬢《さかのうえのおおいらつめ》に贈った「かくばかり面影にのみ思ほえばいかにかもせむ人目しげくて」がある。人目があってなかなか会えませんが、面影ではいつも会ってますという歌だ。

たんに思い出に耽《ふけ》っているのではない。ヴァーチャルな面影を追う。そのほうが、リアルなコミュニケーションをしていたときよりずっと本来的になれるということなのだ。

こうしてまずは、多くの和歌が面影を偲ぶことによって成立していった。そのための技法もいちじるしく練磨された。枕詞、アヤの言葉、余情《よせい》の感覚、無心と有心《うしん》の追い方、連歌への展開、あえて花鳥風月の範疇にいること、心敬のように面影をこそ冷え枯れさせていくこと、こうした驚くべき価値観とスキルがさまざまに試みられていった。それが今様《いまよう》に、複式夢幻能に、茶の湯に、昔話に、俳諧に、浮世絵にも転用された。清少納言、和泉式部、西行、定家、鴨長明らはその達人だった。だから、のちのリプレゼンターたち（心敬・宗祇・世阿弥から利休・芭蕉・秋成まで）もこれらを追慕した。

面影はリ・プレゼントなものなのである。さまざまなプレゼンスのありかたを変える「想起フィルターの束」なのだ。そうだとすれば、面影は個人が抱くものとはかぎらない。集団や民族にも面影は動く。

当然、日本という国にも面影がある。日本の見方はいろいろあるけれど、面影フィルターを通して語るべき日本もあるはずなのである。そこで渡辺京二は『逝《ゆ》きし世の面影』というふうに、幕末維新で切断された日本の面影を偲んだのである。ドナルド・キーンは『百代《はくたい》の過客《かかく》』で日本人の日記の多くが面影を追っていることを指摘した。

面影日本はそれをどこから見るかによっても変わってくる。外国人ならなおさらだ。フィルターが異なるからだ。イエーツ、イ・オリョン、パルバース、アレックス・カーが見た面影日本を第四章に並べた。日本の内外にうつろう面影を堪能してもらいたい。

松岡正剛

千夜千冊 EDITION

「千夜千冊エディション」は、2000年からスタートした
松岡正剛のブックナビゲーションサイト「千夜千冊」を大幅に加筆修正のうえ、
テーマ別の「見方」と「読み方」で独自に構成・設計する文庫オリジナルのシリーズです。

執筆構成：松岡正剛
編集制作：太田香保、寺平賢司、大音美弥子
造本設計：町口覚
意匠作図：浅田農
口絵撮影：熊谷聖司
編集協力：清塚なずな、編集工学研究所
協　　力：鹿島神宮、太田剛
制作設営：和泉佳奈子

松岡正剛の千夜千冊　https://1000ya.isis.ne.jp/

千《せん》夜《や》千冊《せんさつ》エディション

面《おも》影《かげ》日本《にっぽん》

松《まつ》岡《おか》正《せい》剛《ごう》

平成30年 11月25日　初版発行
令和６年 11月25日　４版発行

発行者●山下直久

発行●株式会社KADOKAWA
〒102-8177　東京都千代田区富士見2-13-3
電話　0570-002-301（ナビダイヤル）

角川文庫 21310

印刷所●株式会社KADOKAWA
製本所●株式会社KADOKAWA

表紙画●和田三造

●お問い合わせ
https://www.kadokawa.co.jp/（「お問い合わせ」へお進みください）
※内容によっては、お答えできない場合があります。
※サポートは日本国内のみとさせていただきます。
※Japanese text only

ISBN 978-4-04-400355-5　C0195

◆◇◇

角川文庫発刊に際して

角川源義

第二次世界大戦の敗北は、軍事力の敗北であった以上に、私たちの若い文化力の敗退であった。私たちの文化が戦争に対して如何に無力であり、単なるあだ花に過ぎなかったかを、私たちは身を以て体験し痛感した。西洋近代文化の摂取にとって、明治以後八十年の歳月は決して短かすぎたとは言えない。にもかかわらず、近代文化の伝統を確立し、自由な批判と柔軟な良識に富む文化層として自らを形成することに私たちは失敗して来た。そしてこれは、各層への文化の普及滲透を任務とする出版人の責任でもあった。

一九四五年以来、私たちは再び振出しに戻り、第一歩から踏み出すことを余儀なくされた。これは大きな不幸ではあるが、反面、これまでの混沌・未熟・歪曲の中にあった我が国の文化に秩序と確たる基礎を齎らすためには絶好の機会でもある。角川書店は、このような祖国の文化的危機にあたり、微力をも顧みず再建の礎石たるべき抱負と決意とをもって出発したが、ここに創立以来の念願を果すべく角川文庫を発刊する。これまで刊行されたあらゆる全集叢書文庫類の長所と短所とを検討し、古今東西の不朽の典籍を、良心的編集のもとに、廉価に、そして書架にふさわしい美本として、多くのひとびとに提供しようとする。しかし私たちは徒らに百科全書的な知識のジレッタントを作ることを目的とせず、あくまで祖国の文化に秩序と再建への道を示し、この文庫を角川書店の栄ある事業として、今後永久に継続発展せしめ、学芸と教養との殿堂として大成せんことを期したい。多くの読書子の愛情ある忠言と支持とによって、この希望と抱負とを完遂せしめられんことを願う。

一九四九年五月三日

角川ソフィア文庫ベストセラー

梁塵秘抄
ビギナーズ・クラシックス 日本の古典

後白河院
編／植木朝子

平清盛や源頼朝を翻弄する一方、大の歌謡好きだった後白河院が、その面白さを後世に伝えるために編集した歌謡集。代表的な作品を選び、現代語訳して解説を付記。中世の人々を魅了した歌謡を味わう入門書。

西行　魂の旅路
ビギナーズ・クラシックス 日本の古典

編／西澤美仁

平安末期、武士の道と家族を捨て、ただひたすら和歌の道を究めるため出家の道を選んだ西行。その心の軌跡を、伝承歌も含めた和歌の数々から丁寧に読み解く。桜を愛し各地に足跡を残した大歌人の生涯に迫る！

新版 万葉集（一～四）
現代語訳付き

訳注／伊藤　博

古の人々は、どんな恋に身を焦がし、誰の死を悼み、そしてどんな植物や動物、自然現象に心を奪われたのか——。全四五〇〇余首を鑑賞に適した歌群ごとに分類。天皇から庶民にいたる万葉人の想いが今に蘇る！

新版 竹取物語
現代語訳付き

訳注／室伏信助

竹の中から生まれて翁に育てられた少女が、五人の求婚者を退けて月の世界へ帰っていく伝奇小説。かぐや姫のお話として親しまれる日本最古の物語。第一人者による最新の研究の成果。豊富な資料・索引付き。

新版 古今和歌集
現代語訳付き

訳注／高田祐彦

日本人の美意識を決定づけ、『源氏物語』などの文学や美術工芸ほか、日本文化全体に大きな影響を与えた最初の勅撰集。四季の歌、恋の歌を中心に一一〇〇首を整然と配列した構成は、後の世の規範となっている。